JN098316

民事判例 *26*

2022年後期

現代民事判例研究会編

日本評論社

民事判例 26——2022 年後期　目次

●本号の対象裁判例について

　『民事判例 26　2022 年後期』のうち、最新裁判例を紹介・検討する第 1 部、第 2 部、第 3 部では、基本的に、2022 年 7 月～ 12 月に公刊された裁判例登載誌に掲載された裁判例を対象としている。

◆「第 1 部最新民事裁判例の動向」で対象とした裁判例登載誌は以下のとおりである (括弧内は略語表記)。それ以降 (若しくはそれ以前) の号についても対象としていることがある。なお、前号までの当欄ですでに紹介された裁判例については省略している。また、環境、医事、労働、知財に関する裁判例については、原則として第 2 部の叙述に譲るものとしている。

最高裁判所民事判例集 (民集)	75 巻 9 号～ 76 巻 4 号
判例時報 (判時)	2517 号～ 2534 号
判例タイムズ (判タ)	1496 号～ 1501 号
金融法務事情 (金法)	2189 号～ 2200 号
金融・商事判例 (金判)	1644 号～ 1655 号
家庭の法と裁判 (家判)	39 号～ 41 号（「家族裁判例の動向」のみ）

◆「第 2 部最新専門領域裁判例の動向」では、第 1 部で対象とした上掲の裁判例登載誌を基本としつつ、各専門領域の特性に応じて、裁判例登載誌等の対象が若干変わっている。

「環境裁判例の動向」→上掲の民集、判時、判タのほか、判例地方自治（判例自治）486 号～ 491 号を付加。2022 年 7 月～ 12 月に裁判所 HP に掲載されたものも含める。
「医事裁判例の動向」→上掲の民集、判時、判タ、金法、金判のほか、2022 年 7 月から 12 月が判決の言い渡し日かつ 2022 年 12 月末日までに HP に掲載された裁判所 HP に掲載されたものも含める。
「労働裁判例の動向」→上掲の民集、判時、判タのほか、労働判例（労判）1264 号～ 1274 号、労働経済判例速報（労経速）2482 号～ 2498 号を付加。
「知財裁判例の動向」→言渡日が 2022 年 7 月～ 12 月であって、2022 年 12 月末時点で裁判所 HP に掲載されたもの、また、行政裁判例（審決取消訴訟の裁判例）も含める。

◆裁判例登載誌の表記は、本文では紙幅の都合により原則として 1 誌のみを表示し、「今期の裁判例索引」において可能な限り複数誌を表示することとした。

◆「第 3 部注目裁判例研究」では、第 1 部、第 2 部の「動向」で対象としたもののうち、とくに注目すべき裁判例をとりあげ、検討を加えている。なお、「動向」欄では前号までに紹介済みとして省略した裁判例であっても、今期対象とした裁判例登載誌等にも登場したものについては、第 3 部で検討する対象に含めている。

本書の略号

民集：最高裁判所民事判例集	金判：金融・商事判例
集民：最高裁判所裁判集民事	家判：家庭の法と裁判
裁時：裁判所時報	判例自治：判例地方自治
訟月：訟務月報	労判：労働判例
判時：判例時報	労経速：労働経済判例速報
判タ：判例タイムズ	ほか、雑誌名は通常の略記法に従う
金法：金融法務事情	

取引裁判例の動向

溝渕将章　上智大学准教授

現代民事判例研究会財産法部会取引パート

概況

今期の最高裁判決として、不法行為に基づく賠償債務の遅延損害金に民法405条を適用または類推することの可否を判断したもの（[8]）、および、人傷社の自賠金回収相当額を加害者の賠償責任額から控除することの可否を判断したもの（[1]）がある。[8]は、不法行為に基づく賠償請求事件であるが、結論を導くにあたり法定重利（405条）の制度趣旨を明示しているなど、取引法にとっても無関係ではない。今期は同判決のほか下級審裁判例を含めて、遅延損害金の成立や範囲に関する判決が複数存在する。[1]は、これも損害賠償請求事件ではあるものの、賠償額算定の前提として、被害者が保険会社との間で交わした人傷一括払合意の解釈が重要争点とされている。

下級審に目を転じると、安全配慮義務違反を争点とする事件が多く、いかなる場面で同義務違反が争点とされるかも多様である（後記3(3)）。また、近年裁判例が蓄積されてきている、ファクタリング取引の法的性質に関する判決が今期も存在する（[2]）。消費者契約法に関しては、契約内容規制に関するものだけでなく、被害者救済の手続面に関する裁判例が登場している（[28]）。最後に、世相を反映したものとして、感染症蔓延による生活環境・社会情勢の激変に伴う事件が近時増加傾向にあり（例えば民事判例24取引動向[14]事件）、これに一例を加えるものとして[7]がある。

1　今期の注目判決

はじめに、今期最も注目すべき判決として以下の3件を取り上げたい。

(1)　人傷一括払合意の解釈と人傷社回収金相当額の控除

第1に、[1]最一判令4・3・24民集76巻3号350頁は、人傷社が人傷一括払後に自賠金を回収した場合に、同回収額を加害者の損害賠償責任額から控除できるかを判断した事案である。本件では、被害者が保険会社との間で交わした人傷一括払合意の解釈が重要争点となっている。なお、本判決評釈として、加藤新太郎・NBL1219号85頁、山下典孝・青法64巻1号69頁、深澤泰弘・新・判例解説Watch商法 No.164等がある。

Xは、普通自動車を運転中にY運転の加害車両との事故により負傷し、約341万円の損害を受けた（裁判所認定。金額はすべて1万円未満を表記しない）。この事故ではXに3割の過失があったため、過失相殺によりYの賠償責任額は238万円余となる（X負担部分102万円余）。Xは、A保険会社の人身傷害条項付き自動車保険契約の被保険者であったため、Aに対して人傷保険金を請求した。①その支払請求書には、人傷保険金受領の場合は、Xの賠償義務者に対する賠償請求権および自賠法に基づく損害賠償額の請求受領権がAに移転する旨の記載があり、②Xは、自ら自賠社に直接請求する方法がある旨の説明をAから受けた上で、人傷保険金につき、Aが、自賠社の支払分を含めて一括して保険金を支払うことに承諾を与え、かつ、③保険金受領時Xが提出した協定書には、Xの損害賠償請求権は、自賠社への請求権を含めてAに移転する旨の記載があった。Aは、約款所定の基準で算定したXの損害額から、Y加入の自賠責保険および任意保険からXが受領済みの約98万円を控除した計111万円余（本件支払金）をXに支払った。その後Aは、一括払した本件支払金のうち約83万円（本件自賠金）を、自賠社から回収した。

XがYに賠償金の支払を求めて提訴したところ、

原審（福岡高判令2・3・19民集76巻3号404頁。民事判例23不法行為動向[4]事件）は、上記①ないし③の各事情から、ＸＡ間では、ＸがＡから受領する保険金には自賠金が含まれる旨の合意があったとみられ、かつ、Ｘは、支払われた保険金額の限度で自賠金の受領権限をＡに委任したと解されるとした。この理解に基づき、ＡはＸの委任により本件自賠金を回収したのであって、Ｘは、これに先立って本件支払金を受領したことで本件自賠金の支払を受けたと解されるとし、Ｙの責任額から前記既払金約98万円および本件自賠金を控除した56万円余（弁護士費用等を除く）の支払を命じた。これに対してＸは、本件自賠金の控除を不当として上告した。

　最高裁は、以下の理由に基づき、本件でＸがＡに自賠金の受領権限を委任したこと、本件支払金に自賠金が含まれていたことをいずれも否定し、Ｙの責任額から本件自賠金額を控除することは許されないとした。第1に、人傷社が人傷保険金の給付義務と同額を支払っただけのときは、請求権者は人傷保険金のみが支払われたと理解するのが通常であり、自賠金がそこに含まれているとみるのは不自然、不合理である。第2に、過失相殺される場合に人傷社が自賠金分の支払を受けうると、追加払がない限り、人傷社の負担額が減少し、被害者の損害填補に不足が生じる。このような事態を招く解釈は当事者の合理的意思に合致しない。第3に、①③の請求書・協定書の記載は、約款の内容と併せて考慮すると、Ａの保険代位（本件支払金からＸの自己負担額を差し引いた金額のそれ）を確認または承認する趣旨のものと解され、自賠金受領権限の委任を含むものではない。

　本件争点をめぐっては、賠償責任額から人傷社回収金相当額の控除を肯定する全部控除説と、この控除を否定する（回収金は人傷社の不当利得とみる）不当利得容認説の対立があるところ（山下76頁以下、深澤2頁以下）、本判決は、本件ＸＡ間の合意の解釈を介して、控除を否定する結論を導いた。事例判決であり（加藤88頁、深澤2頁）、いわゆる狭義の人傷一括払の場合や、支払金に自賠金分が含まれることが明確に合意された場合に射程は及ばないものの（この点については、山下96頁、深澤4頁）、保険実務への影響は大きい。

(2)　事業者向けファクタリングの法的性質

　次に、事業者向けファクタリングの法的性質を扱った [2] 名古屋地判令3・7・16判時2534号76頁（確定）を紹介する。ファクタリングについては近年、個人向け給与ファクタリングを中心に、その法的性質を金銭消費貸借と認定する裁判例が多く（例えば、民事判例23取引動向[15][16]事件、民事判例24取引動向[15]事件）、金融庁における一般的な法令解釈にかかる書面照会手続の回答でも同旨の見解が示されている。他方で、事業者向けファクタリングについては、その法的性質を問題とする裁判例が比較的少なく、また、判決の間で判断が分かれている。例えば、大阪地判平29・3・3判タ1439号179頁は、当該譲渡契約においては、①譲受人は債権回収のリスクをほとんど負っておらず、譲渡人は譲渡債権の買戻しを繰り返し行っていること、②債権の額面とは無関係に金銭の授受がされていたことなどを挙げ、当該譲渡契約を金銭消費貸借と性質決定している（同判決については、松岡久和・民事判例15・94頁）。これに対して、東京地判令2・9・18金法2176号68頁は、①当事者が売買という法形式を選択していることに加え、実質的にも譲渡債権に関する債務不履行リスクが譲受人に移転していること（例えば、譲受人の償還請求や譲渡人の債権買戻しが予定されていないなど）、②債権額と債権の買取価格（額面の7割から8割程度）の差が、担保目的を推認させるほど大きくないことなどを指摘し、当該譲渡契約を金銭消費貸借とは評価できないとした（同判決については、下村信江・民事判例24・94頁、藤澤治奈・新・判例解説Watch民法（財産法）No.238）。

　本判決は、前記平成29年判決と同様に、事業者向けファクタリングが金銭消費貸借に該当すると判断した一例である。Ａは、商業施設のディベロッパーＢとの間で、商業施設の一区画を書籍等販売用の店舗として賃借りする契約をしていた。同契約のなかでＡは、毎日の営業終了後に売上金全額をＢに預託し、Ｂは、一定期間内に預託された売上金の合計金額から賃料債務を差し引いた残額をＡに返還することとされていた（この返還にかかるＡの債権を本件債権とする）。Ａは、Ｙとの間で、本件債権のうち5444万円分を代金4900万円で債権譲渡する旨の本件ファクタリング契約を締結し、代金受領の上、債権譲渡登記をした。本件契約には、本件契約が実質的な金銭消費貸借を目的とする債権譲渡契約等ではないことを確認する条項があった。また、本件契約の約定により、Ｙは、債権譲渡登記の登記事項証明

書をBに送付せず、Aが、Bから本件譲渡債権の支払を代理受領して、債権回収金5444万円をYに支払った。A破産の後、破産管財人Xは、本件契約は利息付の金銭消費貸借の性質を有しており、出資法、貸金業法および利息制限法に違反するから、YがAと本件契約を締結し、上記金額をAから受領した行為は不法行為に該当すると主張し、AがYに支払ったのと同額5444万円の損害賠償を請求した。

本判決は、以下の点を指摘して、本件契約は、実質的に金銭消費貸借と同様の機能を有するものであり、YがAに対して本件契約に基づき金銭を交付したことは貸金業法や出資法にいう「金銭の貸付け」に該当するとした。第1に、本件約定によれば、Yは登記事項証明書のBへの送付をその判断で猶予でき、この場合、Aは代理受領を引き受けることとされており、実際にもそのような取扱いがされている。このことからして、本件契約では、Yが自らBから履行を受けることは想定されておらず、Aが履行を受けた上で、Yへ支払をすることが予定されていたといえる。第2に、他方で、本件契約では、Aは本件譲渡債権につき債務者の資力を担保せず、債務者に不履行があった場合、AはYに対する支払義務を負わないこととなっている。しかし、本件譲渡債権については、Bに債務不履行が生じる可能性は極めて低く（Bには支払原資が存在し、本件契約の締結日から債権回収金の支払日までの期間は、最長でも16日間であった）、また、本件のような二者間ファクタリングは債権の早期資金化を目的とするため、譲渡人に手元資金が十分にあるとは考え難く、債務者が支払をしない場合に、譲渡人がその支払をすることは通常期待されていない。こうした点からすれば、本件契約の性質決定にあたり、債務不履行が生じる可能性や、AがYに対する支払義務を負うか否かを重視することは相当とはいえない。以上の評価に基づき、本判決は、本件契約が貸金業法3条の登録を受けずになされたこと、本件契約で合意された利息が出資法5条1項の規制を大幅に超え、強度の違法性を有すること、Yが資金繰りに窮するAに対してこのような貸付け類似行為をしたことを指摘し、YがAから金銭の支払を受けた行為はその全体が不法行為を構成するとし、5444万円の賠償金支払をYに命じた（AがYから受領した4900万円は不法原因給付にあたるので、同額を賠償額から控除することは708条の趣旨に反するとして、認めていない）。

本件では、破産寸前に破産会社が支払った5444

万円を管財人が回復できるかが問題となっており、本件債権が譲渡禁止特約付きであった事実、およびYが資金繰りに窮するAにこのような取引を行った事実を踏まえれば、本判決の結論は正当と思われる。もっとも、本判決が、本件契約を金銭消費貸借と性質決定した論理には疑問が残る。とくに、本判決は、前記平成29年判決および令和2年判決で重視されている、譲渡人・譲受人間で授受のあった金額と債権額との関係について検討を加えていない（YからAに支払われた金額は、譲渡債権の額面の9割程度にあたるのだから、これを「売買代金」とみることも不可能ではないはずである）。本件契約が実質的な金銭消費貸借ではないと確認する契約条項があった点からしても、本件契約を金銭消費貸借と性質決定するのであれば、あと一歩二歩踏み込んだ理由づけがあってよかったのではないか。

(3) いわゆる「ひととき融資」の私法的効力

最後に、デート特約付きの貸金契約を公序良俗違反により無効だと判断した [3] 東京簡判令4・6・29 金法2199号101頁（確定）を挙げておきたい。Y女は、カードの未払があったため、金銭に困っている旨をSNSに投稿し、これをみたX男は、YにDMで融資を申し出た。Xは、Yと実際に会って融資の相談をし、その場で、毎月の分割払で2年後までに完済する条件で30万円を貸し付けた。本件契約で定められた金利は年0.001％であったが、その代わり、Yは、完済までの間Xと月数回「デートをする」こと、Yがデートに応じない場合は金利が上がることが約束された（以下ではデート特約と呼ぶ。なお、「デートをする」には性的な行為が含意されており、その旨の説明がXからYにされている）。貸付けの数日後、YはXが勤務する病院で性病検査を受ける予定であったが、高熱のため行けなかった。これをきっかけにして、Xは、貸金返済をYに督促するようになった。Xは、本件貸金契約から15日後に、元金30万円および利息30万円（デート特約違反を理由に高利率で計算）の支払を求めて、支払督促の申立てをし、支払督促が発付された。これに対してYが督促異議申立てをしたので、督促異議にかかる請求について訴えの提起があったものとみなされた。本判決は、本件デート特約は性道徳に反して公序良俗に違反しており、かつ、Xは、当初からこの行為をYに求めることを意図して契約を締結しており、同特約の内容は本件貸金契約の本質的要素で

あるため、本件貸金契約は公序良俗に違反する目的を有して無効だとし、請求を棄却した。

本判決は、昨今社会問題となっている「ひととき融資」の私法的効力を判断したものであり、同様の事件は今後増加してくるものと思われる。本判決は、デート特約はもちろん、貸金契約自体の効力をも否定しており、これは、貸金契約も併せて無効にしないと借主の保護に欠けるとの判断からであろう（本件のような条件での融資には一切の法的保護を与えないとする強固なメッセージを本判決から看取することは、深読みであろうか）。本判決の結論については、自らの意思でこのような融資を受けたYを、元金の返済義務まで否定するほど手厚く保護すべきか、その要否をめぐり検討の余地がある。しかし、以上のようにして貸主の返還請求を完全に封じた本判決の社会的意義は、簡易裁判所の判決ながら決して小さくない。

2 公序良俗

[4] 大阪高判令3・1・22判時2535号42頁（上告・上告受理申立て、後棄却・不受理）は、病院を運営する一般財団法人のM＆Aの仲介契約に関して、仲介者の債務不履行責任の成否を判断した事案である。病院を開設運営する一般財団法人Xは、Y₁（M＆Aの仲介等を業とする株式会社）およびY₂（Xのメインバンク）との間で、Xの法人提携に関するスキームの立案・助言、提携先候補の選定等を内容とする法人提携仲介契約を締結した。Yら立案のスキームに基づき、Xの代表理事および評議員は、A株式会社との間で、Xの役員および評議員が辞任し、Aの指定する者が役員および評議員に就任する方法により、Xの運営権をAに移転することを目的とする運営権取得契約を締結した。Xは、成功報酬等として約5038万円をYらに支払った。Xは、以下のように主張し、本件運営権取得契約は公序良俗違反により無効であり、本件スキームを立案し、候補先としてAを選定したYらには、本件仲介契約上の債務不履行があるとして、支払った金額相当額の損害賠償を請求した。すなわち、本件運営権取得契約は、営利法人（株式会社）Aが本件病院の運営権を取得することを目的としており、医療法7条1項の定める病院開設の許可制や同法の非営利原則（同条6項（当時））を潜脱する脱法スキームであり、公序良俗違反により無効である。

第一審（大津地判令元・10・29判時2535号50頁）は、本件運営権取得契約の公序良俗違反性を否定し、Xの請求を棄却した。本判決も、①Aが営利法人であることから直ちに、Xの犠牲においてAの利益を図る運営が行われる具体的危険があるとはいえず、②また営利法人（株式会社）が一般財団法人（X）の枠内でその運営に経営方針を反映させることが直ちに、医療法7条6項の趣旨を損なうような事態（経営戦略で医療内容が左右されて患者の利益を損なうおそれや、期待した利益が得られない場合に病院経営から撤退することで地域医療の確保に支障が生じるなど）を生じさせる具体的な危険があると一般的にいうこともできないとし、本件運営権取得契約の公序良俗違反性を否定した。

[5] 堺簡判令3・1・14金法2195号66頁（確定）は、レッカー搬送業者の車両搬送が、貨物自動車運送事業法3条に違反し、同搬送に基づく報酬支払請求が公序良俗違反になるかが争われた事案である。Xは、Yの依頼により本件車両を故障現場から修理工場へ搬送することを引き受けた。本件搬送後、Xは、報酬額からY加入の保険会社より填補された額を控除した残額の支払をYに請求した。これに対してYは、本件搬送行為の一部（当日は修理工場が営業時間外だったため、本件車両を本件現場からXの事業所まで搬送していったん預かった上で、事業所から修理工場へと搬送した。このうちのX事業所から修理工場までの二次搬送部分）は、Xが受けている有償運送許可の範囲外であり、貨物自動車運送事業法3条に違反するので、同搬送費用の請求は公序良俗に違反すると反論した。本判決は、本件のようにやむを得ない事情があるときは二次搬送が例外的に許容される旨の国土交通省回答があることなどを挙げ、本件搬送行為が同法3条に違反して本件請求が公序良俗に反するとまではいえないとし、請求を認容した。

3 債務不履行

(1) 債務不履行全般

[6] 東京地判令3・6・24判時2535号66頁（控訴）は、摂食障害の治療目的で行われた身体拘束が、病院側の債務不履行にあたるかを判断した事案である。Xは、平成20年5月に摂食障害と診断され、治療のためにYが設置運営する病院に入院した。担当医は、Xの症状（点滴を自ら抜去し、再挿入を拒絶するなど）に照らし、5月24日、両親の同意の下、

Ｘを医療保護入院（精神保健福祉法33条１項）とするとともに、Ｘについて身体拘束を開始した。身体拘束は８月８日に解除されたが、平成30年になってＸは、77日間の身体拘束が違法であったと主張し、Ｙの債務不履行に基づく損害賠償の請求をした。精神科病院の入院患者の処遇について定めた昭和63年厚生省告示第130号（本件当時）は、身体拘束の基準のひとつとして「精神障害のために、そのまま放置すれば患者の生命にまで危険が及ぶおそれがある場合」を挙げており、本件では、当時のＸの状況がこれに該当したかが主要争点となった。本判決は、拘束開始後のＸの病状（点滴の刺替え等による一時的解除後の再拘束に抵抗しなくなり、栄養状態も改善され、７月中旬以降は毎食経口摂取が可能になったなど）に照らせば、７月23日以降17日間の本件拘束は違法であったとし、Ｙの債務不履行を認め、慰謝料等110万円余の支払を命じた。なお、控訴審（東京高判令４・10・31裁判所ＨＰ）は、本件拘束の全期間について拘束の違法性を否定し、原判決を取り消してＸの請求を棄却した。第一審に対して控訴審は、栄養状態について危機的状態を脱した後も、拘束解除がＸの心理状態に与える影響等を勘案して拘束の程度を徐々に緩和した医師の判断を、尊重している。控訴審の判断の方が正当である。

[7] 東京地判令３・９・27判時2534号70頁（控訴、後棄却〈東京高判令４・２・17 LEX/DB25592207〉）は、新型コロナウイルス感染症蔓延による挙式契約の解約が、「不可抗力により婚礼が実施できなくなった場合」に該当するかを判断したものである。詳細は、「注目裁判例研究・取引２」を参照。

(2) 遅延損害金

[8] 最三判令４・１・18民集76巻１号１頁は、不法行為に基づく賠償債務の遅延損害金に405条を適用または類推できるかを判断したものである。詳細は、「注目裁判例研究・不法行為２」を参照。このほか、本判決評釈として、田中洋・法教500号103頁、加藤新太郎・NBL1223号91頁、原田昌和・ジュリ1574号91頁、白石友行・新・判例解説Watch31号99頁等多数ある。

本判決に加えて今期は、遅延損害金の成否・範囲に関する最高裁判決として、最二判令４・１・28民集76巻１号78頁（詳細は、「注目裁判例研究・不法行為１」を参照）があり、下級審判決でも次の[9]がある（このほか、[17]も遅延損害金の範囲をめぐ

る争いである）。

[9] 東京地判令４・３・30金判1650号50頁（確定）は、預金債務の履行遅滞責任発生の時期を扱っている。ＡがＹ銀行等にＢの名義で預金していたところ、Ａの死亡後、Ｘらが預金債権を相続したと主張し、Ｙらに預金の払戻し、および訴状送達の翌日から支払済みまでの遅延損害金の支払等を求めた。これに対して、Ｙらは、本件債権の債権者はＢであるなどとして争った。本判決は、本件債権がＡに帰属していたと認め、預金額の払戻しをＹらに命じた。ただし、遅延損害金については、「金融機関において、払戻請求者が正当な払戻権限を有する者であるか否かを確認するために必要かつ相当な期間について払戻しを留保することは、正当な理由があって違法性がないから、同期間は履行遅滞に当たらない」とし、本件でＹらは、訴状送達の翌日ではなく、本判決確定日の翌日から遅滞責任を負うとした。

(3) 安全配慮義務

安全配慮義務違反をめぐる判決は（例によって？）複数存するが、事案類型としては、職場、老人ホーム、学校教育現場を舞台とするもののほか、買い物客に対するスーパーマーケットの義務違反が問題となったものがある。

このうち、職場環境に関しては、[10] 大阪高判令３・３・25判時2519号120頁（上告・上告受理申立て、後棄却・不受理）、および、[11] 横浜地判令３・３・26判時2517号61頁（控訴、後和解）がある。[10]は、長時間労働に起因して被用者が死亡した事件を扱った事案（第一審は、大阪地判令２・２・21判時2452号59頁。民事判例22不法行為動向[6]事件）、[11]は、非熟練の派遣労働者との関係で雇用者の安全配慮義務が問題となった事案である。両判決とも、雇用者の安全配慮義務違反を認めて、請求を一部認容している。

次に、高齢化社会を映し出したものとして、[12] 福岡高宮崎支判令３・４・21判時2526号39頁（確定）があり、同判決は、住宅型有料老人ホームでの入居者の転落死亡事故に関して、同施設等の安全配慮義務違反を否定した。Ａは、Ｙ₁が開設運営する住宅型老人ホームに入居していたところ、居室の窓から転落して死亡した。当該窓には開閉幅を制限できるストッパーが備え付けられていたが、事故当時ストッパーは使用されていなかった。Ａの子Ｘらは、Ｙ₁、および、本件施設内に介護事業所を開設し、Ａ

に訪問介護サービスを提供していたY_2に対し、入居契約および訪問介護契約に基づく安全配慮義務の違反があったと主張し、A死亡の損害賠償の請求をした。第一審（鹿児島地判令2・10・30判時2526号43頁）はXらの請求を棄却した。本判決も、「Yらが介護サービス提供時以外にも一体として、居室内を含めた入居者の生活全般についてあらゆる危険を予測し、入居者に対する安全を配慮すべき義務を負う」とはいえないとして、Xらの控訴を棄却した。

[13] 大阪高判令3・10・28判時2524=2525号328頁（上告・上告受理申立て、後棄却・不受理〈最二決令4・6・15 LEX/DB25593067〉）は、公立高校での頭髪黒染め指導が違法だとして元生徒Xが高校設置者Yに慰謝料等の支払を求めた事件であり、学校教育現場での安全配慮義務違反が争点となった。第一審（大阪地判令3・2・16判時2494号51頁。民事判例22不法行為動向[24]事件）は、教諭らの一部の措置が「教育環境配慮義務」に違反するとしてXの請求を一部認容したものの、黒染め指導に関する校則および本件指導の違法性は否定した。Xの控訴を受けた本判決も、第一審判決を支持して控訴を棄却した。本件校則および本件指導の違法性を否定した点で、第一審および本判決ともに正当と評すべきである。このほか、教育現場での配慮義務が争われたものとして、[14] 福岡高宮崎支判令3・2・10判時2526号50頁（確定）があり、同判決は教諭らに配慮義務違反があったことを認めている。

[15] 東京高判令3・8・4判タ1501号90頁（上告受理申立て、後不受理〈最一決令4・4・21 LEX/DB25592742〉）は、店舗床に落ちていた惣菜を踏んで転倒、負傷した買い物客との関係でスーパーマーケットの安全配慮義務違反が問題となった事件である。詳細は、「注目裁判例研究・不動産」を参照。

(4) 情報提供義務

[16] 仙台高判令3・3・25判時2529号58頁（確定）は、代金額に関する売主の意思決定に影響を及ぼす事実について、買主側の情報提供義務違反を認めた判決である。X（関係者を一部省略）は、LED等の製造販売をする会社である。Yは、A生活協同組合連合会の子会社であり、Aの他の子会社および会員企業に、省エネ製品を納入している。Yの担当者は、Aの子会社等に納入する目的で、Xの担当者と、本件型番LEDの継続的供給に関する契約交渉に入った。交渉当初、本件型番の販売価格は発注個数1200本・単価6450円で提示されていたものの、最終的には、単価5700円で販売が開始された。これは、交渉においてYの担当者が、本件型番をAグループ全体で約1万個導入する計画である旨をXの担当者に伝えていたからであった。ところが、本件計画は頓挫し、Xが発注を受けたのは計3477個にとどまった。Xは、1万個の発注が確実ではないことが判明していながら、この情報を提供しなかった点で、Yの情報提供義務違反があると主張し、損害（納品済みの本件型番につき本来の単価と実際の販売単価との差額の合計額等）の賠償を請求した。第一審（福島地いわき支判令2・6・23判時2529号64頁）は、Xの請求を棄却した。本判決は、Yは、本件型番の継続的な発注を前提に価格交渉をした取引上の信頼に応えるべく、発注継続においては、上記計画の採否に関する情報を速やかに提供する信義則上の義務を負っていたとし、本件計画の頓挫を認識しながら1本5700円で発注した点で、信義則上の情報提供義務違反があったとし、Xの請求を一部認容した。

4 弁済の提供

[17] 東京地判令3・8・30判時2522号112頁（確定）は、債務者が債務の存在を争いつつ債権者に行った弁済の提供を有効と認め、それ以後の遅延損害金の支払義務を否定した。本件に先立ち、XとYは、Xの不法行為に基づく損害賠償責任の成否につき裁判で争っており、Xに対して賠償金の支払を命じる控訴審判決が言い渡された。上告後、Xは、控訴審判決の認容額に遅延損害金を付した額からすでに支払済みの額を控除した金銭を、仮執行を免れる目的で仮に支払う予定である旨Yに伝えたところ、Yは受領しない意向を示した。Xは、同金銭の弁済の受領をYに催告した（本件弁済の提供）がYに拒絶されたので、同金銭を供託した。Xの上告が棄却され控訴審判決が確定した後、Yは、Xが債務の存在を争いつつ行った本件弁済の提供が無効であることを前提に、Xの債務額は不法行為時から控訴審判決確定日までの遅延損害金を付した額だとし、そこから前記既払金および供託額を控除した金額の支払等を求めた。これに対して、Xは、その支払を拒否し、債務名義の執行力の排除を求めた。本判決は、「損害賠償債務という金銭債務について債務の全額に係る弁済の受領を催告したものである以上、これに加えて弁済意思が必要とは解されず、債務の存在を

争っているからといって直ちに債務の本旨に従った弁済の提供に当たらない」とはいえないとして、本件弁済の提供を有効と認めた。

5 使用貸借

使用貸借に関し、親族間での土地の使用貸借の効力に関する判決が、2件出ている。いずれも、土地所有者とその親族の間で土地の使用貸借をし、後者が地上建物を建設して居住していたところ、当事者の一方が死亡したという事案である。[18]名古屋高判令2・1・16判時2520号21頁（上告受理申立て、後不受理）は、借主死亡後に、貸主と、借主の相続人（建物所有者）とが使用貸借の存続を争った事案である。詳細は、「注目裁判例研究・取引1」を参照。これに対して[19]東京地判令3・6・24判時2527号66頁（控訴）は、土地使用貸借の貸主死亡後に、土地を相続した相続人と借主（建物所有者）が使用貸借の存続を争った事案である。詳細は、「不動産裁判例の動向」を参照。

6 寄託

[20]東京高判令4・4・28金判1650号16頁（上告・上告受理申立て）は、子による親の預金引出し行為の性質が、親死亡後に相続人間で争われた事案である（相続人間の争いの部分に絞って紹介する）。Yは親Aとともに、Aが自己名義で口座を有していた銀行の支店を訪れ、Aの氏名を記入し、Aの届出印を押した払戻請求書を作成して、Aの代わりに預金債権の払戻しを受けた。A死亡後、Aの他の相続人であるXらは、本件引出しが、Aに帰属する預金債権の侵害であり不法行為になるとし、これに基づく損害賠償請求権をAから相続したと主張し、賠償金の支払をYに請求した。第一審（東京地判令3・6・30金判1650号24頁）は本件引出しをYの不法行為と認め、請求を認容した。これに対して本判決は、本件引出しにはAの承諾があったので、不法行為は成立しないとした。その上で、本件引出しは、AとYがA名義口座の金銭をYが保管する寄託契約を交わして行われており、これに基づきAはYに同金銭の返還請求権を取得するところ、A死亡によりXらが同請求権を相続したものと認めた。

7 不当利得

[21]神戸地尼崎支判令3・8・2判時2517号73頁（確定）は、そのほぼすべてが年金等の振込額で構成される債務者の預金口座につき、債権者が預金債権を差押えて取り立てたのに対して、取立金受領を不当利得と認めた。Yは、Xに対する貸金債権につき債務名義を得て、Xが金融機関に対して有する預金債権を差し押さえた。本件口座にはもともと残金485円しかなかったが、差押命令効力発生の直前に、Xが受給していた年金等11万4776円の振込みがあり、差押の効力発生時、本件口座は、ほぼ年金等の振込額で構成されていた。本件差押後にYが同口座の預金額全額を取り立てたのに対して、Xは、Yの不当利得を根拠に、取立金の返還を請求した。本判決は、「差押等禁止債権に係る金員が金融機関の口座に振り込まれることによって発生する預金債権は、原則として差押等禁止債権としての属性を承継するものではない」としつつ、本件では、給付金の入金直後に、これにより発生するものをほぼすべてとする預金債権が差し押さえられており、実質的に、給付金を受ける権利自体を差し押さえるに等しいとして、Yの取立金受領を不当利得とした。

[22]東京地判令3・9・28判時2528号72頁（控訴）は、不当利得返還請求権の相続による分割承継に関し、分割割合を具体的相続分ではなく、法定相続分によると判断した。XとYはAの共同相続人である。Yは、Aの生前にAの預金口座から約9433万円をAの承諾なく出金しており、Aは、Yに対して同額の不当利得返還請求権を有していた。A死亡後、Xは、①上記金額を法定相続分で配分した約4716万円の返還をYから受けたものの、Yに特別受益があり、上記金額をXの具体的相続分で計算し直すとXの相続する不当利得返還請求権の額は約6852万円であるとし、差額の支払を求めて本件訴訟を起こした。②また、YはA死亡後にもAの預金口座から約259万円を無断で出金しているところ、同口座に対するYの具体的相続分は0であるから、その出金全額が不当利得にあたるとして、同額の返還を請求した。

本判決は、①につき、本件不当利得返還請求権はXとYに分割承継されるが、分割割合は法定相続分によるとし、Xの請求を棄却した。理由として、具体的相続分で計算すると、「相続開始と同時に分割

されたはずの金銭債権の相続割合は、…遺産分割時点まで明確に定まらないこととなり、被相続人の有していた可分債権に当たる金銭債権の行使は、遺産分割が終了するまでの間、事実上困難なものとなりかねないし、当然に分割されたことで遺産分割の対象とはならないはずの可分債権が、実質的には遺産分割の対象とされる結果になりかね」ないとする。

また、②について、最大決平28・12・19民集70巻8号2121頁に依拠し、「本件口座は、預金口座であるから、本件死後出金前は、本件死後出金に係る出金相当額を含め、遺産を構成するものであった」とした上で、「具体的相続分とは、遺産分割手続における分配の前提となるべき計算上の価額又はその価額の遺産の総額に対する割合を意味するものであって、それ自体が実体法上の権利関係に当たるものではない」ため、「本件死後出金がなされた時点で、Ｘが本件口座に関し、具体的相続分に相当する実体法上の権利を有していたとはいえない」とした。その上で、本件死後出金額の2分の1に相当する額を超えた部分の限度で不当利得が成立するとして、Ｘの請求を一部認容した。

8 金融商品取引

[23] 金沢地判令4・5・26金判1653号2頁（控訴）は、目的外の資金流用により償還不能となったレセプト債をめぐる事件であり、発行会社の会計事務所およびレセプト債を販売した証券会社の、購入者に対する損害賠償責任が問われた。詳細は、「不法行為裁判例の動向」を参照。

9 宅地建物取引

[24] 東京地判令元・8・7判タ1501号242頁（上告、後棄却〈東京高判令2・1・14 LEX/DB25580356〉）は、宅建業者が媒介報酬として受領できる額の上限を定める国土交通省告示第4後段にいう、「媒介の依頼を受けるに当たって当該依頼者の承諾を得ている場合」の解釈を示したものである。詳細は、「不動産裁判例の動向」を参照。また、本判決評釈として、岡本正治・新・判例解説Watch26号55頁、桑岡和久・現代消費者法47号102頁がある。

10 保険契約

[25] 東京地判令3・6・22判時2521号79頁（控訴）は、大枝の切り落とし作業中に他人を死亡させたことが、賠償責任保険の補償範囲に含まれるかを扱ったものである。Ｘは、神社の氏子会活動の一環として、境内の山桜の大枝を切り落とす作業をしていた（長さ15メートル・重さ323キログラムの大枝を、樹木にのぼってチェーンソーで切り落としていた）。Ｘが切り落とした大枝が、地上にいたＡに当たり、Ａは死亡した。ＸとＡの遺族は、遺族に1000万円を分割で支払う内容で和解した。事故当時Ｘが加入していたＹ損害保険会社の自動車損害保険には、「日常事故賠償責任補償特約」が付帯しており、「被保険者の日常生活に起因する偶然な事故」により被保険者が損害賠償責任を負担することで生じた損害について、保険金の支払が約されていた。Ｘは、同特約所定の事故が発生したと主張し、Ｙに保険金支払を請求した。本判決は、本件作業は、「日々繰り返される普段通りの生活においては滅多に経験することのない危険性の高い作業」であるとして、本件作業がＸの「日常生活」に該当しないとし、請求を棄却した。

11 フランチャイズ契約

[26] 大阪地判令4・6・23金判1654号22頁（控訴）は、コンビニ店舗のフランチャイジーの接客対応等が、フランチャイズ契約上の解除事由にあたり、かつ、フランチャイザーとの信頼関係を破壊するかが問題となった事案である。Ｘはコンビニ店舗のフランチャイザーであり、Ｙは平成24年にＸと加盟店基本契約等を締結し、本件店舗建物の使用許諾を受けて本件店舗を経営している。本件契約では、Ｙは、Ｘのブランドイメージを変更し、またはその信用を低下させる行為をしないこととされ（5条3号）、これに違反した場合（46条2項1号）、または、その他Ｘに対する重大な不信行為があった場合（46条2項2号）は、Ｘが催告の上で本件契約を解除できる旨の約定があった。平成28年以降、Ｙは本件店舗において、警察官が介入するものも含めて相当回数に及ぶ利用客とのトラブルを起こしている（利用客の態度や駐車場利用の方法にＹが注意を与えてトラブルに発展したものが大半であるが、利用客側に非

があったものもある）。このほか、Ｘに無断で時短営業を開始し、また、Ｘの社会的評価を低下させる内容の記事をSNS上に投稿している。Ｘは、地域担当者を通じて接客態度等の是正をＹに求めたが、Ｙは、十分な是正措置を講じなかった。そこでＸは上記約定に基づき本件契約を解除し、本件店舗建物の明渡し、および、本件契約の解除に伴う約定損害賠償金の支払を求めて提訴した。

　本判決は、Ｙの本件接客対応およびSNS上の投稿が、上記約定の解除事由に該当するとしつつ、本件契約の残存期間が約８年あること、開店に際してＹが相当額の初期費用を負担したことを指摘し、本件約定の解除をするには、Ｙの本件契約上の義務違反が本件契約の趣旨、目的等に照らしてＸＹ間の信頼関係を破壊したと評価できるやむを得ない事情があることが必要だとした。その上で、Ｙの本件各行為はＸＹ間の信頼関係を破壊するものだとし、Ｘの本件解除を有効とした。

12　消費者契約

　消費者契約法の分野では、最近の裁判例の多くが契約内容規制（とくに消費者契約法 10 条等の該当性）を主な争点にしている（例えば、民事判例 23 取引動向 [32][33] 事件、民事判例 24 取引動向 [27] 事件、民事判例 25 取引動向 [41] ないし [43] 事件）のに対して、今期は、被害者救済の手続面での規律を争点とする裁判例が登場している。

　まず、契約内容規制に関しては、[27] 東京地判令 3・1・21 判時 2519 号 52 頁（確定）がある。同判決は、建物賃貸借の更新事務手数料にかかる条項の消費者契約法 10 条該当性に関するものである。詳細は、「不動産裁判例の動向」を参照。

　他方で、被害者救済の手続面に関して、[28] 東京高判令 3・12・22 判時 2526 号 14 頁（上告・上告受理申立て）は、消費者裁判手続特例法に基づく共通義務確認の訴えの訴訟要件である、支配性の要件の存否を判断している。同制度は、消費者の財産的被害の集団的回復を目的に設けられたものであり、第 1 段階として、特定適格消費者団体の提起する共通義務確認の訴えがあり、被告事業者の共通義務の存否が判断される。そして、共通義務が確認されれば、第 2 段階として個々の消費者が参加する簡易確定手続に移行する。共通義務確認の訴えでは、「裁判所は、共通義務確認の訴えに係る請求を認容

する判決をしたとしても、…当該簡易確定手続において対象債権の存否及び内容を適切かつ迅速に判断することが困難であると認めるときは、共通義務確認の訴えの全部又は一部を却下することができる」とされ（同法 3 条 4 項）、支配性の要件と呼ばれる。本判決は、この支配性の要件を欠くとして共通義務確認の訴えを却下した一例である。

　Ｙらは、仮想通貨の情報教材を販売する法人、同教材の購入勧誘等をする事業者個人である。特定適格消費者団体Ｘは、本件情報教材について、虚偽または実態と著しくかけ離れた誇大効果を宣伝して勧誘・販売をしたことが対象消費者に対するＹらの不法行為になると主張し、Ｙらが対象消費者に対して賠償責任（共通義務）を負う旨の確認訴訟を提起した。第一審（東京地判令 3・5・14 判時 2526 号 20 頁）は次のように述べてＸの訴えを却下し、本判決も第一審判決を支持してＸの控訴を棄却した。すなわち、Ｙらの不法行為が成立するとしても、本件各対象消費者には、勧誘内容を信じた点につき過失相殺をすべき事情がありうる。そして、各対象消費者の過失の有無や過失相殺割合については、対象消費者ごとに仮想通貨への投資を含む投資の知識、経験の有無・程度、職務経歴、本件各商品等の購入に至る経緯等の諸事情を考慮して認定、判断することを要する。このため、個々の対象消費者ごとに相当程度の審理を要するから、法 3 条 4 項所定の場合に該当する。

　本件の争点との関係では、不法行為に基づく損害賠償請求では、性質上常に過失相殺の可能性があり、そうした事案のほとんどが支配性を欠くことになれば、本制度の意義が失われるとの指摘があり（日本弁護士連合会消費者問題対策委員会編『コンメンタール消費者裁判手続特例法』(2016 年) 99 頁）、過失相殺が問題となる場合でも類型的な判断が可能であるから、直ちに支配性を否定すべきではないとする学説もある（町村泰貴『詳解消費者裁判手続特例法』(2019 年) 69 頁。例えば、金融・投資の詐欺的取引でも、消費者の投資経験や年齢などによる分類に基づき過失割合の類型化が可能だとする）。ただし、類型化可能な場面とそうでない場面との線引きはやはり困難と思われ、本判決は、裁判所がこのような困難な線引きに直面した一例であろう。

（みぞぶち・まさあき）

担保裁判例の動向

角　紀代恵　立教大学名誉教授・弁護士
現代民事判例研究会財産法部会担保パート

　今期も担保パートの裁判例は4件ときわめて少ない。特に、今期は、相殺、保証に関する裁判例がなく、また、担保プロパーに関する裁判例はゼロといっていい状況である。

1　抵当権

[1] 大阪高判令3・5・21 判時 2533 号 13 頁

　土地の取得時効完成後に、同土地上に設定され登記されていた根抵当権の譲渡を受けて根抵当権移転の付記登記を了した者が背信的悪意者に該当するとして、時効取得者による根抵当権設定登記の抹消登記請求が認められた事例である。取得時効と登記、善意者からの転得者である背信的悪意者は登記の欠缺を主張するにつき正当な利益を有する第三者に該当するか否かが問題となった事案であるので、詳細は不動産パートに譲る。

2　所有権留保

[2] 東京地判令2・9・29 判時 2530 号 50 頁

　トライク（三輪自動車）を対象商品とする預託商法あるいはレンタルオーナー制度ともよばれる取引をめぐる事案である。信販会社（X）と加盟店との間の加盟店契約には、加盟店が同契約に違反した場合には、加盟店は、当然に、Xの立替金に関する顧客の残債務を重畳的に引き受ける旨の規定がある。本判決は、トライクを販売していた加盟店Yに対するXの同規定に基づく顧客の残債務相当額の支払請求を認めた。

　トライクを対象商品とする預託商法は、概略、以下の通りである。すなわち、Yは、Aから紹介を受けた顧客に対して、信販会社のクレジットを利用してトライクを購入すれば、Aがこのトライクを借り受けて信販会社への分割払金を上回るレンタル料金を支払うとして、トライク購入希望者を募集した。募集に応じた顧客は、YにおいてXをはじめとする信販会社との間でトライクを対象商品とする立替払契約を締結し、Yは信販会社からトライクの代金に相当する立替金の支払を受けた。顧客は、購入したトライクを自分で使用することなく、Aとの間で、トライクの賃貸借契約を締結する。Aは、顧客が購入したトライクについて同人への所有権移転登録がなされた直後に、同人に対して、信販会社への立替金債務が残っている状態でトライクを買い取る旨申し出て、Aへの所有権移転登録を行い、同トライクを利用して、新たに募集に応じてきた別の顧客に、同様の契約を締結させるというものである。

　加盟店契約は、加盟店に対して、Xが売買目的物に対して有する担保権を侵害する行為を禁止している。そこで、Xは、担保権侵害行為として、Xが留保所有権を有しているトライクについて、Yが、Aと意を通じて、他の信販会社が留保所有権を取得することを契約内容とする更なるクレジット契約の締結に加担したり、当該トライクの登録名義が顧客に移転した後、YまたはAに登録名義を移転するなどしたことを挙げた。

　判決は、Xの請求を認容するにあたり、以下の通り、Xの有する留保所有権の侵害について判示した。すなわち、加盟店契約が禁止するXの担保権を侵害する行為には、担保目的物を消滅させたり、損傷したりする行為だけではなく、担保権の実行を困難にする行為も含まれる。他の信販会社と同一のトライクに係る留保所有権が競合するような事態になると、たとえ、Xは、留保所有権を失うことはなくても、他の信販会社との間で留保所有権の帰属をめぐる紛議が生じ、その実行が困難となることが容易に予想される。また、トライクは登録を公示方法と

しない自動車に該当する（道路運送車両法4条、3条、同法施行規則2条、同別表第一）ので、トライクの登録名義の移転自体は、Xの留保所有権の消長に直ちに影響を及ぼすものではないが、登録名義が顧客以外の者に移されていると、売却が困難になり、Xの留保所有権の行使を困難にする、と。

3　ファクタリング

[3] 名古屋地判令3・7・16判時2534号76頁

本件で問題となった取引は、事業者向けのファクタリングである。

令和元年、商業施設等において販売店舗を経営するAは、貸金業の登録のないYに対して、商業施設等のデベロッパーBに対する預託金返還請求債権（譲渡禁止特約付き債権）5444万円分を買取額4900万円で譲渡する旨のファクタリング取引契約（以下「本件契約」という）を締結し、「売買」を原因とする債権譲渡登記を経由した。本件契約には、①本件契約は債権の真正譲渡であり、金銭消費貸借契約を目的とした債権譲渡契約、売渡担保契約、質入契約等の契約ではないことを確認する旨の条項、②Aは売り渡した債権についてYに対して債務者の資力を担保しない旨の条項が存在していた。また、③債権譲渡登記の登記事項証明書のBへの送付はYの判断により猶予することができ、その場合は、Aは代理受領を無償で引き受ける旨の条項が存在し、実際、Aは、Bから譲渡債権の支払を受けた後にYに対して支払を行っていた。また、④本件契約には、Yの請求があったときは、Aは、Aの財産、経営、業況について重大な変化が生じたときなどは、ただちにYに報告しなければならない旨の条項、さらに、⑤Aは、本件債権に譲渡禁止特約が付されていないことを保証するとともに、万が一、債務者から債権譲渡禁止特約を主張された場合には、Aは、Yに不利益が生じないよう対応する旨の条項が存在した。本件契約の締結日から債権回収金の支払日までの期間は、9日間から16日間であり、Aは、Yに対して、債権回収金合計5444万円を支払った。

令和元年11月29日、Aに破産開始決定がなされ、XはAの破産管財人である。Xは、本件契約は実質的には利息付の金銭消費貸借契約の性質を有していたものであるから、本件契約は出資法、貸金業法及び利息制限法に違反するとともに、公序良俗違反で

あるから、Yの行為は不法行為に該当すると主張し、損害賠償としてAがYに交付した5444万円の支払を請求した。

判決は、以下のように判示して、Xの請求を認容した。

前述した本件契約の①および③〜⑤の各条項によれば、本件契約においては、YがBから支払を受けることを想定しておらず、AがBから支払を受けた上で、Yへ支払をすることが予定されていた。この点は、本件契約を債権の売買ではなく、担保付の消費貸借契約であると評価することと整合的である。他方、AはBの資力を担保しない旨の②条項は、本件契約を消費貸借契約であると評価することと整合しない。しかし、デベロッパーであるBによる不履行の可能性はきわめて低く、また、本件契約のような二者間ファクタリング契約は、譲渡人の有する債権の早期資金化を目的としたものであるから、譲渡人に手元資金が十分にあるとは考え難く、債務者が支払をしない場合に、譲渡人が支払をすることは通常期待されていない。したがって、Bが不履行の場合には、Aは、法律上、Yに対する支払義務を負っていても、負っていなくても、事実上、Yに対して支払うことはできなくなるので、本件契約の法的性質を考えるうえで、AのYに対する支払義務の存否を重視することは相当ではない。以上より、本件契約は、実質的に貸付けと同様の機能を有するものと認められるので、YがAに対して本件契約に基づいて金銭を交付したことは、「手形の割引、売渡し担保その他これらに類する方法」（貸金業法2条1項）として、貸金業法や出資法にいう「金銭の貸付け」に該当すると判示した。

すると、Yは貸金業の登録を受けていないこと、本件契約を「金銭の貸付け」と評価すると、年利は、出資法5条1項に定める上限金利である109.5％を大幅に超過する265％から270％になること、さらに、Aが資金繰りに窮して、このような強度の違法性を有する本件契約を締結したことを踏まえると、Yが、Aに対して著しく高金利の約定で貸付けに類する行為をしたことは公序良俗に反するものといえ、YがAから金員の支払を受けた行為は、その全体が不法行為を構成する。そこで、最三判平20・6・10民集62巻6号1488頁を引用して、YのAに対する金員の交付は不法原因給付に当たるので、当該金員を控除することは、民法708条の趣旨から許さ

れないとした。

　さて、給与ファクタリングについては、令和2年3月5日、金融庁が貸金業法の適用対象になる旨のノーアクションレター（金融庁監督局総務課金融会社室長「金融庁における一般的な法令解釈に係る書面照会手続（回答書）」）を発出し、最高裁も、最三決令5・2・20において、給与ファクタリングは、貸金業法2条1項および出資法5条3項にいう「貸付け」に当たると判示した。これに対して、事業者向けのファクタリングでは、貸付けとする判決と貸付けと認めない判決に分かれており[1]、学説も貸付け等の判断要素について統一されているとは言い難い状況にある[2]。

　そのような中、本判決は、本件契約は「実質的に貸付けと同様の機能を有する」ものであり、YがAに対して本件契約に基づいて金銭を交付したことは、「手形の割引、売渡担保その他これに類する方法によってする金銭の交付」（貸金業法2条1項）として、貸金業法や出資法にいう「金銭の貸付け」に該当すると判示した。本判決がそのような結論に至った理由は、本件契約においては、債権譲受人であるY自らが債務者Bから支払を受けることは想定されておらず、譲渡人であるAがBから支払を受けた上で、Yへ支払をすることを予定していたことにある。

　本判決は、譲渡債権はAからYに移転していることを前提としている。しかし、本件契約は、改正債権法施行日（令和2年4月1日）前に締結されたものである。改正前民法においては債権譲渡禁止特約（改正前民466条2項）は物権的効力を有し、同特約に違反した譲渡は、譲渡人・譲受人間でもその効力は生じないというのが通説・判例であった。本件では、債務者対抗要件の具備は留保されており、従前どおり、BはAに対して弁済を継続していたところから、Bは債権譲渡の事実自体を知らなかったものと推測される。⑤条項によれば、Yは買取債権には債権譲渡禁止特約が付されている可能性があることは認識している。したがって、Yは債権譲渡禁止特約について、たとえ、善意であったとしても、金融業者としては重過失があったと推測される。すると、もし、Bが債権譲渡の事実を知り、債権譲渡の無効を主張した場合には、Yは債権譲渡禁止特約を対抗される可能性が非常に大きい。その場合、Yは、債権の買主として、Aが代理受領した譲渡債権の弁済

金を受領する法律上の地位にはないことになる。本件契約には、前述したように、万が一、債務者から債権譲渡禁止特約を主張された場合には、Aは、Yに不利益が生じないよう対応する旨の条項が存在している。この条項の意味するところは、結局のところ、たとえ、債務者による譲渡禁止特約の主張により、Yが譲渡債権を取得できないことになっても、Aは、Yに対して、譲渡債権の回収金相当額は支払わなければならないということであろう。この点は、本件の「貸付け」該当性を判断する上において、重要なファクターだと考えられるが、両当事者ともに全く言及していない。

　さらに、本判決は、本件契約を公序良俗違反としている以上、本件契約は無効となる。すると、YがAに対して給付した金銭（4900万円）の不当利得返還請求については不法原因給付（民708条）が問題になるはずである。しかし、本判決は、Xの請求にしたがって、YがAから金銭の支払を受けた行為を不法行為として評価し、不法行為における損害賠償における損益控除を否定した最三判平20・6・10民集62巻6号1488頁の問題として処理している。この点も、なぜ、不法行為として構成したのか、不法行為として構成しなければならない理由があったのかは不明と言わざるを得ない。

[4] 東京地判令3・1・26金法2171号78頁、判時2527号60頁

　本件で問題となった取引は、給与ファクタリンである。

　ファクタリング業を営むXが、給与債権10万円を譲渡代金6万円で譲渡したYに対し、Yが譲渡に係る給与債権全額の支払を受けたにもかかわらず、受領額をXに引き渡さないと主張して、債権譲渡契約に由来する受取物引渡請求権に基づき、10万円及び遅延損害金の支払を求めたが、棄却された事案である。[4]は評釈で扱うことにする。

1) ファクタリングをめぐる裁判例については、白石大「債権譲渡と利息上限規制——ファクタリングへの適用可能性の検討」『民法・消費者法理論の展開』後藤古稀（2022年）658頁以下参照。
2) 藤澤尚江「ファクタリングの債権譲渡担保付金銭消費貸借契約への妥当性」私法判例リマークス65（2022＜下＞）31頁。

（かど・きよえ）

不動産裁判例の動向

伊藤栄寿　上智大学教授

現代民事判例研究会財産法部会不動産パート

1　はじめに

今期の不動産に関する公表裁判例の数は多くない。注目されるものとしては、時効取得後の第三者が背信的悪意者に当たるとした [1]、権利能力なき社団の共有持分権の確認訴訟に関する最高裁判決である [2]、賃貸借契約の法定更新と消費者契約法に関する [4]、使用貸借の終了に関する [5][6] などがある。その他、日照権に関する [8] も興味を引く。工作物責任に関する裁判例が 2 件（[9][10]）、営造物責任に関する裁判例が 4 件（[11] ～ [14]）ある。

2　物権変動

[1] 大阪高判令 3・5・21 判時 2533 号 13 頁（上告・上告受理申立て、後棄却、不受理）は、認可地縁団体 X が本件各土地（墓地）を時効取得したところ、本件各土地に設定され登記された根抵当権の譲渡を受けて根抵当権移転の付記登記をした Y に対して、X が所有権に基づく妨害排除請求としての本件根抵当権登記の抹消登記手続を請求した事案である。Y の実質的代表者は本件各土地所在の住民であり、本件各土地が何十年も前から墓地として使用されていることを以前から知っており、X が本件各土地の時効取得を主張する別訴が継続中で、処分禁止仮処分登記がなされ、第一審で登記名義人が敗訴していることを知っていた。Y は本件各土地を更地にすることは難しいとしても、認可を得て墓地使用者らと交渉し、永代使用料として 1 区画当たり 10 万円から 30 万円で買い取ってもらうか、管理費として 1 区画当たり年間 1 万円前後で徴収できれば、墓地数 200 として、年利 8 ％くらいの利回りになることか

ら、不動産収益物件としては一般的な利回りを維持できるのではないかと考えていたなどの事情があった。原審（大阪地堺支判令 2・8・26 判時 2533 号 20 頁）は、X の請求を認容したので、Y が控訴した。[1] は、Y は本件各土地につき、X の所有権移転登記の欠缺を主張することが信義に反するものと認められる事情があるというべきであるから、登記の欠缺を主張するについて正当な利益を有しないものであり、民法 177 条にいう第三者に当たらないとして、Y の控訴を棄却した。

結論はよいとしても、転得者について常に相対的構成を採用すべきなのか、また、その理論的根拠をどこに求めるかについて、検討の余地がある。[1] は、背信的悪意者が 177 条の第三者から排除される理由は相対的に判断されるべきとし、相対的構成を採用しているが、その根拠として、最三判平 8・10・29 民集 50 巻 9 号 2506 頁を引用する。しかし、同最判は、背信的悪意者からの転得者は第三者に当たりうると判示したものであり、転得者が背信的悪意者である本件で引用するのは不適切である。

3　共有・区分所有

(1)　権利能力なき社団の所有権確認訴訟

[2] 最三判令 4・4・12 判時 2534 号 66 頁（破棄差戻し）は、権利能力なき社団である X（町内会）は、Y（町内会）に対し、本件建物について、共有持分権を有することの確認を求めた事案である。第一審（横浜地判令 2・7・30 金判 1657 号 31 頁）、原審（東京高判令 3・3・2 金判 1657 号 30 頁）ともに、争点は本件建物建築時に X Y を含む 3 町内会の間で本件建物を共有とする旨の本件合意の存否であった。第一審は、本件合意があったと認めたので、Y が控

訴した。原審においても、もっぱら本件合意の存否が争いとなり、第一審でも原審でも、Xが本件建物の共有持分権の主体となり得るか否かという点について主張がされることはなく、この点が問題とされることもなかった。原審は、本件請求は本件建物の共有持分権がX自体に帰属することの確認を求めるものであるところ、権利能力のない社団であるXが所有権等の主体となることはできないとして、Xの請求を棄却した。そこで、Xが上告。[2]は、以下のように判示し、破棄差戻しをした。本件の第一審及び原審において、当事者双方は、専ら本件合意の存否に関して主張をし、これを立証の対象としてきたものであって、Xが所有権等の主体となり得るか否かが問題とされることはなかった。権利能力のない社団がその名において取得した資産は、その構成員全員に総有的に帰属するものであるところ（最一判昭39・10・15民集18巻8号1671頁参照）、当事者双方とも上記判例と異なる見解に立っていたものとはうかがわれない。そうすると、本件請求については、本件建物の共有持分権がXの構成員全員に総有的に帰属することの確認を求める趣旨に出るものであると解する余地が十分にあり、原審は、上記共有持分権がX自体に帰属することの確認を求めるものであるとしてこれを直ちに棄却するのではなく、Xに対し、本件請求が上記趣旨に出るものであるか否かについて釈明権を行使する必要があったといわなければならない。

[2]の主たる争点は釈明権の行使（民訴149条1項）であり、請求の趣旨について釈明を求めることが問題となっている。釈明には、事実審の裁判官がどこまで釈明権を行使するのが適切かという問題と、上告審が釈明義務の不履行を理由として原判決を破棄すべきであるかという問題があるとされ、後者は厳格になるといわれている。さらに、本件では、当事者が主張していない内容を示唆する積極的釈明が問題となっており、当事者の主張の内容を明らかにする消極的釈明と異なり、どこまでできるかが問題となる。本件の結論は正当であろう。前提として、権利能力なき社団の財産帰属関係が問題となっているところ、その財産は、その構成員全員に総有的に帰属すると解されている。形式的には、権利能力なき社団そのものに財産は帰属しないが、実質的には、権利能力なき社団に帰属しているといえる。訴訟法上、権利能力なき社団にも当事者能力が認められ（民

訴29条）、固有適格構成か訴訟担当構成か争いはあるものの、構成員全員に総有的に帰属する権利を行使することも認められている（最三判平6・5・31民集48巻4号1065頁）。実体法的には、総有により全構成員に帰属しているものの、手続法的には、権利能力なき社団に訴訟追行権限が認められていることにズレが生じていることについて、裁判所が適切な取り扱いをすべきことを示す判決である。なお、評釈として、濱崎録・法学教室504号122頁がある。

(2) 区分所有における共同利益背反行為

[3] 大阪地判令4・1・20金判1647号32頁（控訴）は、マンション管理組合の管理者Xが、専有部分を賃借しグループホームを運営するYに対して、マンション管理規約違反、区分所有法6条3項が準用する同条1項の「共同の利益に反する行為」に該当するとして、同法57条4項が準用する同条1項に基づき、グループホーム事業の用に供する行為の停止、損害賠償を求める事案である。本件マンションの管理規約には、「区分所有者は、その専有部分を住宅として使用するものとし、他の用途に供してはならない。」との定めがある。本件管理組合は、消防署からマンション内の一部住戸が福祉施設として使用されている旨の指摘を受け、Yによるグループホーム運営が判明した。グループホームが存在すると、当該住戸への火災報知設備の設置、共用部分全体の防火対象物点検等が必要となり、Xは大きな負担を負う。そこで、Xは、1年以内に本件各住戸から退去するよう求める旨の申入れを行った。これに対して、Yは、本件グループホームは障害者総合支援法5条15項の「住居」であるので、Yは本件管理規約に違反していないとして、退去には応じない旨回答した。Xは、通常総会において、管理規約に民泊、シェアハウスおよびグループホームの禁止等の文言を追加する管理規約変更を区分所有者および議決権の各4分の3以上の多数の賛成により決議した。また、臨時総会において、Yの占有部分の使用停止、損害賠償等を求めることを決議し、Yに本件訴訟を提起した。[3]は、①管理規約違反について、区分所有者又は占有者が専有部分を住宅として使用しているというためには、住宅としての平穏さが確保される態様、即ち生活の本拠として使用しているとともに、その客観的な使用の態様が、本件管理規約で予定されている建物又は敷地若しくは附属施設の管

理の範囲内であることを要すると解するのが相当であるとし、新たに防火対象物点検義務等の管理範囲外の負担をしなければならなくなったことから、規約違反があるとした。②共同利益背反行為について、Yが本件各住戸をグループホームとして使用する必要性の程度、これによって他の区分所有者が被る不利益の態様、程度等の諸事情に鑑みると、共同利益背反行為にあたるとした。

　住戸専用マンションでは、団体である管理組合規約において住戸専用であることが定められており、区分所有者は住戸専用であることの利益を享受すると同時に、住戸以外に利用できないという不利益を負う。障害者グループホーム事業の公益性が高いとしても、規約により定められた権利義務に違反することは許されない。本判決の結論は正当であろう。

4　不動産利用権

(1)　賃貸借契約の法定更新と消費者契約法

　[4] 東京地判令 3・1・21 判時 2519 号 52 頁（確定）は、建物の賃貸人Xが賃借人Yに対して、更新事務手数料等の支払を求めた事案である。本件賃貸借契約書には、合意更新・法定更新のいかんに関わらず、2 年ごとの更新にあたって、YがXに更新料、更新事務手数料（賃料の 0.5 か月分）等を支払う旨の記載があった。本件賃貸借契約は複数回更新されたが、最後の更新は法定更新であり、Yが更新事務手数料を支払わないため、XがYにその支払を求めた。原審（東京簡判令 2・1・21 判時 2519 号 59 頁）は、法定更新の場合に、賃借人が賃貸人に更新事務手数料を支払う合理的理由がないこと、また、本件賃貸借契約では、1 か月分の更新料支払が必要であり、賃貸人であるXに比し賃借人であるYが一方的に不利益を被っているものと認められるとして、本件条項が消費者契約法 10 条により無効であるとした。そこで、X控訴。[4] は、本件賃貸借契約では、更新料及び更新事務手数料の支払義務が法定更新の場合においても生じる旨が一義的かつ具体的に規定された書面を取り交わすことにより締結されたといえること、更新料及び更新事務手数料の額が本件賃貸借契約の賃料額や更新期間に照らして高額に過ぎるという事情は認められないことから、消費者契約法 10 条に違反しないとした。溝渕・取引裁判例の動向 [27] も参照。

(2)　使用貸借の終了

　[5] 名古屋高判令 2・1・16 判時 2520 号 21 頁（上告受理申立て、上告不受理）は、本件土地 1 の共有持分権者であり、かつ、本件土地 2 の所有者であるXが、本件土地 1 上に建物を所有し、本件各土地を占有しているYに対して、土地明渡等を求めた事案である。Xは、本件各土地をB（Xの弟であり、Yの父）に使用貸借し、Bは本件土地 1 上に本件建物を建築し、ABは同居を開始した。B死亡後、Aは本件建物を出て施設に入居し、Yは相続により本件建物所有権を取得し、居住を始め、本件各土地を占有している。Xは、①本件使用貸借の目的はBがAと同居することだけであったところ、B死亡、Aの施設入居により、目的に従った使用収益が終わったことによる使用貸借の終了（597 条 2 項本文）、②借主死亡による使用貸借の終了（599 条）、③信頼関係破壊による使用貸借の終了（597 条 2 項類推）を主張した。原審（名古屋地半田支判平 31・3・26 判時 2520 号 27 頁）は、Xの請求を棄却したので、X控訴。[5] は、①②を認めず、③について、YはABと同居していたときは占有補助者であり、その後、転居し、B死亡時に居住していなかったこと等から、B死亡後に使用貸借を存続させる必要性を見いだせないこと、YはXに告げることなく本件建物での居住を開始し、YとXの人的関係は悪化していることなどから、597 条 2 項類推適用により使用貸借は終了したとした。詳細は、三枝・注目裁判例研究（取引 1）を参照。

　[6] 東京地判令 3・6・24 判時 2527 号 66 頁（控訴）は、Aから本件土地所有権および使用貸借契約上の貸主の地位を承継したX（Aの二男）が、本件建物をAと共有し、Aと使用貸借契約を結んでいたY（Aの長男）に対し、土地明渡しを求めた事案である。A所有の本件土地上に、AY共有建物が建築され、AYは使用貸借契約を締結した。当初、AYは本件建物で同居予定であったが、Yが嫌がって同居は実現せず、また、Yが配偶者の氏を称する婚姻をしたため、AはXを跡取りと考えるようになった。Aが死亡し、その遺言は、預金をYB（Aの長女）が 2 分の 1 ずつの割合で相続させ、その余りの遺産をXに相続させるというものであり、Yへの要望として、本件建物のXへの売却を検討してほしいとも書かれていた。Xは使用貸借契約を解除する意思表示をし、Yに対して本件土地の返還を請求した。[6] は、本

件土地の使用貸借がなされたのは、ＡＹが本件建物で同居予定であったが、Ｙらが同居を嫌がり実現せず、Ｘと同居していたこと、ＡがＸを跡継ぎと考えていたことなどの事情から、本件使用貸借は、建物の存続を基準とする期間ではなく、Ｙが本件土地を明け渡すに相当な期間経過後に終了することが予定されていたというべきであるとした。もっとも、Ｙは本件建物の住宅ローンを負担しており、現段階では相当期間が経過したとはいえないところ、Ｙの負担する住宅ローンを考慮し、ＸがＹに住宅ローン残額を支払うことと引き換えに、使用及び収益をするのに足りる期間を経過した（改正前民法597条2項ただし書。現行598条1項も同旨）ことによる本件使用貸借の終了を認めるのが相当であるとした。本件の様々な事情を考慮しているとはいえ、住宅ローン残額を支払うことにより使用・収益をするのに足りる期間を経過したとする判断には、異論も生じうるようにも思われる。また、ＸのＹに対する請求が認められるとすると、Ｙの建物の共有持分権をどのように扱うかが問題となる。ＸはＹに対して、建物の収去を求めることはできない。建物はＸＹの共有となっているからである。Ｘが建物の共有持分権を放棄して（255条）、建物をＹの単独所有とすれば、建物収去は認められるようにも思えるが、Ｘの持分権放棄は権利濫用（1条3項）にあたる可能性がある。そうすると、ＸはＹに対して建物について共有物分割の請求をし（256条1項）、分割の協議をし、Ｙの持分を取得することなどが考えられる。溝渕・取引裁判例の動向[19]も参照。

5 不動産取引

[7] 東京地判令元・8・7判タ1501号242頁（上告、後棄却）は、Ｘが、賃貸借契約の締結を媒介したＹに対して、Ｘの承諾なく宅建業法46条1項および報酬告示（「宅地建物取引業者が宅地又は建物の売買等に関して受けることができる報酬の額」（昭和45年建設省告示第1552号））の規制額を超える額の媒介報酬を受領したが、宅建業法46条2項に違反し無効であるとして不当利得返還請求権を求めた事案である。原審（東京簡判平30・11・14）はＸの請求を棄却したので、Ｘ控訴。[7]は、報酬告示第四後段は、報酬得額の上限規制（借賃の1月分の0.525倍（現在は0.55倍）に相当する金額以内）を定め、例外

的に上限規制を超える要件として、「当該媒介の依頼を受けるに当たって当該依頼者の承諾を得ている場合」と定めている趣旨は、依頼者が宅建業者に依頼後、契約成立に向けた手続が進んだ状態で報酬額を提示され承諾した場合、拒絶が困難な心理状態で自由意思に基づく承諾とはいえないことから、媒介契約締結に当たっての承諾が必要とされていると考えられるとし、本件では、賃貸借契約締結日にＸはＹに媒介報酬を支払うことを承諾しているが、賃貸借契約前にＹは貸主に対してＸの賃借希望を説明し了承を得た上で契約締結日の日程調整等を行い連絡するなどしており、遅くともこの時点で媒介契約が成立したと判示し、Ｘの請求を認容した。なお、Ｙは上告したが、上告は棄却されている（東京高判令2・1・14）。評釈として、岡本正治・新・判例解説Watch26号55頁、桑岡和久・現代消費者法47号102頁がある。溝渕・取引裁判例の動向[24]も参照。

6 その他

(1) 日照権

[8] 名古屋地判令3・3・30判時2518号84頁（確定）は、Ｘ₁教会、Ｘ₁が運営する本件幼稚園の園児であるＸ₂ら14名、本件幼稚園の園長・教諭であるＸ₃ら4名が、本件幼稚園の南側に隣接する本件マンションを建築したＹ₁、Ｙ₁から建築工事を請け負ったＹ₂に対して、マンションの一部取り壊しおよび損害賠償を求めた事案である。[8]はＸ₁の損害賠償請求の一部を認容し、その余の請求をいずれも棄却した。Ｘ₂、Ｘ₃の建物取壊し請求および損害賠償請求について、日影障害は受忍限度を超えるものとまでは評価できないとして、これを認めなかった。Ｘ₁の損害賠償請求について、Ｙ₁はＸ₃らの意見を聞くなどして本件幼稚園に与える影響度合いなどの検討を十分にすることなく本件マンションを建築することを決めたとして、幼稚園の日照について配慮すべき義務を十分に尽くすことを怠ったと評価し、それにより、Ｘ₁が日照確保のために自らの建物を解体・撤去するなどの費用を負担させるという損害を被らせたとして、損害賠償請求を認容した。他方、Ｙ₂に対する請求は理由がないとした。竹村・不法行為裁判例の動向[12]も参照。

(2) 工作物責任

[9] 東京高判令3・8・4判タ1501号90頁（上告受理申立て、後却下、不受理）は、Yが運営するスーパーマーケットに来店していたXが、レジ前の通路を歩行中、床に落ちていたかぼちゃの天ぷらを踏んで転倒し、右肘を負傷したので、Yに対して損害賠償請求をした事案である。Xは、本件店舗では、天ぷらのように油を使用し、踏めば滑って転倒することが容易に予想される商品を扱っており、それが床に落ちることも十分に予見可能であるから、Yは顧客に対し、信義則に基づく安全配慮義務として、このような商品が通路に放置されないよう配慮すべき義務を負っているとし、これを怠っていたことから、安全配慮義務違反の債務不履行責任又は不法行為責任を負う、また、本件天ぷらが落ちていて床が滑りやすい状態にあったのを放置して本件事故を惹起したから、土地工作物責任を負うと主張した。原審（東京地判令2・12・8）は、天ぷらを落としたのが従業員ではなく利用客であったとして、本件事故が混み合う時間帯に発生しており、混み合う時間にYは従業員によるレジ周辺の安全確認を強化、徹底してレジ前通路の床面に物か落下した状況が生じないようにすべき義務を負っていたとして、Xの請求を一部認容。Y控訴。[9] は、顧客に対する安全配慮義務として、あらかじめレジ前通路付近において落下物による転倒事故が生じる危険性を想定して、従業員においてレジ前通路の状況を目視により確認させたり、従業員を巡回させたりするなどの安全確認のための特段の措置を講じるべき法的義務があったとは認められないとして、Xの請求を棄却した。Xは上告したが、上告不受理決定がなされている（最一決令4・4・21）。詳細は、橋本・注目裁判例研究（不動産）を参照。

[10] 横浜地判令4・1・18判時2520号53頁（控訴）は、X（67歳女性）が、Y運営の携帯電話ショップのトイレ内の段差（約10cm）で転倒し、右大腿骨頚部内側骨折の障害を負ったとして、使用者責任（715条1項）ないし土地工作物責任（717条1項）に基づき、治療費、休業損害、後遺障害慰謝料等合計8600万円等の支払を求めた事案である。[10] は、使用者責任は認めなかったが、土地工作物責任（占有者の責任）を認め、5割の過失相殺をし、Xの請求を一部（約227万円）認容。本件トイレのドアは内開きのためトイレ内を俯瞰することが困難で段差

を認識しづらい構造であること、トイレ利用者は便器に視線が行きがちであるところ心理的にすぐ足下にある段差を認識できない危険性があることなどから、客観的にみて、土地の工作物が通常備えているべき性状、設備、すなわち安全性を欠いており、本件トイレの利用者が本件段差で転倒し傷害を負うような結果とならないよう、トイレ扉等本件トイレ利用者の目に入る場所に本件段差についての注意書きを張ったり、本件トイレに向かう利用者に口頭で注意喚起をしたりするなどの、適切なオペレーションをYはすべきであったとされた。竹村・不法行為裁判例の動向 [44] も参照。

(3) 営造物責任

[11] 神戸地判令3・1・22判時2517号18頁（確定）は、夜間、信号機のある交差点を左折したXの車が、中央分離帯に乗り上げる事故を起こしたところ、交差点付近の街灯（水銀灯）が故障しており点灯していなかったことから、XはY市による道路の設置・管理瑕疵があると主張し、国賠法2条1項に基づき損害賠償を求めた事案である。[11] は、本件街灯は、その設置場所からして、本件交差点内を照らして夜間の視認性を向上させる機能を有すべきものであるところ、本件事故当時、街灯が球切れの状態で点灯しておらず、通常有すべき機能・安全性を有していなかったものと認められるから、本件街灯の設置・管理には瑕疵があるなどとして、Xの請求を一部認容した。過失割合はXが70%、Yが30%とされた。竹村・不法行為裁判例の動向 [55] も参照。

[12] 神戸地判令3・6・25判時2518号101頁（控訴）は、K字型の変形四叉路交差点（南北道路、東側道路、南東側道路が交差する）において、X運転の車両とY₁が所有しY₂が運転する車両の間で交通事故が発生したことにつき、XがY₁らに自賠法3条等に基づき、Y₃（県）に対して国賠法2条1項に基づき損害賠償を請求した事案である。[12] は、Y₁ら、また、Y₃についても責任を認めた。信号の青色表示、左折可青色矢印表示となり重複する時間が7秒間あった（その間南北道路の南側から交差点を右折して南東道路に進入する車両の走行経路と、東側道路から交差点を左折して南北道路に進入する車両の走行経路が交錯する）ところ、信号周期上、交差点を進行する車両の運転者が、通常想定される走行の方法及び態様で走行したときに、想定され得る危険

を防止することができておらず、交通の安全が確保されていないことから、本件交差点の信号機の設置・管理には、瑕疵があったものとされた。竹村・不法行為裁判例の動向 [56] も参照。

[13] 名古屋高判令3・2・26 判時 2519 号 39 頁（確定）は、X 所有の普通乗用車を A（X の夫）が運転中、Y₁（名古屋市）が管理する道路から Y₂ ガソリンスタンドに右折進入しようとしたところ、本件道路の歩道部分に設置された車両乗り入れ口のすりつけ部の路面に車体底部が接触し損傷が生じたとして、Y₁ に対して国賠法2条1項に基づき、Y₂ に対して不法行為（予備的に債務不履行）に基づき、損害賠償を請求した事案である。原審（名古屋地判令2・9・29 判時 2519 号 43 頁）は、本件乗り入れ口は、車種、走行条件等によっては車体底部が道路に接触しうる構造にあるとはいえても、損傷は軽微であり、むしろ多くの車両運転者は相応の注意を払って進入し接触を回避しているのが実情であるから、通常有すべき安全性を欠くとまではいえないなどとし、X の請求をいずれも棄却。X は注意喚起されていない中で接触を回避するのは車両運転者に不可能な注意義務を求めるものであるなどとして控訴。[13] は、本件乗り入れ口に入る直前で一時停止し、勾配状況・車の状況等に応じて適切な進入経路を選択し、慎重に運転して進入することにより接触は回避できるため、不可能な注意義務を求めるものではないとして、X の請求を棄却した。竹村・不法行為裁判例の動向 [57] も参照。

[14] 神戸地判令3・8・24 判時 2532 号 56 頁（確定）は、運転していた自動車が横転し死亡した A の相続人に共済金を支払った X が、本件事故は水たまりの存在が原因で生じたものであり、その発生原因は Y（兵庫県）が設置・管理する本件道路の排水設備の排水機能に不足があり、また排水設備に堆積した落ち葉等の除去をしていなかったことに原因があるため、A は Y に国賠法2条1項に基づく損害賠償請求権を有するところ、共済金支払額の限度でこれを代位取得したとして、Y に損害賠償を請求した事案である。[14] は、本件道路の排水設備の設計上の能力には問題はなく、その構造自体に不備があったとはいえないが、堆積していた落ち葉等について定期的に除去していたとは認められず、排水管の入り口部分に落ち葉等が流入して通水が阻害されることを防止する措置も講じていなかったところ、これらの措置が行われていれば水たまりが発生することはなかったとして、Y の本件道路の設置または管理に瑕疵があることを認め、X の請求を一部認容した。竹村・不法行為裁判例の動向 [58] も参照。

［付記］ 本稿は JSPS 科研費 19K01401 の助成を受けたものである。

（いとう・ひでとし）

不法行為裁判例の動向

竹村壮太郎　　小樽商科大学准教授

現代民事判例研究会財産法部会不法行為パート

1　はじめに

　今期に取り上げる不法行為裁判例は、60件である。
　まず、損害の算定をめぐって、重要な最高裁判例が相次いでいる。不法行為による損害賠償債務の遅延損害金を民法405条またはその類推適用によって元本に組み入れることができるかが問われた[18]、離婚慰謝料にかかる遅延損害金の起算点が問われた[19]があり、いずれも今後の議論に大きな影響を及ぼすものと考えられる。このほか、最高裁判例には、保険会社によるいわゆる人傷一括払の合意によって支払われた支払金分を損害賠償額から控除できるかが争われた[20]、また、物的損害にかかる損害賠償請求権の消滅時効の起算点が争われた[40]もある。
　下級審裁判例では、平成28年に施行された消費者裁判手続特例法に基づき、不法行為による損害賠償の支払義務についての共通義務確認を求める例が現れている。大学入試にあたり性別などによる得点調整が行われたことをめぐる[10]、商品販売等の勧誘が不法行為に当たると主張された[39]がある。このうち、[39]は、後述のとおり、過失相殺との関係で、消費者裁判手続の課題を示すもののように思われる。

2　不法行為一般

(1)　故意・過失

(a)　故意・過失一般

[1] 名古屋高判令3・4・22判時2526号29頁（上告、上告受理申立て後、上告棄却、上告受理申立不受理）は、以下のような事案である。Xが、元妻であるYから、ドメスティック・バイオレンスの加害者であるとして、ドメスティック・バイオレンス、ストーカー行為等、児童虐待及びこれらに準ずる行為の被

害者保護のための住民基本台帳事務における支援措置の申出をされ、住民票等の写しの交付申請を拒否する措置が講じられた。その後も支援措置が、Yの申出により、3回目、4回目の延長が行われたことにつき、かかる行為は故意または過失による不法行為にあたると主張し、XがYに不法行為に基づく損害賠償を請求した。なお、Xは平成27年にYに対して同種の前件訴訟（名古屋地判平29・6・22）を提起していた。その際Xの請求は認められなかったが、「Yが、本判断が確定した後になお支援措置の更新申出をした場合には、支援の必要性の要件を欠くことを知りながら支援措置の更新申出をしたものとして、Xに対する不法行為を構成する可能性がある」と指摘されていた。原審（名古屋地判令2・9・24）は、本件では客観的には支援の必要性を欠いていたこと、前件訴訟の指摘から、支援措置の申出について慎重な判断をすべき義務があり、Yもそのことを当然認識していたとして、Xの請求を認めていた。これに対して、Yは、自身が恐怖心を抱いていたことは保護されるべきであると主張して控訴したが、本判決も、DV被害者が主観的に恐怖心を有するからといって、客観的に支援の必要性の存在が認められるものと解することができないとし、控訴を棄却した。
　安全配慮義務違反による不法行為責任などが主張された、**[2]** 東京高判令3・8・4判タ1501号90頁（上告、上告受理申立て後、上告棄却、上告受理申立不受理）もある。これは、Xが、Yの経営するスーパーマーケット内の本件店舗内のレジ前通路を歩行中に、床に落ちていた天ぷらを踏んで転倒し、負傷したとして、Yに対し、損害賠償を請求した事案である。本判決は、Yに安全確認のための特段の措置を講じるべき法的義務があったとは認められない、とし、Xの請求を棄却した（本判決の詳細は、本号「注目裁判例研究─不動産」〔橋本陽介〕）。
　このほか、過失の存否というよりも、原告の主張

する事実が認められなかった例がいくつか見られる。[3] 横浜地判令2・12・18判時2518号78頁（控訴後、控訴棄却）は、Zが設置する大学の教授であったXが、Yらに対するハラスメントを理由にZより降等級の懲戒処分を受けたことにつき、それがYの虚偽の被害申告に基づいたものであるなどとして、Yに対して不法行為に基づく損害賠償を請求した事案であるが、裁判所はその事実を認めなかった。また、[4] 東京高判令3・4・21金判1646号16頁（上告、上告受理申立て後、上告棄却、上告不受理）は、Yの運営するA高等学校の副校長として勤務していたXが、執拗に定年退職を迫られたなどと主張した事案であり、[5] 大阪地判令3・11・29判時2533号38頁（控訴）は、Yが配転命令を拒否し続けたXを懲戒解雇したことにつき、Xが労働契約上の地位の確認を求めるとともに、多数の従業員の面前で懲戒解雇通知書を読み上げる不法行為があったなどと主張した事案であるが、いずれもその事実が認められていない。

(b) 医療過誤

過失の有無に関しては、医療過誤に関する事案がいくつか見られる。

[6] 東京地判令2・5・29判タ1496号227頁（控訴）は、X₁に大動脈肺動脈窓（以下、APW）の所見が認められたことから、その存在を前提に手術が実施されたところ、実際にはAPWは存在せず、術後にX₁が低酸素性虚血性脳症を発症して脳神経障害の後遺症を負ったという事案であった。X₁やその親族X₂らは、X₁の後遺症は、病院Yの医師が再度心エコー検査を実施する注意義務に違反したことによるものであるとして、Yに対し、損害賠償を請求した。しかしながら本判決は、比較的稀で見逃されることの多い病変が見つかった場合に、それは存在しないという除外確定診断をつけることは困難であり、手術は何れにしてもAPWが存在することを前提とせざるをえない、とした鑑定人の意見などを踏まえ、Yの医師はかかる注意義務を負っていないものとした。

このほか、[7] 大阪地判令2・6・5判タ1497号225頁（控訴）は、入院患者が窒息により死亡したことにつき、被告病院の医師や看護師の、気管挿管などをすべき注意義務違反の有無が問われた事案であるが、患者に窒息の危険性がうかがわせる事情は認められなかったことから、そうした注意義務違反は負っていたとはいえないとされた例である。[8] 大阪地判令3・2・17判タ1501号223頁（確定）は、入院患者が、経鼻胃管カテーテルの挿入留置によっ

て栄養補給を受けていたところ死亡したことつき、被告病院の医師がカテーテルによる栄養剤等の注入を中止せず、肺炎の初期治療を行わなかった注意義務違反があるとした。

結局は債務不履行での責任が認められたものであるが、[9] 広島高判令3・2・24判タ1498号62頁（上告、上告受理申立て）が注目される。これは、Yの経営する病院において、破裂脳動脈瘤に対する血管内治療であるコイル塞栓術を受けたAが、施術中に本件動脈瘤の再破裂によって死亡したことにつき、Aの親族であるXらが、医師の説明義務違反や手技上の注意義務違反を主張し、債務不履行、使用者責任に基づき、損害賠償を請求した事案である。原審（広島地判平31・2・22）は、いずれの主張も認めなかった。これに対し、本判決は、手術を担当した医師の実施した手技について紹介した文献は存在せず、医療水準にもとる行為があったとして、医師に診療契約上の債務不履行があったなどとして、Yの責任を認めた。

血管内手術の画像は放射線技師が撮影し、その画像データは撮影装置のハードディスク内に1～2ヶ月保管されることとなっていたようであるが、本件では放射線技師がハードディスク内に残された画像データを消去していたとされる。この点、原審では、コイル操作による手技上の注意義務違反が認められておらず、画像データがないことが過失の存否の評価に影響していたものと推察される。これに対し、本判決は医学文献などを詳細に分析して医療水準を確定し、それと医師の行為を対比しながら注意義務違反を認定している。こうした認定の仕方は、不法行為責任によるか債務不履行責任によるかに関わらず、今後の医療過誤訴訟にとって参考になるものといえよう。

(2) 権利、利益侵害、違法性

(a) 権利、利益侵害

既述の消費者裁判手続特例法との関係で、[10] 東京地判令2・3・6判時2520号39頁（確定）を挙げることができる。これは、特定消費者団体Xが、私立の医科大学を運営するYに対し、平成29年度及び平成30年度の一般入試等において、出願者への事前の説明なく、性別など出願者の属性を不利に扱う得点調整が行われたことが不法行為に該当するなどと主張し、共通義務確認の訴えを提起した事案である。本判決は、次の点を指摘し、説明義務違反による不法行為責任を認めている。すなわち、出願者には、事前に学生募集要項等によって説明されて

いない以上、性別、年齢等によって一律に不利益に扱われないとの期待を有しており、その期待は法的保護に値するにもかかわらず、事前に説明なく、得点調整を行っていたことについては、不法行為上違法との評価を免れない。

このほか、法律上保護される利益侵害の有無が問われた例に、次のものがある。

[11] 仙台高判令3・1・26判タ1497号93頁（上告、上告受理申立て後、上告取下）は、Yが設置していた東京電力福島第一原子力発電所において、原子炉の運転により生じた放射性物質の放出事故が発生し、これにより損害を被ったとして、自主的避難等対象区域の住民XらがYに対し、原子力損害賠償法に基づく損害賠償の請求をした事案である。本判決は、安全であるはずの原子炉における未曾有の大事故に直面したことからすれば、事故当初の十分な情報がない中で、放射線被曝に対する強い恐怖や不安を抱くことはやむを得ないものと考えられ、本件事故によってXらがこのような強い恐怖や不安という精神的苦痛を受けたことは、法律上保護される利益の侵害にあたり、原賠法に基づき損害賠償するべき原子力損害にあたる、として、一律に30万円の慰謝料を認めた。この30万円とは、本件事故の発生日である平成23年3月11日から、Xらの恐怖や不安が一般社会通念上の受忍限度の範囲内のものとして法律上保護される利益の侵害に当たらない程度にまで軽減されたと判断される時期、すなわち、Xらに生じた恐怖や不安を解消するのにふさわしい社会的情勢の変化と時間の経過した、同年12月31日までの期間についての精神的苦痛を算定したものである。

[12] 名古屋地判令3・3・30判時2518号84頁（確定）は、X₁が経営する幼稚園の南側にY₁がY₂に建築工事を請け負わせ、地上15階建てのマンションを建設したことにつき、当該マンションの建設により日照阻害などの人格権侵害が生じているなどとして、X₁、ならびに幼稚園の園児X₂らが、そのマンションの5階から15階部分の取り壊しや、日照の確保のためにX₁自らが行った牧師館の撤去、解体の費用の損害賠償も請求した事案である。本判決は、日照権侵害による損害賠償、建物の取り壊しなどを認めなかった一方、牧師館の撤去、解体の費用につき、Y₁の損害賠償責任を認めた（詳細は、本号「不動産裁判例の動向」[8]参照）。

[13] 東京地判令3・11・30判時2533号31頁（確定）は、次のような事案である。学校法人A大学において、アメリカンフットボール部の選手が試合中に相手チームの選手に対して反則となるタックルを行い、同選手を負傷させた事件、平成28年度から平成30年度までの入試において、A大出身者の子女であることを考慮して優先的に合格させた事件が発生した。これに対して、文部科学大臣が平成31年度の同大学への補助金を35%減額したことにつき、A大学の教授又は非常勤講師の職歴を有するXらによって構成される団体が当事者になり、A大学の学長又は理事であるYらに対し、Yらの事後対応等がA大学の評判を低下させ、Xらの愛校心が侵害されたとして、不法行為に基づく損害賠償を請求などをした。本判決は、以下のように述べて、その請求を認めなかった。すなわち、大学に対する社会的評価が低下することによって権利を侵害される主体は大学であり、XらはA大学の教授又は非常勤講師の職歴を有するに過ぎず、上記事件と個別具体的な特別の関係を有する者ではないことを踏まえると、Xらの主張する感情が、社会通念上受忍すべき限度を超えるものとして、法的保護の対象になるとまでは認め難い。

(b) 違法性

いわゆる引き抜き行為の違法性の有無が問われた例がある。[14] 宮崎地都城支判令3・4・16判時2528号78頁（確定）は、Xの従業員であったY₁が、在職中にXと同業を営むY₂を設立し、Xのスタッフに対し、Y₂への移籍や入社を勧誘した事案である。本判決は、本件引き抜き行為はXへの影響が大きいこと、Y₁がX在職中にY₂を設立し、実際に収益を上げていた事情は行為の悪質性を基礎付けることなどを挙げ、本件引き抜き行為は社会的相当性を逸脱するものとして、Y₁らの責任を認めた。

(3) 因果関係

(a) 因果関係一般

[15] 大阪高判令2・1・31判時2518号35頁（上告、上告受理申立て後、上告棄却、上告受理申立不受理）は、交通事故にあったYがXから保険金を受領したところ、前件訴訟（大阪高判平27・11・27）において、Yが認定された損害額を上回る保険金の支払いを受けていたことが明らかとなったことにつき、Yらが後遺障害の程度を偽った被害請求により自賠責保険金を詐取したとし、その損害賠償責任などが問われた事案である。原審（大阪地判平31・4・18）は、Yの責任を認めなかった。本判決も、Yが検査において作為によって虚偽の申告を行ったものと推認できるとしたものの、検査結果を踏まえてどのような診断をするかはあくまで医師の裁量に委ねられてい

るとして、Ｙらの被害者請求と保険金の支払との間に相当因果関係は直ちには認められないなどとし、Ｙらの責任を認めていない。

(b) 労災関連

労災との関連で、因果関係の有無が問われた例が、2件見られる。いずれも、労災認定における業務起因性の評価と、損害賠償請求における相当因果関係の評価が異なっている点が注目される。

[16] 大阪高判令2・11・13判時2520号71頁（上告、上告受理申立て後、上告棄却・上告受理申立不受理）は、Ｙ₁の従業員であるＸが、勤務中にＹ₁のa店の店長であったＡや従業員Ｙ₂らから暴行を受け、傷害を負ったほか、三叉神経痛や、心的外傷後ストレス障害（以下、PTSD）及びうつ病に罹患したなどと主張し、Ｙらに対して損害賠償を請求した事案である。なお、労災認定においては、業務中の暴行に起因して三叉神経痛、PTSDが生じたものと認められていた。原審（大阪地判平30・12・14）はＹらの責任を認めた。これに対し、本判決は、Ｙ₂らの不法行為は認めたものの、その不法行為も偶発的に生じたものであり、業務上の注意・指導を行うにあたり暴力を伴うような指導等をすることがないよう注意すべき義務があったとはいえないとして、Ｙ₁の責任を認めなかった。また、三叉神経痛については初診の治療費等に限って損害賠償を認めたが、PTSD等については、本件不法行為程度の暴行で何らかの精神疾患を発症することは予見できなかったなどとして、その分のＸの請求を認めなかった。

[17] 大阪高判令3・3・25判時2519号120頁（上告、上告受理申立て後、上告棄却、上告受理申立不受理）は、Ｙ₁の経営するレストランで調理師として働いていたＡが長時間労働の末、ウィルス性急性心筋炎を発症し、死亡したことにつき、Ａの配偶者Ｘが、Ｙ₁、Ｙ₁の代表であるＹ₂に対し、不法行為に基づく損害賠償の請求等をした事案である。なお、Ａの配偶者Ｘは遺族補償年金等の支給を請求していたところ、これが棄却されたことで、国に対し、その不支給処分の取消訴訟をも提起したが、Ａの心筋炎の発症及び死亡に業務起因性が認められないとして、その請求は棄却された（大阪高判令2・10・1判時2493号49頁）。原審（大阪地判令2・2・21判時2452号59頁。本誌22号「不法行為裁判例の動向」[6]）は請求を認めたところ、本判決も、本件の長時間労働と睡眠不足の継続により体力を奪われ、生体防御機能を低下させ、その結果ウィルスの増殖を食い止めることができずに急性心筋編の発症、劇症化が発生し、Ａの死亡に至ったとして、Ｙ₂の長時間

労働及び睡眠不足についての注意義務違反との間に相当因果関係があると認めるのが相当であると判示し、Ｘの請求を認めた。

(4) 損害

損害の算定に関して、注目すべき最高裁判例が現れている。

[18] 最三判令4・1・18民集76巻1号1頁は、すでに本誌において紹介済みである（本誌25号「不法行為裁判例の概観」[5]）。本判決は、民法405条の趣旨を利息の支払いの遅延に対して特に債権者の保護を図る趣旨に出たものとしたうえで、不法行為に基づく損害賠償債務については、履行すべき額が定かではないことが少なくないことから、遅延損害金を支払わなかったからといって一概に責められるものではないこと、不法行為に基づく損害賠償債務については遅延損害金の元本への組み入れを認めてまで債権者の保護を図る必要性も乏しいこと、を挙げ、不法行為に基づく損害賠償債務の遅延損害金は、民法405条の適用または類推適用により元本に組み入れることはできないと解するのが相当であるとした（詳細は、本号「注目裁判例研究—不法行為2」〔前田太朗〕）。

[19] 最二判令4・1・28民集76巻1号78頁は、ＸがＹに対して離婚を請求するなどした一方、Ｙが反訴として離婚を請求するなどするとともに、不法行為に基づき、離婚に伴う慰謝料と、年5分の遅延損害金の支払いを求めた事案である。原審（大阪高判令2・9・3）は、本件の慰謝料は婚姻関係を破綻させたことに責任があることを前提とするものであると述べ、婚姻関係が破綻した時期は平成29年の民法改正前であると認められるとして、慰謝料支払義務についての遅延損害金の利率を改正前民法所定の年5パーセントと解した。これに対して、本判決は、離婚に伴う慰謝料請求の対象となる損害は、離婚が成立して初めて評価されるのであるから、その請求権は当該夫婦の離婚の成立により発生し、夫婦の一方が負う損害賠償債務は離婚の成立時に遅滞に陥るのが相当であると述べ、Ｘの損害賠償債務は本判決確定の時に遅滞に陥り、その遅延損害金の利率は改正後の民法404条2項所定の年3パーセントであるとした。（詳細は、本号「注目裁判例研究—不法行為1」〔島戸純〕）。

[20] 最一判令4・3・24民集76巻3号350頁は、Ｘが、自動車を運転中、交差点においてＹの運転する自動車と衝突し、傷害を受けたことにつき、自動車損害賠償保障法3条などに基づき、Ｙに対して

損害賠償の請求をした事案である。XはAの自動車保険契約の被保険者であり、Aは、事故後にXの求めに応じ、Aが自賠責保険による損害賠償額の支払い分を含めて一括して支払うことを承諾した。その際に交わされた協定書には、自賠責保険への請求権を含め、受領した人身傷害保険金の額を限度としてAにXの損害賠償請求権が移転する旨の記載があった。そこで本件では、Aがその後自賠責保険から支払いを受けた損害賠償額に相当する額を、XのYに対する損害賠償額から控除することができるかが争点となったのである。原審（福岡高判令2・3・19。本誌23号「不法行為裁判例の動向」[4]）は、本件損害賠償請求権の額から本件自賠責保険金に相当する額を全額控除することができるとした。これに対し、本判決は、当事者の合理的意思、また本件協定書の解釈から、そうした控除を認めなかった（詳細は、本号「取引裁判例の動向」[1] 参照）。

3　人格権・人格的利益

(1)　プライバシー

マイナンバー制度に関する裁判例として、[21] 仙台高判令3・5・27判タ1496号100頁（上告、上告受理申立て）、があるが、すでに本誌において紹介済である（本誌25号「不法行為裁判例動向」[7]）。国のマイナンバー制度により憲法13条の保証するプライバシー権が侵害されるなどと主張された事案について、国がマイナンバー制度の運用により原告Xらの個人番号及び特定個人情報を収集、保存、利用及び提供することは、Xらの個人情報がみだりに第三者に開示又は公表されるという具体的な危険を生じさせる行為ということはできない、とされたものである。

(2)　名誉

名誉感情侵害をめぐる裁判例が2件ある。

[22] 札幌地判令3・8・19判時2529号73頁（控訴後、控訴棄却）は、学校法人Aのハラスメント防止委員会の委員であったYらが、大学教授であったXに対してした発言が名誉感情侵害にあたるかが問われた例であるが、社会生活上許される限度を超えた侮辱行為があったと評価することはできないとされ、Yの不法行為責任を認めなかった。

注目されるものとして、[23] 大阪地判令4・8・31判タ1501号202頁（確定）がある。これは、アバターを使用し「A」の名で動画配信サイトに動画を投稿する活動をするXが、無料掲示板サービス上の投稿記事によって名誉感情が侵害されたとして、本件投稿記事記載のIPアドレスを管理するYに対し、プロバイダ責任法に基づく発信者情報等の開示を求めた事案である。Yは、本件投稿は「A」に対するものであるとはいえず、「A」に対するものであると言えるとしても、Xに対するものであるとはいえないと主張した。しかしながら本判決は、本件投稿による侮辱を社会通念上許される限度を超えるものであるとしたうえ、侮辱の矛先が表面上は「A」に向けられたものであったとしても、Xは「A」の名称を用いて、アバターの表象をいわば衣装のようにまとって動画配信などの活動を行っていると言えること、本件投稿は「A」の名称で活動する者に向けられた者であると認められることからすれば、本件投稿による侮辱により名誉感情侵害されたのはXであるとして、Xの請求を認めた。

(3)　その他の人格権

いわゆる村八分が人格権ないし人格的利益を侵害するものであることは、これまでも認められてきたところである。今期は、ここに一事例が加わっている。[24] 大分地中津支判令3・5・25判時2532号66頁（確定）は、XがY₁（宇佐市）において、a自治区の区長を務めていたY₂らから、共同してXと断交する旨の決議をしたなど、村八分や各種嫌がらせを受けたとして、Y₂らに対して民法719条1項に基づき、Y₁に対して国家賠償法に基づき、損害賠償の請求をした事案である。本判決は、Xがa自治区の構成員として会合や行事に参加していたことから、a区の住民やa自治区の構成員として平穏に生活する人格権ないし人格的利益を有していたとし、Y₂らの行為は、それらの権利、利益を継続的に侵害するものであり、社会通念上許される範囲を超えた村八分や嫌がらせとして共同不法行為を構成するとし、Y₂らの責任を認めた。他方で、自治委員や自治区の区長は、強制的な権限を有しておらず、Y₁からの指揮監督も受けていなかったことを挙げ、Y₁の責任は認めなかった。

このほか、敬愛、追慕の情の侵害の有無が問われた、[25] 広島地判令3・7・28判時2530号81頁（控訴）がある。この事案では、Aから臓器提供を受けて実施された臓器移植手術を取材、製作したテレビ番組において、Aの臓器をモザイク処理せずに放送したことなどにより、Aに対する敬愛、追慕の情などが侵害されたとして、Aの両親であるXらが、番組を制作したYらに対して、損害賠償の請求をした。本判決は、まず、故人に対する遺族の敬愛・追慕の

情は、一種の人格的利益として保護されるべきものであるとしつつ、テレビ放送の自由を不当に制約することがないようにする必要があることを指摘し、個人の名誉を毀損し、あるいは、個人の尊厳を侵害するような態様で遺体の一部である臓器をみだりに公開するなどした場合に、当該放送行為の目的、内容、個人が他界してからの時の経過、遺族の故人との関係性や遺族が行為によって受けた影響などを総合的に考慮し、社会通念に照らして、それが遺族の受忍限度を超えるものと判断されるときに、初めて遺族の敬愛・追慕の情の侵害として不法行為などの問題を生じさせることがあり得る、と述べた。そのうえで、一般視聴者の注意と試聴の仕方を基準として判断すれば、本件番組の目的は正当なものであり、内容も社会通念に照らして、受忍限度を超えるものとまでは認められないとして、Ｙらの責任を認めなかった。

(4) 人格権に基づく差止め

人格権に基づく差止めが求められた例が合わせて４件ある。

まず、[26] 東京地判令２・６・18 判タ 1499 号 220 頁（控訴）は、保育園からの騒音によって平穏に生活を送る権利が侵害されていると主張され、人格権に基づく騒音の差止などが求められた事案であるが、本件保育園から生じる騒音については一般社会生活上受忍すべき程度を超えていたものと認めることはできないとされた。[27] 横浜地判令３・２・19 判時 2520 号 59 頁（確定）も、隣接する燃料電池ユニットによる低周波音によって健康被害を受けたなどとして、人格権に基づく本件ユニットの稼働の差止めなどが求められた事案であるが、その低周波音の状況が示されていないことなどから、その請求が棄却されている。

このほか、原子炉の運転の差止めを求める例が見られる。一つは、[28] 広島高決令３・３・18 判時 2523 号 9 頁（確定）である。これは、伊方原発から概ね 30km から 40km の範囲に居住するＸらが、原子炉は地震、火山の噴火等に対する安全性に欠けるところがあるために、その運転により重大な事故が発生し、Ｘらの生命、身体等の重大な法益に対する侵害を生ずる具体的危険があるとして、人格権に基づく妨害予防請求権を被保全権利として、原子炉の運転の差止めを命ずる仮処分命令を申し立てた事案である。本決定は、現在の科学的知見からして、本件原子炉の運転期間中に本件原子炉の安全性に影響を及ぼす大規模自然災害の発生する可能性が具体的

に高く、これによってＸらの生命、身体または健康が侵害される具体的危険があると認められなければ、本件原子炉の運転差止めを命じるという法的判断はできないというべきであり、その疎明責任はＸらが負うべきであるとしたうえで、本件ではその具体的危険性が疎明されたとは認められないとした。

対して、差止めの請求を認めた次の例が注目される。[29] 水戸地判令３・３・18 判時 2524 = 2525 号 40 頁（控訴）は、Ｙが設置する東海第二原子力発電所の周辺に居住するＸらが、人格権に基づく妨害予防請求として、その運転の差止めを求めた事案である。本判決は、原子力規制委員会が制定した設置許可基準規則は、我が国も加盟する IAEA による、５つのレベルによる深層防護の考え方（①品質管理等による異常発生の防止、②炉心の自動停止等による事故への拡大防止、③非常用冷却装置等による炉心損傷の防止、④重大事故対策等による放射性物質の外部への放出の回避または最小化、⑤避難計画等による放射性物質による影響緩和）を採用しているから、深層防護の第１から第５のレベルのいずれかが欠落または不十分な場合には、発電用原子炉施設が安全であるということはできず、周辺住民の生命、身体が害される具体的な危険があるというべきであるとしてうえで、原子力規制委員会による発電用原子炉施設の設置許可がされている場合には、原子炉等規制法の定める各許認可の要件に相当する第１から第４レベルにつき、原則として欠落または不十分な点があるといえないと解されるとする。他方で、本件発電所の PAZ（原子力施設から概ね半径 5km 以内の区域）、UPZ（原子力施設から概ね半径 30km 以内の区域）内の住民との関係においては、原子力災害指針に定める段階的避難等の防止措置が実現可能な避難計画及びこれを実行し得る対策が講じられておらず、深層防護の第５のレベルの安全対策に欠けるところがあり、人格権侵害の具体的危険が認められるから、Ｘらのうち、PAZ、UPZ 内の住民である者については、差止めの請求が認められる、とした。

4 学校関連事件

[30] 福岡高宮崎支判令３・２・10 判時 2526 号 50 頁（確定）は、Ｙ（鹿児島市）が設置する中学校の生徒であったＸ$_1$ が、適応障害と診断されたにも関わらず、教諭らによる配慮義務違反により不登校となり、他の中学校への転校を余儀なくされたなどとして、Ｘ$_1$ やその両親であるＸ$_2$ らが、Ｙに対して損害賠償を求めた事案である。原審（鹿児島地判平

31・4・16）は、Xらの請求を棄却した。これに対
して本判決は、転校などはX₁らが自ら判断したも
のであることを挙げ、それらについては、本件配慮
義務と相当因果関係のある損害とは認められないも
のとした一方、教諭らは診断書に従った配慮をすべ
きであったにもかかわらず、主治医の意見を確認し
なかったことなどを挙げ、Yの責任を認めた。

　X₁の親X₂は小児科及び精神科を専門とする医師
であったことから、原審はX₂から事情の説明を受
けたことをもって主治医の意見を聴取しなかったこ
とは違法ではないものと判断していた。この点の評
価の違いが結論を分けたものと考えられる。

　[31] 大阪高判令3・10・28判時2524＝2525号
328頁（上告、上告受理申立て）は、Y（大阪府）が
設置する公立高等学校Aに在籍していたXが、教員
らから繰り返し頭髪を黒く染めるよう指導され不登
校となったこと、その後も生徒名簿から氏名を削除
され、教室から机を撤去されるなどの措置を受けた
ことにつき、Yに対し、損害賠償の請求をした事案
である。原審（大阪地判令3・2・16判時2494号51頁。
本誌24号「不法行為裁判例の動向」[45]）は、Xが不
登校となった後の対応については、生徒の心身の健
全な発達に適した教育環境を整えるべき信義則上の
義務（教育環境配慮義務）違反を認めたものの、頭
髪指導については、本件高校の有する、学校教育を
行うに際して生徒を規律する包括的権能に基づく裁
量の範囲を逸脱した違法なものということはできな
いとした。本判決も、各高校における学校教育にお
いては、資質・能力や成熟度等において多様な生徒
に対しいかなる理念や方針に従って教育指導を行っ
ていくかについて、個別的、集団的な実情に応じて
多様な教育指導が許容されるために広範な裁量が認
められなければならず、この裁量を逸脱しない限り
違法の問題は生じないとして、原審の判断を肯定し
た（なお、その後、最二決令4・6・15において上告
は棄却され、上告受理申立ても不受理となっている）。

5　取引的不法行為

(1)　説明義務等

　[32] 仙台高判令3・3・25判時2529号58頁（確定）
は、Aの子会社であるYが、Xに対し、Aが約1万
本のLED蛍光灯の導入計画を立てる旨の説明をし、
低価格の販売単価で納品することを承諾させたとこ
ろ、Aにおいて当該計画が採用されなかったことに
つき、Yの損害賠償責任が問われた事案である。原
審（福島地いわき支判令2・6・23）は請求を棄却した。

しかし本判決は、YはXの信頼に応えるべく、誠実
に、計画の採否に関する情報を提供する信義則上の
義務を負っていたと認められるとし、Yの情報提供
義務違反の過失を認めた。なお、Xにおいても計画
の採否を問い合わせるなどして損害の発生拡大を防
止することができたとして、30パーセントの過失
相殺が認められている（本判決の詳細は、本号「取
引裁判例の動向」[16] 参照）。

　[33] 大阪地判令3・3・26判タ1500号141頁（控
訴）は、X（大阪府）が地下トンネルの建設を計画し、
Yに立杭の設計を委託したところ、Yがその安全性
について説明を怠ったことから、追加の工事費用な
どが発生したとして、Yの責任が問われた事案であ
る。本判決はYの責任を認めた一方、他社からも立
杭の滑動のおそれなどが指摘されていたこと、Xは
極めて危険性の高い工事を行う者であったこと、X
の人的体制のもとでもYの見解を検証することは十
分かつ容易に可能であったなどを指摘し、Xの損害
発生への寄与度は明らかに大きいとし、80パーセ
ントもの過失相殺を認めた。

(2)　金融関係

　[34] 名古屋地判令3・7・16判時2534号76頁（確
定）は、ファクタリング業者YがAとした債権譲渡
契約が債権譲渡の形式を用いて出資法に反する違法
な貸付行為をしたものであるとして、Aの破産管財
人であるXが、Yに対し、不法行為による損害賠償
を請求した事案である。本判決は、その契約が実質
的に著しい高金利の約定による貸付に類似する行為
にあたるとして、Yの行為は公序良俗に反し、全体
として不法行為を構成するとした。なお、YがAに
対して交付した債権の買取代金が損害賠償額から控
除されるかも争点となったが、その交付は不法原因
給付に当たるから、その金額を控除することは民法
708条の趣旨に反するもので許されないとされてい
る（詳細は、本誌「取引裁判例の動向」[2]、また「担
保裁判例の動向」[3] 参照）。

　[35] 金沢地判令4・5・26金判1653号2頁（控訴）
は、次のような事案である。Xらは、A社が運営す
る特定目的会社であるB社、C社が発行したレセプ
ト債（診療報酬債権等流動化債券）を、証券会社Y₁
を通じて購入した。その際、同債は、発行会社が国
内の保険医療機関から取得した診療報酬債権等を裏
付け資産とし、安全性の高い商品であるなどとする
旨の説明がなされていたが、実態としては当初から
買い取った診療報酬債権等の残高が社債発行残高に
比して著しく僅少であったほか、B社などにおいて

目的外支出にも充てられるようになっており、ついには本件レセプト債の償還及び利払いが不能となった。このことにつきXらが、Y₁、レセプト債の発行会社B社との間で管理契約を締結していた会計事務所Y₂らに対し、共同不法行為などに基づく損害賠償の請求をした。本件は、被告が多数で、争点も極めて多岐にわたるものであるが、本判決はいずれについてもXの主張を認めなかった。すなわち、Y₁については、本件レセプト債は、外国法人であるB社、C社が発行した社債類似の債券であるところ、金商法上、かかる債券を販売する証券会社についてその商品審査義務を定めた規定がなく、債券の発行体の財産状況に関する調査権限を有する旨の法令上の規定も存在しないことから、X主張の商品審査義務を認めず、また、本件レセプト債等の実態を知りながら、または相応の調査を尽くすことによりこれを認識することができたにも関わらず本件レセプト債の販売を決定、継続していた場合には同行為は不法行為法上違法なものとなる場合もあり得ると解されるものの、Y₁が本件レセプト債の実態を認識しえたとは認められないことから、Y₁の不法行為責任が認められなかった。またY₂について、Xは、Y₂は社債発行残高と診療報酬債権等買取額の残高を均衡させるべき条理上の義務を負うものと主張するが、本件レセプト債のスキームにおける役割、また管理契約に基づき実際に行っていた業務内容をみても、Y₂はAの口座全体の出入金状況などを把握することのできる地位や権限を有していないことなどからかかる義務は認められず、また目的外支出があることを認識していたか、容易に認識し得た場合には行っていた出金手続が不法行為法上違法となることがあり得ると解されるものの、Y₂がその実態を容易に認識することができたとは認めがたいなどとして、その不法行為責任も認めなかった。

(3) 会社関係

[36] 大阪地判令3・7・16判時2526号68頁（控訴）は、Y₁が設置した高等学校と提携して通信教育支援施設を運営していたXらが、Y₁の元従業員が就学支援金を詐取したことなどにより同校が閉校となり、通信制教育支援施設も運営できなくなったとして、Y₁、その親会社Y₂に対し、損害賠償を請求した事案である。本判決は、Y₁はXらに対して、Xらが運営できるように本件学校を運営すべき義務があったとして債務不履行の責任を認めた。不法行為責任との関係では、次のように述べている点が注目される。すなわち、Y₁について不法行為が成立

するには、単に契約に基づく義務の履行によって初めて実現される利益が侵害されたというにとどまらず、Xらの権利又は法律上保護される利益が侵害されたことが必要であるところ、Xらが主張するのは、基本契約に基づく義務の履行によって初めて実現される利益が侵害されたということを超えるものではない。

[37] 大阪地判令4・6・23金判1654号22頁（控訴）は、コンビニエンスストアのフランチャイザーであるXがYとのフランチャイズ契約を解除し、店舗に用いていたX所有の建物の所有権侵害による損害賠償の請求などをした事案である。本判決は解除を認めたうえで、解除の意思表示がなされた令和元年12月23日以降もYがX所有の建物を占有したことで、本件建物におけるコンビニエンスストアの営業が不能になったとして、Yの損害賠償責任を認めた。なお、その損害額は、Yが本件建物で営業した時にXが取得する店舗経営に対する対価相当額とし、令和元年12月23日以降建物の引渡し済みまで、1日あたり11万321円とされた。

[38] 東京地判令3・5・13判タ1498号180頁（確定）は、Yが発行する株式を取得したXらが、有価証券報告書等にYの不適切な会計処理に起因する重要な事項についての虚偽記載があったとして、Yに対して、損害賠償を請求した事案である。本判決は、金商法の規定に基づいて提出される財務計算に関する書類は、一般に公正妥当であると認められる企業会計の基準に従って作成されなければならないから、財務情報に関して投資者に対する不法行為責任が成立する程度の虚偽記載がされたというためには、有価証券報告書等への虚偽記載が一般に公正妥当であると認められない不適切な会計処理に基づくものであることが必要というべきであるとしたうえで、本件での虚偽記載を認め、Yの責任を認めた。虚偽記載と相当因果関係にある損害については、虚偽記載により不当に価値が高く評価された株式価値相当分が損害となることは明らかであるほか、信用毀損等が生じ、さらに投資者の過剰反応が生じることについては予見可能性があるとして、ろうばい売り等から生じる株価の下落についても虚偽記載によって通常生じる損害であるとしつつ、具体的な損害額については、最終的に民訴法248条を適用しうるとした。なお、算定の対象となる株式の特定方法については、本件の株式がいわゆる振替株式であることから、いわゆる総平均法（個々の株式の取得と処分とを紐付けさせず、一定期間内の取得と処分とを割合的に捉えて棚卸資産の取得価額を算定するという

(4) 消費者裁判手続特例法

[39] 東京高判令3・12・22判時2526号14頁（上告、上告受理申立て）は、特定消費者団体であるXが、Yに対し、Yが販売した仮想通貨の教本などの内容や価格につき虚偽又は実際とは著しくかけ離れた過大な効果を強調した説明をして本件各商品等販売するなどしたことが不法行為に該当すると主張し、Yの損害賠償の支払義務の共通義務確認を求めた事案である。本件ではとりわけ特例法3条4項にいう支配性（簡易確定手続において債権の存否、内容を適切に判断できること）の有無が争点となったところ、原審（東京地判令3・5・14）は、本件各対象消費者において確実に稼ぐことができる方法があるといった勧誘内容を信じたことにつき過失相殺すべき事情がおよそないとはいえず、過失相殺割合については、対象消費者ごとに相当程度の審理を要するものであるから、特例法の支配性の要件を満たさないものとして、Xの請求を認めなかった。本判決も、本件商品等の中にはその購入に至る経緯に個別性の強いものがあり、仮想通貨に至る経緯のみならず、仮想通貨への投資を含む投資の知識、経験の有無及び程度、職務経歴等については、陳述書等のみから類型的に認定することは困難であると解されるとして、支配性は認められないものとした。

特例法における支配性の要件と過失相殺との関係は、かねてから議論のあるところである。学説においては、本件のような事案にあっても、被害者の過失の類型化はなお可能であり、類型化が困難な特殊事情は、むしろその後の簡易確定手続の中で判断されるべきであるとの指摘もなされている[1]。

6 消滅時効・除斥期間

交通事故の事案において、被害者の加害者に対する車両損傷を理由とする不法行為に基づく損害賠償請求権の短期消滅時効は、同一の交通事故により同一の被害者に身体傷害を理由とする損害が生じた場合であっても、被害者が、加害者に加え、車両損傷を理由とする損害を知った時から進行するとした[40] 最三判令3・11・2民集75巻9号3643頁、がある。本判決については、本誌において、すでに詳細な紹介と分析がなされている（本誌25号「不法行為裁判例の動向」[40]、また、同号「注目裁判例研究—不法行為1」〔白石友行〕）。

[41] 大阪高判令4・2・22判時2528号5頁（上告受理申立て）は、旧優生保護法に基づく不妊手術を受けたというXらが、旧優生保護法が人の性と生殖に関する権利、自己決定権などを侵害する違憲なものであるにもかかわらず、国会議員が立法したことなどがいずれも違法であると主張して、国に対し、損害賠償を請求した事案である。原審（大阪地判令2・11・30判時2506＝2507号69頁。本誌25号「不法行為裁判例の動向」[41]）は、Xらについて昭和41年から49年にかけて不妊手術が実施されたことを認めたうえで、旧優生保護法の規定が憲法13条、14条1項に明らかに反していたものであるとして、国会議員の立法行為の違法性、過失を認めた一方、改正前民法724条2号の、いわゆる除斥期間の経過によって損害賠償請求権は消滅したとして、Yの責任を認めなかった。本判決も、国会議員の立法行為の違法性と過失を肯定したものの、除斥期間の点については、以下のように述べ、その適用を制限し、国の責任を認めた。まず、民法724条2号の起算点は、違法な侵害行為の継続が終了した、旧優生保護法の一部を改正する法律の施行日前日にあたる平成8年9月25日となる。しかしながら、旧優生保護法の各規定による人権侵害が強度であるうえ、Xが立法や施策によって障害者等に対する差別・偏見を正当化、固定化、さらに助長してきたとみられ、これに起因して、Xらにおいて訴訟提起の前提となる情報や相談機会のアクセスが著しく困難な環境にあったことに照らすと、Xらについて、除斥期間の適用をそのまま認めることは、著しく正義・公平の理念に反するというべきであり、時効の完成を延期する時効停止の規定の法意に照らし、訴訟提起の前提となる情報や相談機会へのアクセスが著しく困難な環境が解消されてから6ヶ月を経過するまでの間、除斥期間の適用が制限されるものと解するのが相当である。Xらは平成30年5月21日に法律相談が実施されるというニュースに接し、それから6ヶ月以内である平成30年9月28日に本件訴訟を提起したものであるから、除斥期間の効果は生じない。

7 特殊不法行為

(1) 使用者責任

今期も、暴力団対策法との関係で、2件を取り上げることができる。

[42] 東京高判令2・3・4判タ1496号109頁（上告受理申立て後、上告受理申立不受理）は、暴力団A会の三次組織であるB組の構成員であったCが関与した特殊詐欺につき、A会の会長であるYの暴力団対策法などに基づく損害賠償責任が問われた事案で

ある。原審（東京地判令元・6・21判タ1487号245頁。本誌24号「不法行為裁判例の動向」[29]）は、本件各詐欺は、B組の構成員すなわちA会の指定暴力団員であったCがこれを実行した以上、A会の構成員による威力利用資金獲得行為と関連する行為であるなどとして、Xの請求を一部認めた。本判決も、同法31条の2の「威力を利用」する行為については、資金の獲得のために威力を利用するものであればこれに含まれるとし、Cは暴力団の構成員である自己を怖れ自己の指示に従うことを利用して、本件詐欺グループによる本件各詐欺に係る犯行に加担させ、自己の生計等の資金を獲得し、また、その資金を獲得するための地位を得たというべきであると述べ、Cの行為が同条所定の威力利用資金獲得行為に該当することを認めた。この点、[43]東京高判令3・1・29判タ1498号85頁（上告、上告受理申し立て。本判決については、本誌25号「不法行為裁判例の動向」[42]で紹介済）も、暴力団の構成団体の構成員が関与した特殊詐欺について、構成員が恐怖心などから受け子にその役割を実行せざるを得ない状況を作りだしたなどとし、同法31条の2の威力利用資金獲得行為を認めている。いずれの例も、構成員が自身に対する恐怖心を利用したことなどから、暴力団対策法にいう威力資金行為獲得行為の存在を認めており、こうした解釈が下級審裁判例において定着していることがうかがわれる。

(2) 土地工作物責任

[44]福岡高宮崎支判令3・4・21判時2526号39頁（確定）は、Y₁が運営する住宅型有料老人ホームに入居し、その施設の一部を賃借して介護事業を開設するY₂から訪問介護サービスの提供を受けていたAが、入居していた居室の窓から転落し、死亡したことにつき、Y₁らの安全配慮義務違反や、窓にストッパーが使用されていなかったことによる、土地工作物責任などが問われた事案である。本判決は、原審（鹿児島地判令2・10・30）同様、いずれの主張も認めなかった（本判決の詳細は、本号「取引裁判例の動向」[12]参照）。

[45]横浜地判令4・1・18判時2520号53頁（控訴）は、XがYの運営する店舗内のトイレ内の段差に足を取られ、転倒し、傷害を負ったことにつき、XがYに対し、Yの従業員が段差について注意書きなどをしなかったこと、また本件トイレに設置上の瑕疵があることを理由に、損害賠償を求めた事案である。本判決は、バリアフリーの観点から本件段差のような構造がとりわけ高齢者等にとって危険であること

は社会常識化していたことなどを挙げ、本件トイレは土地の工作物が通常備えるべき安全性を欠いているとして、民法717条1項の責任を認めた。なお、本判決は、50パーセントの過失相殺も認めている（詳細は、本号「不動産裁判例の動向」[10]参照）。

(3) 共同不法行為

[46]福岡地判令3・10・22判時2534号81頁（確定）は、次の事案についてのものである。Aの局長であったXらは、内部通報窓口に対し、Bがコンプライアンス違反をしていることなどを内容とする内部通報をした。そうしたところ、同じく局長であったY₁はXらを個別に呼び出して内部通報した者を特定するよう働きかけたり激しい口調で問い詰めたりするなどしたほか、Y₂は、Xらも所属する局長会の地区会において、Xらに理事の辞任を求めるなどの行為に及んだ。このことにつき、XらはY₁らに対し、共同不法行為に基づく損害賠償を請求した。本判決は、Aにおいて、内部通報は、その秘匿性が担保され、これをした者には厳正に対処するとされていたのであるから、内部通報をした者を特定しようとすることは許されず、Y₁が本件通報者を特定しようとする行為は違法性があるとした。さらに、Y₂らの行為を仔細に分析したうえ、それらの行為にも違法性が認められるとした。ただし、それらの行為の多くについては共謀の事実がないなどとして、一部のみ共同不法行為責任を認めている。

8 交通事故

交通事故に関連するものは、最高裁判例の[20]、[40]のほか、下級審裁判例では[15]、後述の[60]がある。国家賠償法2条1項の責任との関係では、[55]ないし[58]を挙げることができる。

9 製造物責任

[47]大阪高判令3・4・28判時2517号23頁（上告受理申立て）は、Xが、Y₁が製造した事業用大型貨物自動車をY₂から購入して使用していたところ、本件車両のエンジンから出火し、積荷が全焼するという事故が発生したことにつき、Y₁の製造物責任などが問われた事案である。なお、本件事故は、本件車両のエンジンコンロッドが破損した結果、シリンダブロックから漏れ出たエンジンオイルが高温部に付着して発火したことによって生じたものであった。原審（大阪地判平31・3・28）は、製造物責任法

３条にいう「欠陥」の存在につき、本件車両がX₁に納車されてから本件事故の発生までにXが通常予想される形態で本件車両を使用して必要な点検整備を適切に実施したにもかかわらず本件エンジンから出火して事故が発生したことを主張立証した場合には、それ以上にXにおいて本件エンジンの中の欠陥の部位やその態様等を特定したうえで、事故が発生するに至った科学的機序まで主張立証しなくとも、本件車両には欠陥があると推定されるべきであるとしつつ、Xは半年以上も前にオイルが不足した状態で走行した事実があり、エアクリーナーエレメントのメンテナンス不良があったことが認められるとし、欠陥があったとは推定されないとして、Xの請求を棄却した。これに対し、本判決は、同じく欠陥の推定が認められうることを前提としつつ、エアクリーナーエレメントのインジケーターが赤色になっていたわけではなかったこと、オイル不足はオイル漏れによって生じたものであるところ、その状態での走行距離もそれほど長いものとは考えられず、その後に修理され、発生から半年以上が経過していること、などを挙げ、本件車両の整備には本件事故の原因となる程度のオイル不足・劣化が生じるような不備はなかったとして欠陥の存在を推定し、Yらの責任を認めた。

　通説においては、欠陥の存在の主張、立証責任の緩和が認められており、原判決、本判決ともそのことを前提としている。ただ、本判決は、問題とされたメンテナンスの不備やオイル不足が本件事故の発生にいかに結びつくかを、より慎重に検討してその推定を導いている。この姿勢は、本判決が、原判決とやや異なり、「通常予想される形態で本件車両を使用しており、またその間の本件車両の点検整備にも、本件事故の原因となる程度のオイル不足・劣化が生じるような不備がなかったことを主張、立証した場合には」、欠陥が推定されるものと述べていることからもうかがわれよう。

10　国家賠償（公立学校関連事件を除く）

(1)　国家賠償法１条１項の責任
　ここでは、７件を取り上げることができる。
　まず、[48] 東京地判令３・３・26判時2532号46頁（控訴）は、Y（富山市）にある家屋について、固定資産課税の算出方法の妥当性が問われた例であるが、本判決は、問題とされた登記簿表題方式は適正な時価を算定する方法として一般的な合理性を有するものとまではいえないとしつつも、本件家屋の登録価格は、当時の他の自治体の取り扱いや裁判所の判断等諸般の事情を踏まえて是正される金額を上回らないとして、Yの市長の過失を認めなかった。

　[49] 大阪高判令３・５・13判時2522号５頁（確定）は、原子爆弾被害者援助法に規定される被爆者であるXが、心筋梗塞を発症し、原爆症認定の申請をしたところ、厚生労働大臣から本件申請を却下する旨の処分を受けたことにつき、本件処分の取消しと、国家賠償法１条１項に基づく損害賠償を請求した事案である。原審（大阪地判令元・11・22）はXの請求をいずれも棄却した。本判決は、Xの心筋梗塞の放射線起因性を肯定し、処分の取消請求を認めた一方で、国の損害賠償責任については、厚生労働大臣が疾病・傷害認定審査会の意見に従って処分をしたものであり、その意見が明らかに誤りであるなどの特段の事情が存在したとは認められないとして、違法性を認めなかった。

　注目すべき例に、[50] 東京高判令３・５・27判時2528号16頁（上告、上告受理申立て）がある。トランスジェンダーの国家公務員であるXが、所属している経済産業省（以下、経産省）内の女性用トイレの使用に制限をかけられていたことにつき、人事院に対し、他の一般的な女性職員との公平処遇を求める要求をしたところ、これが認められなかったことから、国に対し、その判定に係る処分の取消しと、国家賠償法に基づく損害賠償を求めた。なおXは、性同一性障害者特例法の規定による性別の取り扱いの変更の審判を受けておらず、戸籍上の性別変更をしていなかった。原審（東京地判令元・12・12）は、Xの請求を認めた。これに対し、本判決も、原審同様、自らの性自認に基づいた性別で社会生活を送ることは法律上保護された利益であるとしつつ、経産省は、Xの希望や主治医の意見も勘案したうえで対応方針を策定し、本件トイレにかかる処遇を実施したのち、Xが戸籍上の性別変更をしないままトイレを使用すること等に関する経産省の考え方を説明していた点、経産省としては、他の職員が有する性的羞恥心や性的不安などの性的利益も併せて考慮し、Xを含む全職員によって適切な職場環境を構築する責任を負っていることも否定し難い点を挙げ、本件トイレにかかる処遇が国家賠償法上違法なものであるということはできないとした。ただし、Xの上司の発言につき違法性があったとして、一部の損害賠償を認めている。

　このほか、[51] 名古屋地判令４・１・18判時2522号62頁（控訴）は、次のような事案である。Y₂への暴行について現行犯逮捕されたXが、勾留、起

訴されたものの、無罪判決を受けて、これが確定した。このことにつき、XがY_1（愛知県）や国に対し、違法な逮捕、取調べなどを理由として、国家賠償と、人格権に基づく、Xの指紋のデータの抹消等を求めたほか（甲事件）、虚偽の被害を訴えたとしてY_2に対して損害賠償の請求をした事案である（乙事件）。本判決は、本件現行犯人逮捕、取調べ等につき、刑事訴訟法上の要件に照らして、いずれも国家賠償法上違法の評価を受ける余地はないとした。データの抹消については、本件では無罪判決が確定しており、余罪や再犯の可能性も認めるのは困難であり、本件データは国家公安委員会が定めた指掌紋取扱規則等にいう「保管する必要がなくなった」場合に該当するとして、指紋等のデータの抹消の請求を認めた。ただし、携帯電話のデータについては、過去に行われた刑事裁判や捜査の記録を一定期間保管しておくことを目的とするものであると解されるとして、その抹消を認めなかった。なお、Y_2については、虚偽の供述をしたとは認められないとして、請求が棄却されている。

[52] 東京地判令4・5・16判時2530号5頁以下（控訴）は、Y（東京都）の知事Aが、新型コロナウィルス感染症の蔓延防止対策としての緊急事態宣言期間中に営業時間短縮の要請に応じなかったXに対し、新型インフルエンザ等対策特別措置法（以下、特措法）45条3項に基づき、Xの店舗を使用停止とする旨の命令を発出したことにつき、同命令は違法であり、同命令に従い営業時間を短縮したために売上高が減少したなどとして、XがYに対し損害賠償の請求をした事案である。本判決は、Xの店舗での夜間の営業継続がただちに飲食につながる人流を増大させ、市中の感染リスクを高めていたと認める根拠は見出し難く、命令発出時点で緊急事態宣言が3日後に解除される状況にあり、それでもあえて同命令を発出したことの必要性について合理的な説明はなされなかったことなどを挙げ、本件命令の発出は違法というべきであるとした。しかしながら、本件命令に違法な目的があったとはいえず、人流の抑制に必要性、有用性もあったこと、Xにおいて本件要請に応じない正当な理由は認められないこと、本件が特措法45条3項命令の最初の発出事例であり、同条項の要件該当性を適切に判断するのは容易ではなかったこと、行政処分の違法性が認められるとしても、Aにおいて本件命令を発出するにあたり過失があるとまではいえないこと、などを述べ、Xの請求を棄却した。

[53] 東京地判令元・10・2判タ1498号232頁（控

訴後、控訴棄却、上告、上告受理申立て）は、夫婦同氏を定める民法750条及び戸籍法74条1号の各規定は憲法14条1項、24条、または国際人権条約に違反することが明白であるにも関わらず、国会は長期にわたって改廃等の立法措置を怠ったなどとして、国の賠償責任が問われた事案である。本判決は、民法750条の定める夫婦同氏制それ自体に夫婦同氏を希望する者と夫婦別氏を希望する者との間の形式的な不平等が存在するわけではないこと、また国民の意識を含めた社会状況の変化はあるものの、最大判平27年12月16日民集69巻8号2586頁当時と比較して判例変更を正当化しうるほどの変化があるとまではいえないことなどを挙げ、国の責任を認めなかった。

[54] 宇都宮地判令2・6・3判タ1500号170頁（控訴後、控訴棄却、上告、上告受理申立て）は、既に本誌において紹介済みである（本誌23号「不法行為裁判例の動向」[34]）。Y_1が開設する認可外保育園「B」に託児されていたAが死亡するという事件が発生したことにつき、Aの両親であるXらが、Y_1、取締役Y_2、保育業務に従事していたY_3～Y_6、またY_7（市）に対して損害賠償を請求するなどした事案につき、Y_1、Y_2、Y_7の責任も認めたものである（ただし、Y_7については全損害の3分の1の限度で不真正連帯での損害賠償責任を認めている）。なお、Y_3らへの請求が棄却されたことにつきXが控訴、Y_7への請求が一部棄却されたことにつき附帯控訴をし、Y_7も控訴をしたが、控訴審（東京高判令3・12・15判例自治483号56頁）は、それらをいずれも棄却している。

(2) 国家賠償法2条1項の責任

営造物責任をめぐる事案については、以下のものがある（いずれの事案も、詳細は、本号「不動産裁判例の動向」[11]および[14]を参照）。

[55] 神戸地判令3・1・22判時2517号18頁（確定）は、Y（西宮市）が管理する道路上で交通事故が発生したことつき、その当時、交差点付近に設置されていた街灯が故障していたことなどを理由に、国家賠償責任が問われ、70パーセントの過失相殺のうえ、これが認められた事案である。続く、[56] 神戸地判令3・6・25判時2518号101頁（控訴）は、Y（兵庫県）が管理する信号機が設置されているK字型の変形交差点において発生した交通事故につき、信号機の設置、管理に瑕疵があったとして、国家賠償などが求められた事案で、10パーセントの過失相殺のうえ、これが認められている。このほか、

ガソリンスタンドに右折侵入しようとしたところ、乗入口が歩道面よりも高くなっていたことから、路面に車両の底面が接触し、損傷が生じたとして、道路を管理するY（名古屋市）などの責任が問われた[57]名古屋高判令3・2・26判時2519号39頁（確定）がある。本判決は、その請求を認めなかった。[58]神戸地判令3・8・24判時2532号56頁（確定）は、路面上の水溜りに侵入した結果、横転する事故が発生したことにつき、本件事故はY（兵庫県）が設置管理する道路の排水設備は不足していたことを原因とするものであるなどとして、Yの国家賠償責任が問われた事案である。本判決は、20パーセントの過失相殺のうえ、その責任を認めた。

(3)　その他

[59]那覇地沖縄支判令4・3・10判時2534号5頁（控訴）は、沖縄県宜野湾市に所在する普天間飛行場の周辺に居住し、もしくは居住していたXらが、普天間飛行場において離着陸する米軍の航空機等の発する騒音等により生活妨害などを受けたと主張し、普天間飛行場をアメリカ合衆国に提供している国に対し、日本国とアメリカ合衆国との間の相互協力及び安全保障条約第6条に基づく施設及び区域並びに日本国における合衆国軍隊の地位に関する協定の実施に伴う民事特別法（以下、民事特例法）2条に基づく損害賠償を請求した事案である。本判決は、民事特例法2条の「設置又は管理の瑕疵」については、当該土地の工作物等の供用が第三者に対する関係において違法な権利侵害ないし法益侵害となるか否かについては、侵害行為の態様や被侵害利益の内容、侵害行為の公共性、侵害行為の開始とその後の経緯、その間の被害防止措置の効果などの事情を総合考慮し、当該権利侵害ないし法益侵害が社会生活上受忍すべき限度を超えるか否かという観点からこれを決すべきとする。そして、平成27年から現在に至るまで暴露されている普天間飛行場の航空機騒音により、Xらは、日常生活の制約を受けるなど、重要な法的利益を侵害されていること、音源対策等の措置によっても航空機騒音は十分解消されていないことを挙げ、本件では「設置又は管理の瑕疵」が認められるものとした。

11　その他

損益相殺に関して、次の事案がある。

[60]高松高判平30・1・25判時2520号30頁（確定）は、Yが運転する車両に衝突されA（公務員）が死亡したことにつき、Aの配偶者XらがYに対し自賠法3条などに基づく損害賠償を請求した事案である。原審（高松地判平29・7・18）は請求を認めたものの、XはAの勤務していた市からAの死亡退職手当を受領しており、これとXが相続したAの給与逸失利益及び退職手当逸失利益との損益相殺を認めた。これに対して本判決は、退職手当逸失利益の相続分は受領した死亡退職手当を下回っているから、損益相殺により請求することはできないとし、また、退職手当は、事故による損害の補填を目的としたものではなく、退職手当逸失利益それ自体は給与逸失利益などの他の損害費目と等質性を有するものとはいえないことなどを理由に、死亡退職手当と給与逸失利益の相続分との損益相殺を認めなかった。

給与逸失利益は、将来的に得られたであろう給与分の利益を指すところ、判例によれば、少なくとも公務員の退職手当は「その勤続を報償する趣旨で支給されるものであつて、必ずしもその経済的性格が給与の後払の趣旨のみを有するものではないと解される」ものとされている（国家公務員等退職手当法に関するものとして、最三判昭43・3・12民集22巻3号562頁）。本判決も、そうした評価を前提としているものと考えられる。

1)　山本和彦『解説　消費者裁判手続特例法〔第3版〕』（弘文堂、2023年）131、132頁。なお、支配性について、伊藤眞『消費者裁判手続特例法〔第2版〕』（商事法務、2020年）は、「支配性の要件は、共通義務確認訴訟手続そのものというよりは、後続の簡易確定手続の審理の状況を想定したものであるから、支配性の要件欠缺を理由に訴えの全部または一部を却下するのは、あくまで例外的にとどまろう」と指摘されている。

（たけむら・そうたろう）

家族裁判例の動向

松久和彦　近畿大学教授

現代民事判例研究会家族法部会

今期は40件の家族裁判例が紹介の対象である。そのうち、15件は本誌25号（2022年前期）までに紹介している。今期の裁判例では、2019年の民法改正（特別養子関係）によって新設された「特別養子適格の確認の審判」における父母の同意に関する裁判例 [10] が初めて公表されている。また、[20] [21] は、被相続人が有する預貯金債権に関する裁判例である。特に [21] は、被相続人と相続人との間に寄託契約の成立を認めた点に特徴がある。さらに、意思能力の存否を争った [22] や遺言をめぐる [26]-[29] といった超高齢社会を反映する事案が多くみられる。今期新たに公表された裁判例のうち、唯一の最高裁判例 [9] は、「離婚に伴う慰謝料」（離婚自体慰謝料）について判断を示したものであり、注目に値する。

1　婚姻

(1)　夫婦の氏

[1] 東京地判令元・10・2判タ1498号232頁は、別氏での婚姻届の受理を求めた事案である。本誌22号 [1] 及び二宮周平会員による評釈で紹介済みである。

[2] 東京地判令3・4・21判時2521号87頁では、米国ニューヨーク州法の方式に従って婚姻をした日本人夫婦Xらが、日本での婚姻の届出が民法750条・戸籍法13条違反を理由に不受理となったため、国Yに対し、Xらの婚姻関係が戸籍への記載によって公証される地位にあること等の確認を求めた。また、外国の方式に従って「夫婦が称する氏」を定めないまま婚姻した日本人夫婦の婚姻関係を公証する規定を戸籍法に設けていない立法不作為は、憲法24条に違反する等として国家賠償法1条1項に基づきY

に損害賠償を求めた。本判決は、Xらが社会通念上夫婦と認められる関係の設定を欲する意思を有し、同州法所定の婚姻の方式に従い婚姻を挙行したと認められ、Xらが民法の実質的成立要件（民731条〜737条）に欠けることも認められないこと、また、最大判平27・12・16民集69巻8号2586頁を引用し、民法750条が婚姻の実質的成立要件を定めたものではなく、婚姻の効力を定めた規定であるとした上で、外国に在る日本人がその国の方式に従って婚姻をする場合においては、婚姻の際に「夫婦が称する氏」を定めることが必ずしも法律上要求されていないから、婚姻の挙行時に「夫婦が称する氏」が定められていない場合もあり得るのであって、そのような場合には、「夫婦が称する氏」が定められて婚姻による夫婦同氏の効力が発生するまでの間に、少なくとも一定の時間的間隔が生ずることは避け難く、そのような場合であっても、その婚姻は日本において有効に成立しているというほかないとして、Xらの婚姻は有効に成立しているとした。他方、Xらの婚姻関係の戸籍への記載及び国家賠償請求は否定した。評釈として、木村草太・法時93巻9号4頁、梅澤彩・法セ増（新判例解説Watch）29号113頁、大村芳昭・中央学院大学法学論叢35巻2号117頁等がある。

(2)　婚姻費用

[3] 東京高決令3・4・21判タ1496号121頁は、適応障害により就労困難である夫の収入について、潜在的稼働能力に基づく収入の認定が問題となった事案である。本誌25号 [7] で紹介済みである。

[4] 東京高決令4・2・4家判41号60頁は、婚姻費用分担額の算定に際し、生活保護費の評価が争われた事案である。原審（さいたま地越谷支審令3・10・21家判41号63頁）は、妻Xの受給する生

活保護費は、生活保護法の趣旨に鑑み、Xの収入と評価することはできないとして、夫Yに対してXへ婚姻費用として月額13万円の支払等を命じた。Yが抗告。本決定は、生活保護は、生活に困窮する者が、その利用し得る資産、能力その他あらゆるものを、その最低限度の生活の維持のために活用することを要件として行われ、民法に定める扶養義務者の扶養及び他の法律に定める扶助は、すべて生活保護法による保護に優先して行われるものとされている（生活保護法4条1項、2項）ことから、X・子Aらの生活を維持するための費用は、まずはX・Aらに対して民法上扶養義務を負うYによる婚姻費用の分担によって賄われるべきであり、Yが負担すべき婚姻費用分担額を算定するに当たっては、Xが受給する生活保護費を収入と評価することはできないとした。また、Xの病歴や医師の見解等に鑑みると、Xには潜在的稼働能力があるとは認められないとして、Yの抗告を棄却した。

[5] 宇都宮家審令2・11・30判タ1497号251頁は、改定標準算定表公表前に生じた未払婚姻費用請求に対する同算定表の適用の可否等が問題となった事案である。本誌25号[6]で紹介済みである。

[6] 東京家審令3・1・29家判39号72頁は、就労していない妻X（中国国籍）の収入認定や新型コロナウイルス感染症の影響により調停中に役員報酬が減額された夫Y（日本国籍）の収入認定等が問題となった事案である。本審判は、準拠法を日本法とした上で、婚姻費用分担の始期を調停申立て時とし、Xの収入は、子Aを養育していることなどから0円とした。またYの収入については、時期に応じてYの負担すべき月額を算定し、収入が2000万円を超えた2020年5月まで（①）は算定表により算出される金額を修正して月額37万円、2000万円を下回った2020年6月以降（②）は算定表により算出された月額24万円とした。その上で、YがX・Aの居住するマンションの住宅ローンや管理費、Xが利用するクレジットカード代金を負担していること等から、上記月額をそれぞれ修正し、Yの婚姻費用分担額を、①は月額33万円、②は月額20万円とした。

2 離婚

(1) 財産分与

[7] 最一決令3・10・28判時2520号14頁は、財産分与に関する処分の審判の申立てを却下する審判に対し相手方が即時抗告をすることの許否が問題となった事案である。本誌25号[13]で紹介済みである。

[8] 東京高決令3・12・24判タ1501号94頁は、財産分与の対象財産が、元夫Yの父母A・Bによる協力等によって形成された事情を考慮して、財産分与の額及び方法を定めた事案である。原審（千葉家佐倉支審令3・8・31家判40号81頁）は、YのXに対する財産分与として、財産分与の対象財産のうち、Y名義の不動産甲を分与することに加え、3200万円を支払うよう命じた。Yが即時抗告。本決定は、当事者双方がその協力によって得た財産の額及び財産形成における寄与の程度が清算的財産分与の額の判断において重要な考慮事情となるほか、それ以外の事情についても、当事者の衡平を図るうえで必要かつ合理的であると認められる場合には、これを「一切の事情」（民768条）として考慮し、財産分与の額及び方法を定めると判示した。その上で、財産分与の対象財産には、X・Yの生活を支援する目的で、A・Bが資金を提供した財産が相当数含まれており、このような事情を考慮するのが、財産分与における当事者の衡平を図る上で必要かつ合理的であるとして、財産分与の対象財産のうち、X・Y共有名義の不動産乙のYの持分をXに分与することに加え、2800万円を支払うよう命じた。

(2) 離婚慰謝料

[9] 最二判令4・1・28民集76巻1号78頁は、離婚慰謝料として夫婦の一方が負担すべき損害賠償債務が履行遅滞となる時期について判断した事案である。夫Xが妻Yに対し離婚請求・離婚慰謝料請求等をしたのに対し、Yも反訴としてXに対して離婚請求・離婚慰謝料請求等をした。第一審（大津家判令元・11・15民集76号1号84頁）は、離婚を認め、Yの離婚慰謝料を認容し、遅延損害金について判決確定日の翌日から年5分の割合による金員の支払を命じた。Yが控訴。控訴審（大阪高判令2・9・3民集76号1号92頁）は、Yの離婚慰謝料をXの違

法行為から婚姻関係が破綻するに至ったことに対する「破綻慰謝料」の請求と解した上で認容し、遅延損害金の利率は、X・Yの婚姻関係の破綻時期が平成29年法律44号の施行日（2020年4月1日）より前であるから、年5分が相当とした。Xが上告・上告受理申立て。最高裁は、離婚に伴う慰謝料請求は、夫婦の一方が他方に対し、その有責行為により離婚をやむなくされ精神的苦痛を被ったことを理由として損害の賠償を求めるものであり、損害は当該夫婦の離婚の成立により発生すると解した上で、不法行為による損害賠償債務は、損害の発生と同時に、何らの催告を要することなく、遅滞に陥ることから（最三判昭37・9・4民集16巻9号1834頁）、離婚慰謝料としての損害賠償債務は本判決確定時に遅滞に陥るとし、遅延損害金の利率は年3分（改正後民404条2項）とした。また、「Yの慰謝料請求は、Xとの婚姻関係の破綻を生ずる原因となったXの個別の違法行為を理由とするものではない。そして、離婚に伴う慰謝料とは別に婚姻関係の破綻自体による慰謝料が問題となる余地はないというべきであり、Yの慰謝料請求は、離婚に伴う慰謝料を請求するものと解すべきである」とした。評釈として、村田大樹・法教501号127頁等がある。

3 親子

(1) 縁組

[10] 名古屋家審令3・2・26家判39号68頁は、特別養子縁組適格の確認に関する事案である。本審判は、本件縁組に対する実父Aの不同意につき、「養子となる者の利益を著しく害する事由」（民817条の6ただし書）があり、また「父母による養子となる者の監護が著しく困難又は不適当」（民817条の7）であるとした。本誌本号の山口亮子会員による評釈を参照されたい。

[11] 大阪高決令3・3・30判時2519号49頁は、死後離縁に関する事案である。Xは、1999年に妻A（2018年死亡）とともに子Bの夫C（2018年死亡）と養子縁組をし、2002年にB・C夫婦は、X・Aの子Dの子F（1990年生）と代諾養子縁組をした。2020年にXは自身の推定相続人の地位にFを留めたくないと考え、X・Cの死後離縁の許可（民811条6項）を申し立てた。原審（神戸家姫路支審令2・11・16判時2519号51頁）は、本件申立てが推定相続人廃除の手続によらずFの推定相続人の地位を失わせる目的でなされた恣意的なものと判断し、本件申立てを却下した。Xが抗告。本決定は、「死後離縁の申立てが生存養親または養子の真意に基づく限り、原則的に許可すべきだが、当該申立てにつき社会通念上容認し得ない事情がある場合には許可すべきではない」とした上で、本件では上記事情がある場合とはいえないとして、原審を取り消し、Xの申立てを認めた。評釈として、本山敦・月報司法書士596号54頁がある。研究会では、B・Cの相続によりFは多額の財産を取得したものの、そのことをもって離縁を認めている点について、養子制度の趣旨から認めてよいのかといった議論がなされた。

4 親権・監護

(1) 監護者

[12] 最一決令3・3・29判タ1500号80頁は、祖父母による監護者指定の申立ての可否が問題となった事案である。本誌24号[20]で紹介済みである。

[13] 東京高決令3・8・6家判41号66頁は、夫Xが子Aの引渡しを求めた事案である。2019年1月から妻Y・AはYの実家に帰り、別居を開始した。なお、Aは自閉症スペクトラムとの診断を受けている。原審（東京家審令2・10・9家判41号74頁）は、Yが反復性うつ病性障害で入院する等Aを監護できない状況にあること、監護補助者（Yの両親）からAの特性への理解が十分に得られていないこと、他方で、Xは自らAを監護できるように監護態勢を整え、Xの母を中心とした監護補助が得られること等から、Xを監護者と指定し、Aの引渡しを認めた。Yが即時抗告。本決定は、Xが監護態勢をある程度整え、Y・Aの面会交流の実施に柔軟な姿勢をみせていることを考慮しても、Yが別居前からの主たる監護者であり、監護実績の乏しいXの下に監護者を変更するまでの必要性は認められないとして、原審判を取り消し、Yを監護者と指定し、Aの引渡しの申立てを却下した。

[14] 東京高決令3・5・13判タ1500号113頁は、離婚後子A・Bの親権者となった父Xが、実際にAらを監護する母Yに対して、Aらの引渡しを求めた事案である。XとYは、Yの不貞が原因で協議離婚をし、Xを親権者と定めた。離婚後もYはX・Aらの自宅近くに住み、引き続きAらと接し、生活を見

守っていた。Xの出張で不在の際、YがAらの様子を確認したところ、室内は散らかり、寝間着を着ることなく寝ていたなどから、Yは、Yの父母宅にAらを連れて行き、それ以降、Aらは、Y及びYの父母と共に生活している。その後Xが申し立てた面会交流に関する調停が成立し、調停条項に基づいて面会交流が数回実施されたが、次第に面会交流を実施することが困難になり、Xは自身を監護者と指定すること及びAらの引渡しを求めた。原審（横浜家審令2・11・12判タ1500号117頁）は、①Aらの親権者はXであって、Yにあるのは、調停条項に基づく面会交流が実施されることなどを前提としたXからの監護の委託であり、Aらの福祉に反することが明らかな場合など特段の事情がない限り、Yは、Aらの引渡しを拒むことができないこと、②Aらは、Xに否定的な感情を表明せざるをえない心境に置かれている可能性が考えられ、Xの対応は、言い方や態度の配慮不足といった次元の問題にとどまると判断し、Aらの福祉に反することが明らかな場合などといった特段の事情は認められず、Yは、Aらの引渡しを拒むことができないとして、Xの申立てを認めた。Yが抗告。本決定は、①Aらの学校の行事予定等がなかなか決まらず、日程調整が難航したり、Aらが嫌がったのに、その反対を押し切って、XがYの父母宅の近隣に転居したことで、Y方で平穏に生活していたAらにとって大きなストレスとなったことが、面会交流が行われなくなった主な原因であり、面会交流が行われなくなった責任が主としてYにあるとはいえないこと、②YによるAらの監護状況に格別問題はなく、Xもそのこと認めていること、③上記Xの転居が大きなストレスとなることは自明であるにもかかわらず、その点の配慮がない等、Xの対応から、AらがXの監護下に入るのは困難な状況にあること等を総合的に考慮すると、子の福祉の観点から、現時点においてAらをXに引き渡すことは相当でないとして、Xの申立てを却下した。

(2) 面会交流

[15] 最一決令3・3・29判タ1500号84頁は、祖父母からの面会交流の申立てについて、[12]と同内容の決定をしている。本誌24号[20]で紹介済みである。

[16] 大阪高決令3・8・2判時2518号72頁は、新型コロナウイルス感染症の流行拡大下で面会交流ができなかったことにつき強制執行の可否が問題となった事案である。本誌25号[19]で紹介済みである。

[17] 奈良家審令2・9・18家判39号79頁は、父Xに対して恐怖心を抱く子らの心情を考慮して間接交流が詳細に定められた事案である。本誌24号[18]で紹介済みである。

5 後見

[18] 岐阜地判令3・10・1判時2530号63頁は、被保佐人であることを警備員の欠格事由と定める警備員法14条・3条1号（いずれも当時）（以下「本件規定」）が、憲法22条1項、14条1項に反し、また、遅くともXの退職時点までに本件規定を改廃しなかったことについて正当な理由は認められないとして、国家賠償法1項1項の適用上違法と判断にして、国に対してXに慰謝料10万円支払うよう命じた。

6 扶養

[19] 福岡高決令元・9・2家判39号54頁は、成年に達した子Xからの扶養料請求に関する事案である。父Y・母Aは協議離婚し、Xの養育費の支払の終期を2014年3月とすること等を定めた公正証書を作成した。Xは、2014年4月以降も、精神疾患の治療をしながら大学に通学し、2019年3月に大学を卒業した。また、薬の副作用から当分就労の見込みはなく、治療費等の費用を要する要扶養状態にある。原審（福岡家小倉支審平30・11・30家判39号58頁）は、Xの潜在的稼働能力が全くないとまではいえないこと等から、Xの申立てを却下した。Xが抗告。本決定は、精神疾患発症により離婚当時の想定よりも大学卒業が遅れたことにつきXに責任はなく、2014年4月から2019年3月までの間は、YはAとともに生活保持義務としての扶養義務を負うとし、算定表に基づき算出された分担額の未払分（288万円）をXに対して支払うようYに命じた。

7 相続分

[20] 東京地判令3・9・28判時2528号72頁は、相続人Yが被相続人Aの生前及び死後にA名義の預

金から無断で出金したことについて、他の相続人Xがに対して具体的相続分に応じた不当利得返還請求をした事案である。本判決は、生前出金について、Aは、生前Yに対し、出金した額と同額の不当利得返還請求権を有していたものといえ、これは法律上当然分割され各共同相続人がその相続分に応じて権利を承継するものと解される（最一判昭29・4・8民集8巻4号819頁）とした。また、具体的相続分は、遺産分割手続における分配の前提となるべき計算上の価額又はその価額の遺産の総額に対する割合を意味するものであって、それ自体が実体法上の権利関係に当たるものではなく（最一判平12・2・24民集54巻2号523頁）、具体的相続分を算出するには、特別受益や寄与分の算出が必要となるところ、寄与分に関しては、寄与の時期、方法及び程度、特別受益についても、特別受益となりえる贈与の有無やその額は事実上、相続開始時点では不明であるというほかなく、相続開始の時点で具体的相続分を具体的に、かつ正確に把握することはほとんど不可能に近いというほかないことから、上記昭和29年判決が、その相続分について、具体的相続分を指しているとは解し難いとして、相続開始と同時に、法定相続分により当然に分割されるとした。また、死後出金については、A名義の口座は、本件死後出金時点で、Aの遺産であり、X・Yの持分割合2分の1による準共有状態にあったものと解され（最大決平28・12・19民集70巻8号2121頁）、死後出金は、X・Yの準共有状態にあった財産の逸出となるから、その2分の1に超える部分については、Xに対する準共有持分権の侵害となるとした。本誌本号の渡邉泰彦会員による評釈を参照されたい。

[21] 東京高判令4・4・28金判1650号16頁は、被相続人Aの存命中にA名義の口座から自身の口座へ入金した相続人Bに対して、他の相続人Xらが、A名義の口座から無断で払い戻したとして、Aから相続した不法行為による損害賠償請求権または不当利得返還請求権に基づき、払い戻された預金相当額等の支払を求めた事案である。原審（東京地判令3・6・30金判1650号24頁）は、Xに対する損害賠償請求を認めた。Xが控訴。Xらも付帯控訴し、A・B間の寄託契約にもとづき寄託金返還請求を追加した。本判決は、窓口でのA・Bの様子などから、BはAの承諾の下に、A名義の口座からB名義の口座への入金を行ったとみることが、事実の経過に照ら

して自然かつ合理的であるということができるとして、BにAの預金口座を払い戻す権限があったとした。また、Bが、自身の口座に入金したことは、A・B間の寄託契約に基づくものであり、Xらは、Aの相続人として、Bに寄託物返還請求権を有するとして、B名義の口座に入金された金員の支払請求を認容した。

[22] 東京高判令2・9・29家判41号96頁は、被相続人Aの相続人Xが、法定相続分（2分の1）に相当する金額の支払を求めた事案である。AとYは、Aを贈与者、Yを受贈者とする贈与契約を締結し、同契約に基づいてAの口座からYの口座へ送金された。Xは、贈与契約締結当時、Aはこれを行うに足りる意思能力を欠いていたことから贈与契約は無効であると主張し、上記送金は法律上の原因がないことから、AはYに対して上記送金について不当利得返還請求権を有したまま死亡し、Xがそれを相続し法定相続分に応じて分割されたとして、Xの法定相続分に相当する金額等をYに請求した。原審（さいたま地判令2・1・30家判41号105頁）は、本件贈与契約は、Aの健康不安とXに対する疑念を背景に、Yに会社の事業を承継させる目的で、弁護士や税理士の関与の下に行われたものであり、Aの意向や関与なくしてできることではないことなどから、本件送金はAの意思に基づくものであると認定し、Xの請求を棄却した。本判決も原審同様に判断し、Xの控訴を棄却した。

8 遺産分割

[23] 東京高決令3・4・15家判41号93頁は、遺産分割審判前の保全処分としての特定の遺産の処分禁止の仮処分の場合には、本案認容の蓋然性として、本案となる遺産分割の終局審判において、当該遺産につき同保全処分の申立人への給付が命ぜられる一応の見込みがあることの疎明を要するとして、Xの抗告を棄却した。

[24] 広島高決令4・2・25家判41号50頁は、生命保険契約に基づく死亡保険金請求権について、民法903条の類推適用の可否が問題となった事案である。被相続人Aは自らを被保険者とし、死亡保険金（計2100万円）の受取人を相続人の1人であるY（Aの妻）として、保険契約を締結した。Aの遺産は預貯金等459万余りであり、相続人であるX（A

の母）が、遺産分割の調停を申し立て、審判へ移行した。原審（広島家審令3・12・17家判41号56頁）は、最二決平16・10・29民集58巻7号1979頁を引用した上で、本件死亡保険金の合計額（2100万円）は被相続人の相続開始時の遺産の評価額（772万3699円）の約2.7倍、本件遺産分割の対象財産の評価額（459万0665円）の約4.6倍に達しており、その遺産総額に対する割合は非常に大きいといわざるを得ないが、本件死亡保険金の額は、一般的な夫婦における夫を被保険者とする生命保険金の額と比較して、さほど高額なものとはいえず、本件死亡保険金は、Aの死後、Yの生活を保障する趣旨のものであること、またX・Y間に生ずる不公平が、民法903条の趣旨に照らし到底是認することができないほど著しいものであると評価すべき特段の事情が存するとは認められないとして、民法903条の類推適用を否定した。本決定も原審同様に判断し、Xの即時抗告を棄却した。

9　特別縁故者への財産分与

[25] 山口家周南支審令3・3・29家判39号61頁は、特別縁故者に対する相続財産の分与申立事件である。被相続人Aは相続人がなく、Aの相続財産について、叔父Bと従姉妹Cが特別縁故者として分与を申し立てた。Bは本件申立後に死亡したために、Bの相続人Dら（Bの妻D及び子E・F・G）が手続を受継した。本審判は、B・Cを特別縁故者と認めた上で、DらがBの申立人としての地位を承継するが、Dらの分与相当性については、必ずしも法定相続分に従う必要はなく、被相続人と死亡した特別縁故者、特別縁故者とその相続人との関係性等を考慮して判断するとし、Aの相続財産からDに45万円、Eに335万円、F・Gに各15万円の分与を認めた。また、AはH（伯父）及びその家族とも親密な交流があったが、H及びその家族は特別縁故者への財産分与の申立てをしないまま、申立期間（民958条の3第2項）を徒過したところ、CはH及びI（Hの妻）との間で、相続財産分与審判が確定することを停止条件とした贈与契約を締結した。本審判は、H・Iは、自身では申立期間内に特別縁故者に対する相続財産の分与を申し立てていないから特別縁故者として相続財産の分与を受ける余地はなく、Cと停止条件付きの贈与契約を結ぶことで、い

わばCを介して、申立期間の制限を超えて実質的に相続財産の分与を受けるような結果をもたらすことは申立期間の制限の潜脱となって相当でないとして、Cに対する分与にH・Iが期間内に申し立てをすれば分与を受けられたであろう財産の額を上乗せしたりすべきではないとして、Cに400万円の分与を認めた。

10　遺言

[26] 東京高判令元・10・16家判39号45頁は、遺言能力の有無が問題となった事案である。相続人である子Xらは、Aがアルツハイマー型認知症であったことを理由にAが作成した自筆証書遺言の無効確認を求めた。原審（東京地立川支判平30・11・28家判39号48頁）はXらの請求を棄却した。Xらが控訴。本判決は、2010年当初頃までにAは要領を得た会話ができず、複数の医師がAにつきアルツハイマー型認知症と診断していること、また本件遺言の作成は相続人の1人であるY₂が提案し、Y₂が口授したものをAが自書したこと等を踏まえると、本件遺言の作成当時Aは遺言能力を欠いていたとして、Xらの請求を認容した。

[27] 大阪地判令2・6・24家判39号88頁は、公正証書遺言の有効性が争われた事案である。被相続人Aは、2008年に公正証書遺言①と2015年に公正証書遺言②を作成した。X_1・X_2（いずれもAの甥）は、②は他人がAになりすまして作成したもので無効であるとして、②によって遺産が分配されたY（Aの甥Bの妻）に対して不当利得返還請求をした（甲事件）。また、Yは、YがAから生前受領した500万円について、AがYに対する貸金債権であり、②により、同債権の遺贈を受けたと主張し、貸金返還請求権に基づき貸付金の返還を求めた（乙事件）。本判決は、甲事件について、Xらから提出された筆跡鑑定書を採用せず、公証人が現認した当時のAの様子、①から②へ遺言内容が変遷したことに不自然な点もないこと等から、②はAによって真正に作成されたものと判断し、Xらの請求を棄却した。また、乙事件については、YがAから生前受領した500万円を貸金と認定し、Yの請求を認容した。

[28] 東京地判令3・11・25判時2521号84頁は、推定相続人が遺言者の死亡以前に死亡した場合の遺言の解釈が争われた事案である。被相続人Aは、

1990年に亡B・亡Cに財産を相続させる旨の公正証書遺言を作成した。相続人Xら（Aの子）は、本件遺言によりXらに相続させるとされたAの共有持分を本件遺言により取得したことを前提に遺産分割調停を申し立てたが、Yら（Bの代襲相続人）が判例（最三判平23・2・22民集65巻2号699頁）を基に、A死亡前にB・Cが死亡したことにより、Xらにかかる遺言の条項も含めて本件遺言は全部無効となる旨を主張したために調停不成立となった。本判決は、判例の事案と本件の違いを指摘し、遺産の一部を相続する推定相続人の一部が遺言者の死亡以前に死亡したとしても、必ずしも生存する他の推定相続人に特定の遺産を相続させる意思が失われるとはいえず、直ちに遺言全部が無効になるとは認め難いと判示し、Aが別段の意思表示をしたなどの事情についての主張立証はなく、また本件遺言のうち亡B・Cに関する部分が同人らの死亡によって無効になるとしても、Xらに関する部分がこれらを前提としていたとか、これらと不可分の関係にあるなどの事情は認められないとして、Xらの請求を認容した。

[29] 神戸地判令元・10・24家判40号104頁は、公正証書遺言と自筆証書遺言が同じ日の午前と午後に作成され、後者の有効性が争われた事案である。被相続人Aは、生前Aの補助人であったY（特定非営利活動法人）に、一切の財産を包括遺贈する旨の公正証書遺言甲を作成し、同日午後に、Yに所属する支援員B・Cの立会いの下「Aは財産の全いとこのDに遺ぞうする」との自筆証書遺言乙を作成した。本判決では、①乙の自書・押印要件の有効性、②遺言能力の有無、③乙と受遺者の存否などが問題となった。①については、A自らペンをとって乙の本文を自書し、押印していること、またBが乙の文面を教示し、Aはそれを参考にしているものの、それはBがAの意向を慎重に聴取しその意向に沿うものであり、自書・押印要件を満たしていると判断した。②については、甲の作成時に公証人がAの遺言能力に疑念を抱いた形跡はなく、意識が不清明な状態にはなかったことなどから、遺言能力は認められるとした。③については、乙の受遺者として「いとこ」の「D」を掲げているが、真実は、DはCの義理の伯父（Xの父）に当たる人物であるが、乙の「D」の記載は勘違いないし記憶違いであり、受遺者の記載は正しくは「いとこ」の「X」を指すものと判断し、乙は有効であり、甲は乙によって撤回したもの

とみなされるとした。

[30] 大阪地判令3・9・29判時2530号58頁は、負担付「相続させる旨の遺言」の性質が問題となった事案である。本誌25号[29]で紹介済みである。

11 性同一性障害者特例法

[31] 最三決令3・11・30判時2523号5頁は、性同一性障害者の性別の取扱いの特例に関する法律3条1項3号の「現に未成年の子がいないこと」について、合憲性が争われた事案である。本誌25号[35]で紹介済みである。

12 ハーグ子奪取条約実施事件

[32] 大阪高決令2・12・8家判40号85頁は、国際的な子の奪取の民事上の側面に関する条約の実施に関する法律（実施法）に基づき、母Xが、父Yに対して、子C・Dを、その常居所地国であるフランスに返還するよう求めた事案である。原審は、返還事由が認められる一方、返還拒否事由を認めることはできないとして、Yに対してC・Dをフランスへ返還するよう命じた。Yが即時抗告。本決定は、返還拒否事由の1つである子の異議（実施法28条1項5号）について、「子の異議の内容、性質及び強度等とともに、子がそのような異議を述べるに至った背景事情等も検討した上、子が、常居所地国に返還されることについて、様々な要素を熟慮して異議を述べたものか否かを判断することが必要である」と判示し、子の異議に該当すると判断するのは相当とはいえないこと等から、原審同様、C・Dをフランスに返還するのが相当であるとした。

13 渉外事件

[33] 最三判令2・7・7判時2509号27頁は、法例の一部を改正する法律（平成元年法律第27号）の施行前における嫡出でない子の母との間の分娩による親子関係の成立について、法の適用に関する通則法29条1項を適用し、子の出生の当時における母の本国法によって定めると判示したものである。本誌22号[35]で紹介済みである。

[34] 東京家審令3・1・4判時2518号120頁は、出生届未了の子が母の元夫に対して嫡出否認調停を

申し立てた事案である。本誌25号[40]で紹介済みである。

[35] 東京家判令3・3・29判時2527号72頁は、渉外離婚事件において子の親権者と監護方法が問題となった事案である。本誌25号[42]で紹介済みである。

[36] 東京家審令3・5・31判時2519号60頁、別居夫婦間において他方に無断で海外に連れ去られた子の監護者指定と引渡しが問題となった事案である。本誌25号[43]で紹介済みである。

14　その他

[37] 東京地判令3・6・7家判40号96頁は、婚約破棄に至る一連の行為が不法行為を構成するとして損害賠償（慰謝料）を請求した事案である。本判決は、男性Yが婚約後SNSを通じて以前交際していた女性と連絡をとることや画像・動画を消去しないことは女性Xに対する不法行為を構成しない等と判断し、Xの請求を棄却した。

[38] 大阪高決令3・3・12判時2517号59頁は、子と戸籍上の父との親子関係不存在を確認する審判がされたことについて、利害関係人X（子の血縁上の父と考えられる者）が、その審判に対して家事279条1項本文に基づき異議を申し立てた事案である。本誌24号[10]で紹介済みである。

[39] 水戸家審令3・4・8判タ1496号254頁は、就籍許可に関する事件である。Aは、所持品もなく路上で保護され、警察等の身元捜索によっても身元が判明せず、養護老人ホームに措置入所となった。Aは本籍不明・無戸籍状態であることから、就籍許可を求めた。本審判は、調査官調査による事実を総合考慮し、Aは日本国内で出生したと推認でき、Aが本籍を秘匿していると疑うべき資料もないこと等から、Aは「本籍を有しない者」（戸110条1項）であるとして、本件申立てを許可した。

[40] 前橋家高崎支審令3・12・17判タ1501号252頁は、児童福祉法28条1項の承認を求める事案である。C・Dの子B・G（2020年生）のうちGは、外的要因による重度の傷害によって植物状態であるとの診断を受けた。児童相談所長は、C・Dと再発防止策等を検討することができず、Bを家庭に返すことはBの福祉を著しく害すると判断し、Bを児童養護施設に入所させることについて、同意に代わる承認を求めて、本件申立てをした。本審判は、BがC方の祖父母の下で養育環境が整えられており、Bが順調に成長している現時点では、Bを入所させなければ、著しくBの福祉を害するおそれがあるとまでは認められないとして、申立てを却下した。

（まつひさ・かずひこ）

環境裁判例の動向

島村　健　神戸大学教授

大塚　直　早稲田大学教授

越智敏裕　上智大学教授

環境判例研究会

本稿では、民集75巻9号〜76巻4号、判時2517号〜2534号、判タ1496号〜1501号、判例自治486号〜491号、及び2022年後期に最高裁判所のウェブサイトに掲載された、環境分野の裁判例（前号までに紹介したものを除く）を紹介する。1〜4（裁判例[4]〜[6]を除く）は島村が、3のうち裁判例[4]〜[6]は大塚が、5〜6は越智が担当した。

1　環境影響評価

東京地判令2・12・1（リニア訴訟）が、判タ1497号181頁に掲載されたが、本誌23号で紹介済みである。

2　公害・生活妨害

[1] 熊本地判令4・3・30裁判所HPは、原告らが、公害健康被害の補償等に関する法律4条2項に基づき、水俣病にかかっているとの認定の申請をしたところ、鹿児島県知事及び熊本県知事が各申請を棄却したため、棄却処分の取消しと認定の義務づけを請求した事案である。本判決は、原告らが水俣病にかかっているとは認められないなどとして、認定棄却処分の取消請求を棄却し、認定義務づけ請求を却下した。原告ごとに、どのような要素を考慮したかは、原告ごとの個別判断をした判決第6章が公刊されていないので、ここでは紹介できない。本判決は、いわゆる昭和52年判断条件に定める症状の組み合わせが認められない場合においては、水俣病（メチル水銀中毒症）における曝露停止から発症までの潜伏期間はせいぜい数か月から数年（4年程度）であること、長期微量曝露によって症候が発現することは考え難いことなどが、現在の一般的な医学的知見であるとしている。また、原告らを診断した医師の診断方法の信頼性を否定しており、これらの点が判決の結論を左右したことがうかがわれる。

[2] 那覇地沖縄支判令4・3・10判時2534号5頁は、米軍が使用する普天間飛行場の周辺住民らが、離着陸する米軍機の発する騒音等により生活妨害、睡眠妨害、健康被害、精神的被害等の被害を受けているとし、普天間飛行場を米軍に利用させている被告・国に対し、「日本国とアメリカ合衆国との間の相互協力及び安全保障条約第六条に基づく施設及び区域並びに日本国における合衆国軍隊の地位に関する協定の実施に伴う民事特別法」2条に基づき、国家賠償請求をした事案である。本判決は、最一判平5・2・25民集47巻2号643頁等の判断枠組みに従い、受忍限度を超える侵害があった否かについて判断し、普天間飛行場における米軍機の運航が公共性、公益上の必要性を有することを考慮しても、周辺住民が他の国民に比して特別に大きな利益を受けているわけでもなく、原告らが被っている法的利益の侵害は社会通念上受忍すべき限度を超えているというべきであるとして原告らの請求を認容した。原告らは、原告ら全員が共通して被っている被害について一律の賠償を求めており、これに対し、本判決は、本件コンター（防衛施設周辺の生活環境の整備等に関する法律に基づき、昭和52年の騒音測定調査を踏まえて指定された第1種区域）内に居住する原告らに共通する被害として、騒音による生活妨害、睡眠妨害、イライラ感・不快感・米軍機による事故への不安感といった精神的被害を認定している。低周波騒音については、その発生は認めながらも、原告らが曝露されている低周波音の程度や影響は不明で、原告ら全員の共通被害とは認められないとした。認定された損害額は、日本の他の軍事基地周辺の航空機騒音にかかる賠償額より高い水準で認められた（福岡高那覇支判平31・4・16裁判所HP（普天間基

地第2次爆音訴訟）等と同額）。米軍基地が集中し、また米軍機による事故が多発しているという沖縄の事情を考慮したためである。

[3] 横浜地判令3・2・19判時2520号59頁は、原告らが、原告ら宅に隣接する被告Y₁宅の敷地に設置されたエネファーム（燃料電池コジェネレーションシステムの燃料電池ユニット）稼働のため、本件エネファームを発生源とする低周波音により健康被害を受けているとして、Y₁に対し、人格権に基づき本件エネファームの稼働の差止めを請求するとともに、エネファームの設置工事をした被告Y₂株式会社に対し、不法行為に基づく損害賠償を求めた事案である。本判決は、エネファームから生じた低周波音により原告が健康被害を受けるようになり、同被害が継続している旨の具体的な立証がないなどとして請求を棄却した。本判決について、詳しくは、本号の桑原評釈を参照されたい。

3　原子力発電所・火力発電所

(1)　差止め

水戸地判令3・3・18（東海第二原発運転差止請求事件第一審判決）が判時2524=2525号40頁、広島高決令3・3・18（伊方原発運転差止仮処分命令申立事件）が判時2523号9頁に掲載されたが、いずれも本誌23号で紹介済みである。

(2)　損害賠償

[4] 東京高判令3・2・19未掲載（千葉訴訟判決）は、福島県内に居住していた原告ら（帰還困難区域、旧居住制限区域、旧避難指示解除準備区域、旧緊急時避難準備区域、旧屋内退避区域、旧一時避難要請区域、県南地域（西白河郡矢吹町）に居住していた）が、被告東電に対して、主位的に民法709条、予備的に原賠法3条1項に基づき、被告国に対して、国賠法1条1項に基づき、損害賠償を連帯して支払うよう求めた事件である。原審（千葉地判平29・9・22）は、原告らの被告東電に対する主位的請求及び被告国に対する請求をいずれも棄却し、被告東電に対する予備的請求については、一部原告の請求を認容したことから、原告、被告の双方が控訴。本判決は、1) 原告らの被告東電に対する主位的請求に係る控訴及び附帯控訴をいずれも棄却し、2) 原告らの被告東電に対する予備的請求に係る控訴及び附帯控訴並びに被告国に対する請求に係る控訴について、原判決を変更して原告らの請求を一部認容するとともに、3) 被告東電の控訴に基づき、被告東電敗訴部分を一部取

り消した。本判決後、国及び東電が上告し、原告らの一部も附帯上告したが、最高裁は、令和4年3月22日、上告・上告受理申し立てを不受理とし、本判決の東電の責任の部分が確定した。他方、国の責任については、同年6月17日、最高裁は本判決を破棄し、原告らの請求を棄却する旨の自判をした（最二判令4・6・17民集76巻5号955頁は、本誌25号で紹介済みである）。

以下では、東電の責任に関する部分について紹介する。本判決は、本件事故による原子力損害の賠償に関しては、民法709条等の不法行為に関する規定の適用はなく、被告東電は原賠法3条1項によってのみ損害賠償責任を負うとする。また、本判決は、被侵害利益について、平穏生活権などという包括的な権利利益は設定せず、端的に、本件事故により精神的損害を被ったことにより慰謝料を請求できるとする。本判決は、「避難生活に伴う精神的苦痛」に対する賠償（月額10万円。発生期間は事故当時の居住地によって異なる）と、「避難生活に伴う精神的損害以外の精神的損害」に対する賠償（原告らの置かれた状況によって異なる）を、世帯ごとに具体的な事情を勘案しながら算定した。本判決は、①避難を余儀なくされたことについての慰謝料について、独立の損害項目としない点に特徴がある。また、②いわゆるふるさと喪失損害については、本判決は、この種の損害に対応するものは精神的損害として認めるが、ふるさと喪失損害という名称は用いず、その概念には否定的である。上記の「避難生活に伴う精神的損害以外の精神的損害」が主にふるさと喪失損害に対応するが、ふるさと喪失損害として一律2000万円を請求する原告らの主張については、精神的損害の要素をとらえることにより生活環境に関する法的利益の保護は必要かつ十分に実現できるとし、採用しなかった。本判決は、③自主的避難等対象区域以外からの自主避難者につき、矢吹町からの自主的避難者について事故との因果関係を認める点に関しても特徴がある。矢吹町の避難者数や空間放射線量等を踏まえても、原告番号8らが矢吹町に滞在して生活を継続することに不安を感じ、避難することを選択したこと自体には合理性が認められるとするのである。その損害算定の際、被曝自体による不安と、避難後の不安の双方を検討している。

[5] 仙台高判令4・11・25裁判所HPは、福島県南相馬市原町区（旧避難指示解除準備区域、旧緊急時避難準備区域）に居住していた原告らが、被告東電に対して、主位的に民法709条、予備的に原子力損害賠償法3条1項に基づき、損害賠償を支払うよう

求めた事件である（原判決は福島地いわき支判令2・11・18（一部認容））。

本判決は、主位的請求については、民法709条による賠償は原賠法3条1項によって適用が除外されているとする。本判決は、原告らが主張する包括的平穏生活権の侵害、とりわけ地域生活利益の侵害に関し、精神的損害を評価する。本判決は、①避難を余儀なくされた慰謝料を、避難生活の継続による慰謝料とは独立した慰謝料として算定し、②故郷の変容による慰謝料も認める。また、被告が原告の個別事情による精神的損害の賠償の増加分等を支払った分については、被告の弁済の抗弁を認めないとした。①避難を余儀なくされた慰謝料を独立項目としている点に特徴がみられる。

[6] 札幌地判令4・3・16裁判所HPは、北海道で発生した北海道胆振東部地震によって、北海道内で電気事業等を行っている脱退前被告が運転する苫東厚真火力発電所の発電機が停止したことなどをきっかけに、北海道全域における大規模停電（ブラックアウト）が発生したことについて、北海道斜里郡でホテルを経営している反訴原告会社が、脱退前被告には、ブラックアウトの発生に関し、①本件発電所に発電量を一極集中させた過失、及び、②UFR（周波数低下リレー）について、適切な負荷遮断量の設定を怠った過失があるなどと主張し、その結果、反訴原告の経営するホテルの宿泊予約が解約されるなどの損害を受けたなどと主張して、脱退前被告から本件ブラックアウトに係る損害賠償債務を承継した反訴被告に対し、不法行為に基づき、損害賠償金等の支払を求めた事件である。札幌地裁は、反訴原告の請求を棄却した。①に対して「本件地震以前に、脱退前被告において、本件送電線事故のような3箇所4回線に及ぶ地絡事故が同時に発生し、道東方面エリアが電力系統から切り離される事態が生じたことがあったことは認められないことからすると、かかる事態が発生し、その結果、道東方面エリアの水力発電所が全て停止するという事態が発生することを具体的に想定することは困難であった」とし、「本件地震以前の時点において、本件発電所の発電機3機が同時に脱落し、それとほぼ同時に本件送電線事故のような事故が発生し、道東方面エリアが電力系統から切り離され、その結果、道東方面エリアの水力発電所がすべて停止するという事態が生じるリスクは、抽象的なリスクを超えた、対策を講じるべき具体的なリスクであったということはできない」、「このような抽象的なリスク全てについて、事前に網羅的な対策を講じることはほとんど不

可能であり、仮に、そのような対策を講じるとすれば、極めて多額の費用を要し、その結果、電気料金が上昇するという形で、電力需要家の利益を大幅に損なうことは容易に想像することができる」とし、脱退前被告に、本件発電所における発電量を抑えて運転し、不足分を他の火力発電所及び水力発電所による発電により賄うべき注意義務があったとはいえないとした。また、②に対しても、「本件地震当時、脱退前被告において、負荷遮断量を最大146万kW相当と設定していたことが不適切であったとはいえない」などとした。

民法709条の過失について、抽象的なリスクでは結果回避義務違反を問えないことを判示したものである。いわゆる後知恵バイアスを避ける判示がみられることに特色がある。また、平成25年に閣議決定された「電力システムに関する改革方針」におけるメリットオーダーの徹底を前提としており、それが電力需要家の利益につながることを指摘しているが、この点については、結果回避義務の判断において電力需要家の利益を含めた比較衡量をしている（ハンドの定式に類似する）と見ることもできる。本件における損害は純粋経済損失にあたるものであるが、この停電によって死亡した遺族が損害賠償請求を提起した場合、どのような判断がなされるべきかについてはなお検討の余地があろう。

このほか、仙台高判令3・1・26が判タ1497号93頁に掲載されたが、本誌23号で紹介済みである。

(3) その他

[7] 東京地判令3・1・28裁判所HPは、被告ら補助参加人・東京電力の株主である原告らが、日本原電に対してその運営に係る東海第二原子力発電所を新規制基準に適合させるための工事費用に係る資金的協力その他の経済的支援を行う意向を東京電力が表明したことについて、日本原電に経済的支援をしたとしても支援に係る金額を回収することはできず、上記経済的支援を行い、又は本件経済的支援に係る取締役会の議題に賛成することが被告ら補助参加人の執行役又は取締役としての善管注意義務に違反すると主張して、東京電力の代表執行役である被告らに対しては、会社法422条1項の規定に基づき東京電力を代表して、次に掲げる行為の差止めを求めた。差止対象の行為として挙げられたのは、①東海第二原発の電気料金の前払い、②日本原電の債務の保証、③日本原電への貸付、④日本原電に対するその他経済的支援である。また、東京電力の取締役である被告らに対しては、会社法360条3項・同

条1項の規定に基づき取締役会において上記各行為を行う旨の議題に賛成することの差止めを求めた。本判決は、被告らが上記の行為をするおそれが現にあるとはいえないとし、また、被告人らが上記の行為をするおそれがあると仮定したとしても、それによって東京電力に会社法360条3項に規定する「回復することができない損害」が生ずるおそれがあるとは認められないと判断し、請求を棄却した。

4 廃棄物・リサイクル

[8] 神戸地姫路支判令3・1・26裁判所HPは、被告人が、被告人所有の敷地内において一般廃棄物である枯れ草等約20.1kgを焼却し、不注意により所有家屋を全焼させるとともに、隣家家屋を半焼させたため、廃棄物処理法25条1項15号、16条の2（焼却禁止）、刑法116条（失火罪）に基づき、罰金80万円の有罪判決を受けたという事案である。

5 景観・まちづくり

[9] 名古屋地判令3・3・30判時2518号84頁は、X₁教会とその運営するX₂幼稚園、その園児らであった者・園児・園長・教諭らが、園庭の南隣に本件マンションが建築されたため、日照阻害・風害・圧迫感等による人格権侵害が生じているとして、①人格権等に基づく妨害排除請求として、デベロッパーで建物所有者でもある被告Y₁に対し、同建物の5〜15階の取壊しを求め、②旧建物解体工事の間、代替施設への引越しを余儀なくされ、建築期間中はタワークレーン倒壊の危険、騒音等にさらされ、完成後は上記日照阻害等により人格権を侵害されていると主張し、不法行為に基づき、建設業者Y₂を含む被告らに対し、連帯して、それぞれに慰謝料及び弁護士費用として110万円と遅延損害金の支払を求め、③X₁教会が日照阻害を緩和するため園庭南側部分に建てられていた牧師館の解体・撤去を余儀なくされて損害が生じたと主張し、同じく259万円余と遅延損害金の支払を求めた事案である。

本判決は、X₁教会による牧師館の解体・撤去による午前中の日照改善がなかったとすれば、受忍限度を超える侵害を生じさせていたと評価しうるが、牧師館の解体・撤去によって園庭が広がり、午前中の日照時間がかなり確保されたことからすれば、本件幼稚園で過ごす1日を通じてみれば、園児らが園庭において日差しの下で保育を受ける環境が何とか確保されているから、一定の日照阻害が生じており、

園児らの保育環境にとって好ましくない制約ではあるものの、受忍限度を超えるとまでは評価できないとした（風害など他の利益侵害も否定した）。ただし、被告Y₁が本件幼稚園の日照等についての配慮義務を十分に尽くさなかったため、X₁教会に牧師館の解体・撤去費用を負担させたとして、上記③についてのみ請求を認容した。X₁は請求していないが、牧師館の存在や利用にかかる価値の毀損についても賠償責任が認められる余地があったのではないか。

[10] 大阪地判令3・5・20判例自治486号78頁は、被告指定確認検査機関（Y₁）が訴外A寺に対してした建築確認につき、近隣住民Xらが、本件建築物の主要用途は「寺院」でなく「倉庫業を営む倉庫」に該当するから建基法48条5項に反する違法がある等として取消訴訟を提起したが、訴訟係属中に建築工事が完了したため、国賠訴訟に訴えの変更がされ、かつ、Y₁に加えて、本件建築物につき建築確認をする権限を有する建築主事が置かれた地方公共団体である被告大阪市（Y₂）を被告する国賠訴訟が新訴提起され、併合された事案である。

本判決はまず、建築主事等の判断は建築確認申請書に基づいて行われることが予定され、その様式も定められていること等に加え、建築物の用途は同一形状の建築物であっても建築主の使用目的によって変わりうるから、必ずしもその形状等から客観的に判別できないとし、「当該建築物が同法48条により建築を制限される建築物であるかどうかを審査するに際しては……当該建築確認の申請書の主要用途欄に記載された用途が当該建築物の主たる用途であるかどうかを判断すれば足り、当該建築確認の申請書の記載を離れた他の事情を考慮することを要しない」とし、申請書類の内容を具体的に検討し、本件建築物の主要用途が「倉庫業を営む倉庫」には該当しないとして、Xらの請求をいずれも棄却した。

[11] 東京高判令4・4・21判例自治489号68頁は、Y市（桶川市）の住民であるX（控訴人・原告）が、Y市がA社に対して土地を売り渡した売買契約は公序良俗に反し無効であると主張して、自治法242条の2第1項3号に基づき、Y市の執行機関であるY市長（被控訴人・被告）に対し、A社に対して本件土地の所有権移転登記抹消登記手続を行わないことが違法であることの確認を求めた事案である。本件でXは、買主であるA社が騒音規制法、振動規制法に反し環境被害を引き起こしていることから本件売買が公序良俗に反する旨主張するところ、過去に規制基準を超えた騒音及び振動が測定され、Y市長から本件工場の騒音及び振動につき規制基準に適合さ

せるよう勧告がされていたという事情がある。

本判決は、控訴審における若干の追加主張につき判断するほか、原判決である [12] さいたま地判令3・9・8判例自治489号70頁の次のような判示を引用した。

「契約が取締法規等に違反してなされた場合であっても契約は原則として有効であるが、当該取締法規の規定の趣旨、違反行為の反社会性、取引安全、当事者間の信義、公平を総合的に判断して、社会通念上当該取引を是認することができない場合には、例外的に公序良俗に反して無効」であり、「契約が取締法規に違反するかどうかは、当該契約の内容に従って判断されるべきであり、契約の主体が取締法規等に違反していたとしても、そのことから直ちに、当該主体が行った法律行為が、当該取締法規に違反するということはできない」とした。

本件では、X主張の環境被害が本件売買前から発生しており、同売買の内容自体が騒音規制法・振動規制法の趣旨に反し又は環境被害をもたらすものではないし、Y市がA社に対し、騒音及び振動を規制基準に適合するよう勧告し、周辺住民の苦情に応じて測定等の対応をしていることに鑑みると、本件売買の売主が、Xの主張するような環境被害を助長する目的で本件売買をしたと認めることもできないとして、公序良俗違反の主張を認めなかった。

[13] 東京高判令4・8・8裁判所HPは、被告Y（羽村市）のしたα都市計画事業β駅西口土地区画整理事業の事業計画第2次変更決定（本件決定）につき、本件事業施行地区内の地権者である原告Xらが取消しを求めた事案である。原判決である東京地判平31・2・22判タ1473号115頁は、一部原告ら（地権者の法定相続人で地区内に居住していない者）には原告適格が認められないとして訴えを却下したが、その余の原告らとの関係では、本件決定は資金計画及び事業施行期間の点で実現不可能であり、土地区画整理法54条、6条9・11項、同法施行規則10条1・2号に反し、自治法2条14項、地方財政法4条1項の趣旨にも反する違法があるとして取り消していた。

ところが本件では、訴訟係属中である令和元年5月20日、Y市が本件事業計画第3次変更決定をした。そのため本判決は、本件決定のうち①資金計画の内容及び②事業施行期間の設定は第3次変更決定により変更され、その審理の対象がすでに存在しないから、かつて存在した上記①②の内容それ自体の適否については、審判する実益は失われ、原則として判断を要しないとし、本件決定のうち、①②を除

いた点について違法はないとして、原判決を取り消し、一審勝訴原告らの請求をすべて棄却した（第3次変更後事業計画の資金計画及び事業施行期間の定めを含む事業計画全体の適否については、当事者が当審における判断を求めておらず、審級の利益の観点からも、別途、すでに係属中の第3次変更決定に係る取消訴訟で審理されるべきものとして、判断しなかった）。

なお、本判決は付言として、「一般に、事業施行期間が長期間にわたる土地区画整理事業においては、事業計画の作成当初の時点において最終的に要する資金額や施行に要する期間を正確に予測することは困難であり、実際の事業の施行状況に応じて、その時々の社会情勢の変化や、事業の主体（施行者）である市町村の財政状況、他からの財源確保の可能性等も勘案しながら、計画内容について所要の修正をしていくこととなるのが通常」であるとし、本件のように、事業が相応に進捗し、また、Yにおいて、その後の事業計画の進捗を踏まえて事業計画の変更を具体的に予定していたような場合には、予定されている事業計画の変更の内容、変更の検討経緯、検討状況、変更の実現可能性等の事情についても、判明している範囲で他の諸事情に加えて総合的に考慮する必要があり、本件に現れた全ての事情を総合すれば、本件決定の内容が実現可能性を欠くものとして直ちに違法であるとまでは認められないとして、原判決の判示を実質的には否定している。

[14] 東京地判令3・8・27裁判所HPは、国土交通大臣から権限委任を受けた関東地方整備局長が、都計法59条2項に基づき、参加人（東京都）が施行者となり板橋区内に都市計画道路を設置する都市計画事業認可をしたところ、本件事業地内の地権者、周辺居住者・事業者である原告Xらが、その取消し等を求めた事案である。

本判決は、「都市計画決定後長期間が経過したこと等により、当該決定時に基礎とされた社会経済情勢に著しい変化が生じ、事業認可の時点において当該都市計画の必要性や合理性がおよそ失われ、都市計画法21条に基づきこれを変更すべきことが明白であったといえるなどの特段の事情がある場合」は、当該都市計画を基礎としてされた都市計画事業認可が違法となるとしたうえで、既存道路の拡幅・新設により2車線の車道及び歩道等からなる幅員20〜23mの道路を設置する都市計画事業認可は、①自動車交通の円滑化や防災性の向上に資する路線であるという評価が合理性を有し、②道路が商店街と交差する形で設けられ、総延長約560mの商店街のうち約170mの部分が事業地内に含まれており、道路

整備によって当該商店街が一定程度の変容を余儀なくされることは否定し難いものの、市街地再開発事業により賑わいやコミュニティの核となる拠点の整備を行うことなどの整備の方向性が示されているから、商店街が破壊され、地域が衰退するとは認められない等として、都計法21条に基づき都市計画決定を変更すべきことが明白であったといえるなどの特段の事情があったといえないとして、Xらのすべての請求を棄却した。

6　自然保護

[15] 最一判令4・12・8裁判所HPは、上告人沖縄県の執行機関として、同県副知事が沖縄防衛局に対し、普天間飛行場の代替施設を辺野古沿岸域に設置するための公有水面の本件埋立事業に関してされた公水法42条1項に基づく承認につき、事後に判明した事情等を理由とする本件承認取消しをしたが、国土交通大臣は、自治法255条の2第1項1号の規定による同局の審査請求を受け、本件承認取消しを取り消す裁決（本件裁決）をしたため、Xが、同大臣の所属する行政主体である被上告人国を相手に、本件裁決の取消しを求めた事案である。

第一審判決（那覇地判令2・11・27判タ1501号136頁）は、行訴法3条3項の裁決取消訴訟は、違法な裁決により権利利益を侵害された者の主観的な権利利益を保護するための訴訟であり、法規の適用の適正ないし一般公益の保護を目的として提起することは想定されていないから、法規の適用の適正ないし一般公益の保護を目的として裁決の取消しを求める者は、原告適格を有しないとして、訴えを却下した。

原判決である福岡高那覇支判令3・12・15裁判所HPは、取消訴訟の原告適格が肯定されうる「法律上の利益」とは、少なくとも私人が裁判を受ける権利によって救済を認められるべき性格の権利利益又はそれと同等のものである必要があるとしたうえで、地方公共団体が自治権や公物管理権を有していることをもって、裁決取消訴訟に係る「法律上の利益」を基礎付けることはできないとして、やはり原告適格を否定した。

本判決は、行審法及び自治法の規定やその趣旨等に加え、法定受託事務に係る都道府県知事その他の都道府県の執行機関の処分についての審査請求に関し、これらの法律に当該都道府県が審査庁の裁決の適法性を争うことができる旨の規定が置かれていないことも併せ考慮すると、これらの法律は、当該処分の相手方の権利利益の簡易迅速かつ実効的な救済を図るとともに、当該事務の適正な処理を確保するため、原処分をした執行機関の所属する行政主体である都道府県が抗告訴訟により審査庁の裁決の適法性を争うことを認めていないものと解すべきであるとして、下級審と理由付けは異なるものの、原告適格を否定し、訴え却下の結論を維持した。

[16] 大阪地判令3・9・9判例自治490号76頁は、本件土地上の建物で金属加工業を営む原告Xが、被告大阪府（Y_1）が隣地に治水のための調節池を設置することとし、受注した被告株式会社Y_2組と被告Y_3との共同企業体（被告JV）により工事が施工されたところ、建物につき不同沈下が生じて損害を被ったとし、Y_1に対し上記調節池の設置又は管理に瑕疵があると主張して、国賠法2条1項による損害賠償請求をするとともに、営造物責任とは別に、被告らにつき共同不法行為が成立する旨主張して、損害賠償請求をした事案である。

本判決は、本件工事以外に当時、原因となる工事等は行われておらず、その他外的な要因は見当たらないとしたうえで、本件工事自体が周辺建造物の変位その他の地盤変動に係る被害を生じさせる危険性の高い工事であったといえるから、他に、特段の事情が認められない限り、本件不同沈下は、本件工事に起因するものと認めるとして、営造物責任を認めた。他方、被告JVに過失があったとはいえないとしてその共同不法行為の成立を否定したうえで、大阪府の共同不法行為における過失ついては本件認容額を超えないので立ち入らないとした（短い判示のため、いわゆる関連共同性や過失についての裁判所の理解は必ずしも判然としない）。

なお、東京高判令3・4・21が判時2519号5頁に掲載されたが、本誌24号で、那覇地判令2・11・27が判タ1501号136頁に掲載されたが、本誌22号で、それぞれ紹介済みである。

（しまむら・たけし）

（おおつか・ただし）

（おち・としひろ）

医事裁判例の動向

米村滋人　東京大学教授

医事判例研究会

今期の対象判例集として、民集 75 巻 9 号〜 76 巻 4 号、判時 2517 〜 2535 号、判タ 1496 〜 1501 号、金法 2189 〜 2200 号、金判 1644 〜 1655 号に掲載された医事裁判例を紹介する。ただし、LEX/DB で対象期間中に出された裁判例を追加した。

今期は、あん摩マッサージ指圧師、はり師、きゆう師等に関する法律や新型インフルエンザ等対策特別措置法、医療法などの医事行政法に関する裁判例が目立ったが、通常の医療過誤に関する裁判例も相当数に上った。中でも患者管理に関する事案が増加しており、医療過誤事件の多様化傾向が認められる。他方で、説明義務違反や「相当程度の可能性」侵害を認める裁判例は全体として減少傾向にあると考えられ、今期も各 2 件程度にとどまった。

1　診察、検査その他の診断に関する医療過誤

[1] 大阪地判令 4・8・31LEX/DB25593650

2017 年 6 月、A 大学医学部附属病院の老年高血圧内科を受診した X_1 に胸部単純 CT でスリガラス状の結節影が認められたが、担当医は半年後再検査の方針としたところ、翌年 4 月の CT 再検査での結節影増大を受けて 10 月に手術を受けた際には肺腺がんがステージⅣにまで進展していたとして、(1) 肺がんの疑いがあることを X_1 に説明すべき義務、(2) 肺がんに関する精密検査を受けるよう X_1 に勧めるべき注意義務、(3)X_1 を呼吸器内科に紹介すべき注意義務、の違反があったとして X らが損害賠償請求を行った事案において、判決は、担当医は必要な説明を行っており、また半年後再検査の方針も適切であったとして、いずれの義務違反も否定し請求を棄却した。

[2] 札幌地判令 4・10・19LEX/DB25593553

敗血症、急性腎不全にて入院治療中であった患者 P に対し、Y の経営する B 病院の担当医が造影 CT 検査を実施したところ、急性腎不全を重篤化させるとともに心原性ショックを生じさせ、これに対し大量輸液を行った結果、うっ血性心不全により P を死亡させたとして、P の遺族 X が Y に対し、造影剤を投与した注意義務違反または大量の輸液投与を行った注意義務違反があったとして損害賠償請求を行った事案において、判決は、造影剤投与行為および大量輸液行為によって P が死亡したとは認められず、これらの行為が注意義務違反であるとはいえないとして、X の請求を棄却した。

2　手術、処置その他の治療に関する医療過誤

[3] 東京高判令 4・3・22LEX/DB25592689

A 病院において全身麻酔下で鼻中隔矯正術等の手術を受けた患者 P が、術後の気管内チューブの抜去直後に呼吸抑制状態に陥り、再挿管等がされたものの回復不能な遷延性意識障害に陥り、その後死亡したため、P の遺族 X らが、A 病院の医師らは P から麻酔薬等の影響がなくなっているかどうかを十分に確認すべき義務に違反したなどとして損害賠償請求を行った事案において、原審は請求を全部棄却したのに対し、本判決は、医師らには再挿管後に食道挿管の有無を確認する義務の違反が認められるとしつつ、確認義務違反と遷延性意識障害との因果関係を否定する一方、上記確認義務違反がなければ、P に遷延性意識障害が残らなかった相当程度の可能性はあったものとして、慰謝料 300 万円および遅延損害金の限度で請求を一部認容した。近時は「相当程度の可能性」侵害を認める裁判例は減少傾向にあるが、

本件でも義務違反と可能性侵害との因果関係を肯定できるだけの事実関係があったかは疑問である。

[4] 東京高判令4・7・6LEX/DB25593003

患者Pが、医療法人Y_1の被用者であるA医師から、P自身のがん組織により作製されたワクチンによる治療を受けた際、A医師およびY_2社がPに対し必要な説明とがんに関する諸検査を実施せずPを死亡させたとして、Pの相続人であるXがY_1およびY_2に対し損害賠償請求をなした事案において、原審は説明義務違反による110万円の賠償のみを認めたのに対し、本判決は検査義務違反と説明義務違反の両者を認め、約270万円の賠償を命じた。

[5] 名古屋高判令4・7・28LEX/DB25593365

Y法人が開設するA大学医学部附属病院に頭蓋内胚細胞腫瘍のため入通院していたPが、腫瘍の進展による出血性梗塞で死亡したことにつき、Pの父母（相続人）であるXらが、同病院医師には、プロトコールに従った化学療法・放射線療法等を実施すべき義務の違反、同病院の治療法が未確立であることの説明義務の違反などがあったとして損害賠償請求をなした事案において、原審は、手術実施後の放射線療法の不実施を過失と認め請求を認容したのに対し、本判決は、医師が採った治療法が医師の裁量を超えた不適切なものであったとはいえないとして原判決を取り消し、請求を全部棄却した。

[6] 名古屋高判令4・9・30LEX/DB25593728

Y（豊橋市）の開設する病院で顎下腺腫瘍の摘出術を受けた患者Xが、執刀した医師らには、舌下神経の走行を確認しないまま同手術を行った注意義務違反があり、これにより舌に運動障害が生じたなどと主張してYに対し損害賠償請求を行った事案において、原審は医師らの過失を認め約1500万円の賠償請求を認容したのに対し、本判決はYの控訴を棄却し認容賠償額を約1900万円に増額した。

[7] 大阪地判令4・9・13LEX/DB25593725

Yの設置するA市立大学医学部附属病院において、患者Pが頸椎後方固定術（以下「第1手術」）を受け、さらに、第1手術で挿入したスクリューの抜去・再挿入術を受けたところ、その後四肢麻痺となり転院先の病院で死亡したため、Pの遺族であるXが、本件各手術を担当した医師らの過失により脊髄損傷を生じ、四肢麻痺が生じたと主張して損害賠償請求を行った事案において、判決は、第1手術でのスクリューの刺入方向を誤った点に過失があり、

これと四肢麻痺の発生に因果関係があるとして約4400万円の賠償請求を認めた。

[8] 名古屋地判令4・10・19LEX/DB25593960

X_1およびAが特定フィブリノゲン製剤及び特定血液凝固第IX因子製剤によるC型肝炎感染被害者を救済するための給付金の支給に関する特別措置法2条に定められた血液製剤である特定フィブリノゲン製剤が出産または手術の際に投与されたことにより、C型肝炎ウイルスに感染したとして、X_1およびAの子X_2が、Y（国）に対し、特措法または国家賠償法1条1項に基づく損害賠償請求をなした事案において、判決は、X_1およびAに特定フィブリノゲン製剤が投与されたとは認められないとして、請求をいずれも棄却した。

その他、25号掲載済みのものとして、広島高判令3・2・24判時2515号12頁、判タ1498号62頁（破裂脳動脈瘤へのコイル塞栓術；最二決令4・3・4LEX/DB25592442で上告棄却・不受理）、東京地判令2・5・29判タ1496号227頁（人工心肺による低酸素脳症）、大阪地判令3・2・17判タ1501号223頁（経鼻胃管の咽喉頭部内滞留）がある。

3　患者管理に関する医療過誤

[9] 東京地判令3・6・24判時2535号66頁
[10] 東京高判令4・10・31LEX/DB25572510

摂食障害（神経性無食欲症）の治療を目的として、2008年5月、Yの設置するA病院に医療保護入院により入院したX（当時14歳）が、同院において受けた同年5月24日から同年8月8日までの77日間の身体的拘束が違法であったなどとして、Yに対し損害賠償請求を行った事例において、一審判決[9]は拘束開始が不合理であったとは認められないとしつつ、栄養状態が改善され治療に対する抵抗も弱まった7月23日以降の拘束は違法であったとして請求を一部認容した。しかし、二審判決[10]は、同日以降も医師は拘束の程度を徐々に緩和しながら慎重にその心理状態の見極めを行っていたとし、全体として違法性はないとして原判決を取り消し、請求を全部棄却した。身体拘束の違法性は事例ごとの個別判断ではあるが、近年は厳格な判断がなされる傾向にあり、長期の拘束がなされた本件は判断の微妙な事例と考えられる。

[11] 松江地判令4・9・5LEX/DB25593441

Y₁（益田市）が設置し、Y₂（同市医師会）が管理・運営する介護老人保健施設に入所していたAの子であるXらが、本件施設においてAが転倒し、B医師の診察を受けた後に死亡したことにつき、センサーマットのスイッチが切られていたとして安全配慮義務違反などを主張しY₁・Y₂に対し不法行為による損害賠償または国家賠償を請求した事案において、判決は、施設側はスイッチを切っておらず、スイッチはA自身が切った可能性があるとして運用上の過失を否定する一方、B医師が転倒直後にCT検査等を実施し入院による経過観察を行うべきであったとして過失を認定し、Aは死亡の時点においてなお生存していた相当程度の可能性があったとしてY₂に対する200万円の慰謝料請求を認容した。本件は死亡に対する因果関係を明確に否定せず可能性侵害のみを認めているが、死亡に対する因果関係を肯定できる事案だったとも考えられる。

[12] 神戸地判令4・11・1LEX/DB25593843

認知症を有するP（当時87歳）がY（兵庫県）の開設するA病院に入院中に廊下で転倒した事故につき、Pの相続人であるXが、看護師が転倒を防止する義務に違反し、これにより外傷性くも膜下出血・頭蓋骨骨折が生じたと主張して、入院契約上の安全配慮義務違反による損害賠償請求を行った事案において、判決は、病室内のトイレの便座にPを座らせたまま目を離せば同人が転倒する危険性があったにもかかわらず、看護師が別室患者からのナースコールに応じてその場を離れたことに過失があると認定し、約530万円の賠償請求を認容した。

4　説明義務違反

説明義務違反に関する判決としては、前掲[4][5]が存在する。このほか、24号掲載済みのものとして、東京地判令3・4・30判時2535号88頁、判タ1488号177頁（白内障手術に関する説明義務違反）がある。

5　その他

[13] 最二判令4・2・7民集76巻2号101頁

専門学校を設置する学校法人Xが、あん摩マッサージ指圧師、はり師、きゅう師等に関する法律に基づき、あん摩マッサージ指圧師に係る養成施設で視覚障害者以外の者を養成するものについての同法2条1項の認定を申請したところ、厚生労働大臣から、視覚障害者であるあん摩マッサージ指圧師の生計の維持が著しく困難とならないようにするため必要があるとして、平成28年2月5日付けで、同法19条1項の規定（「本件規定」）により上記認定をしない処分を受けたため、Xが、本件規定は憲法22条1項等に違反して無効であると主張して、本件処分の取消しを求めた事案につき、一審判決は請求を棄却し、二審判決も控訴棄却した後の上告審において、最高裁は、視覚障害がある者の保護という重要な公共の利益のために、視覚障害者以外のあん摩マッサージ指圧師の増加を抑制する必要があるとの判断に基づく立法府の判断が、その政策的、技術的な裁量の範囲を逸脱し、著しく不合理であることが明白であるということはできないとして、本件規定は憲法22条1項に違反しないとし、上告を棄却した。本判決は、職業選択の自由・職業活動の自由を定めた憲法22条1項との関係で、視覚障害者の就業機会確保という特殊な政策目的ゆえに定められた本件規定を合憲と判断したものであり、憲法上も医事法上も重要な判例であると言える。

[14] 大阪高判令3・1・22判時2535号42頁

京都市内でA病院を開設運営する一般財団法人Xが、Y₁社およびY₂銀行との間で、A病院の後継者問題等を解決するための法人提携仲介契約を締結したところ、Yらの仲介によりXの代表者らがB株式会社との間で締結した運営権取得契約は、医療法等に違反し無効であるなどと主張して、本件仲介契約の債務不履行に基づき、Yらに対し損害賠償請求等をなした事案において、原審はXの請求を棄却したところ、本判決も、本件運営権取得契約はA病院の開設法人をXから変更するものではないことなどを踏まえ、営利目的の病院開設を裁量的不許可事由とした医療法7条に違反するものでも、その趣旨に反するものでもなく、非営利性原則を潜脱する重大な瑕疵を帯びるものともいえないとして控訴を棄却した。本件は、開設法人が変化しない事例に関するものではあるが、株式会社が医療機関の運営権を取得することを医療法違反に当たらないと明確に判示しており、今後の同種取引に与える影響は大きいと考えられる。

[15] 東京高決令 4・4・4 裁判所ＨＰ（LEX/DB25572444）

心神喪失等の状態で重大な他害行為を行った者の医療及び観察等に関する法律（医療観察法）による入院決定を受けた対象者について、指定入院医療機関の管理者の申立てに基づいて入院継続の確認の決定がされたところ対象者が抗告をなした事案において、本決定は、同法51条1項1号の入院継続の確認の決定において対象行為についての事実認定を行うことは予定されていないなどとして、対象行為が認められないことを理由とする抗告は許されないとして抗告を棄却した。

[16] 広島地判令 3・7・28 判時 2530 号 81 頁

Ｘらが、Ｘらの子から臓器提供を受けてＹ₁大学にて実施された臓器移植手術をＹ₂社が取材して制作したテレビ番組を放送したことなどにより、故人に対する敬愛・追慕の情およびプライバシー権が侵害されたとして損害賠償請求等をなした事案において、判決は、本件で遺族の敬愛・追慕の情の侵害があるとはいえず、また、本件番組内でドナーについて公開された情報は、Ｘらの了承の下、記者会見で公開された情報に限られており、その内容からドナーがＸらの子であることを特定することはできず、Ｘらのプライバシー権が侵害されたとは認められないとして、請求をいずれも棄却した。

[17] 横浜地判令 3・11・9 判時 2532 号 82 頁

看護師であった被告人Ｘが、Ａ病院において、殺意をもって、投与予定の点滴バッグ内に消毒用液ヂアミトールを混入するなどして入院患者3名を殺害し、また他の入院患者4名を殺害する目的で、投与予定の点滴バッグ内にヂアミトールを混入するなどし、もって殺人の予備をしたとして、殺人、殺人予備の罪で死刑を求刑された事案において、判決は、Ｘは犯行当時、自閉スペクトラム症の特性を有しており、うつ状態にあったとは認められるものの、それ以外の精神の障害は認められず、また自閉スペクトラム症の特性がありうつ状態であったことを精神の障害とみるとしても、これによって被告人の弁識能力または行動制御能力が著しく減退してはいなかったと認められ、被告人には完全責任能力が認められるとした上で、Ｘに対し死刑を選択することに

は躊躇を感じざるを得ず、Ｘに対しては無期懲役刑を科し、生涯をかけて自身の犯した罪の重さと向き合わせ、償いをさせるとともに、更生の道を歩ませるのが相当であるとして、Ｘを無期懲役に処した。

[18] 東京地判令 4・5・16 判時 2530 号 5 頁、判タ 1502 号 135 頁

新型コロナウイルス感染症のまん延防止対策としての緊急事態宣言期間中であった令3・3・18、東京都内で経営する飲食店において、Ｙ（東京都）が行った営業時間短縮の要請に応じなかったＸに対し、東京都知事が、新型インフルエンザ等対策特別措置法（特措法）45条3項に基づき、Ｘの施設（店舗）を午後8時から翌日午前5時までの間の営業のために使用することを停止する旨の命令を発出したことに対し、Ｘが、本件命令は違法であり、また、特措法および同命令は営業の自由、表現の自由等を侵害し違憲であるなどと主張して国家賠償請求を行った事案において、判決は、本件命令は特措法45条3項の「特に必要があると認めるとき」の要件に該当せず違法であるが、都知事に過失があるとまではいえないとし、また、特措法の本件規定は同法の目的に照らして不合理な手段であるとはいえないから、これら各条項が原告の営業の自由を侵害し、法令違憲であるとは認められないなどとして、Ｘの請求を棄却した。本判決は、結論的には請求を棄却したものの、いわゆる時短命令が特措法上違法であったと判示した点で極めて重要である。今後同種訴訟が出現することも想定され、裁判例の動向が注目される。

このほか、25号掲載済みのものとして、最二判令 4・2・18 判タ 1498 号 49 頁（乳腺外科医による強制わいせつ疑い）、大阪高判令 4・2・22 判時 2528 号 5 頁（旧優生保護法に関する国家賠償請求）がある。

（よねむら・しげと）

労働裁判例の動向

山畑茂之　弁護士

労働判例研究会

はじめに——今期の労働裁判例の概観

労働法分野の今期の裁判例のうち、最高裁判決は2件である。1件目は、建設従事者が石綿含有建材に含まれるアスベストにばく露して石綿関連疾患を発症したとして国と建材メーカーの責任を追及する裁判が全国各地で多数係属しているが、そのうちの1件の最高裁判決であり、建設アスベスト訴訟（神奈川）事件・最一判令3・5・17労判1252号5頁と建設アスベスト訴訟（京都）事件・最一判令3・5・17労判1259号33頁の判旨と同様の判示を行ったものである（[27]）。2件目は、公務員である消防職員に対する二度に亘る懲戒処分の有効性について、第2処分を重きに失するとした原判決を取り消して原審に差し戻す判断を行ったものである（[55]）。

下級審裁判例では、労災保険給付の不支給処分に対する取消訴訟が相当多数に上っている（[28]〜[37]）。その中で特に注目すべきは、いわゆるメリット制の適用を受ける事業主について、従業員が受けた労災保険給付の支給決定の取消しを求める訴訟の原告適格が認められるか否かに関して争われた事件で、一審の東京地裁は当該事業主の原告適格を否定して訴えを却下した（[36]）。しかし、その後になされた控訴審の東京高裁は、逆に原告適格を認める判断をして原審に審理を差し戻しており、今後どのような判断がなされるかが注目されるところである。

また、解雇や雇止め等の雇用終了を巡る事件に関する判決（[39]〜[48]）や有期雇用労働者や派遣労働者といった非典型（非正規）雇用を巡る事件に関する判決（[59]〜[67]）も多くなっており、我が国において長く続く不景気の状況にコロナ禍が拍車を掛けたことが労働事件の傾向にも影響しているものと思われる。

1　労働法の形成と展開

2　労働関係の特色・労働法の体系・労働条件規制システム

いずれも該当裁判例なし。

3　個別的労働関係法総論

[1] ベルコほか（代理店従業員・労働契約等）事件・札幌地判令4・2・25労判1266号6頁は、冠婚葬祭互助会員の募集及び冠婚葬祭の請負などを業とする被告ベルコとその代理店に雇用されて営業職員（FA）として就労していた原告らとの間の法的関係について、採用や互助会契約に関する業務上の指示、葬儀施行業務に従事すること自体に関する指揮命令、FAの労務管理や評価、人事権の行使、給与の額の決定や支払は、いずれも労働契約の直接の当事者である代理店が行っていたとして、黙示の労働契約の成立を否定した一方で、原告らの被告ベルコの葬儀施行業務への従事が代理店から被告ベルコに対する労働者派遣に該当すると判断し、被告ベルコには労働者派遣法24条の2違反が認められ、同法40条の6第1項2号によって原告らに対して労働契約の申し込みをしたものとみなされるが、被告ベルコは原告らが労働契約を締結するかどうかの選択権の行使を不当に妨げたとして不法行為が成立すると判断し、原告らに対して各10万円の慰謝料の支払を認容した。

[2] 国立大学法人東京芸術大学事件・東京地判令4・3・28労経速2498号3頁は、被告が設置する東京芸術大学の音楽学部声楽科の非常勤講師として有期の委嘱契約を締結して講義等を担当していた原告の契約不更新について、被告は、原告に対し、講義の実施という業務の性質上当然に確定されること

になる授業日程及び場所、講義内容の大綱を指示する以外に委嘱業務の遂行に関し特段の指示命令を行っておらず、むしろ、原告が担当する講義の具体的な授業内容等の策定は原告の合理的な裁量に委ねられていた等として、原告は労働契約法2条1項所定の「労働者」には該当せず、原告の委嘱契約の不更新について同法19条の雇止め法理の適用はないと判断し、原告の地位確認請求等を棄却した。

4　労働者の人権保障（労働憲章）

[3] しまむらほか事件・東京地判令3・6・30労判1272号77頁は、原告と同じ店舗で働く社員らが原告に対して言った「仕事したの。」という発言は、原告の拒絶反応等を見て面白がる目的で行った嫌がらせ行為であり、原告はこれにより精神的に塞ぎ込んで通院するまでに至ったのであるから人格権の侵害に当たり不法行為が成立すると判断し、慰謝料5万円の支払を認容した。

[4] 独立行政法人製品評価技術基盤機構事件・東京地判令3・12・2労経速2487号3頁は、研修終了後5年以内に自己都合退職した場合は研修費用の全部又は一部を返還する旨の条件付金銭消費貸借契約が、労働者の自由な退職意思を不当に拘束して労働関係の継続を強要するものであるとして、労働基準法16条違反により無効と判断し、労働者に対する研修費用の返還請求を棄却した。

[5] ユーコーコミュニティー従業員事件・横浜地相模原支判令4・2・10労判1268号68頁は、原告の従業員である被告が他の従業員からマタニティハラスメントやパワーハラスメントを受けたとして原告に対し謝罪文等を要求したことに対し、使用者である原告が被告に対し、パワハラ等にかかる安全配慮義務違反による債務不履行等に基づく損害賠償債務及び謝罪文の交付義務が存在しないことの確認を請求した訴えについて、行為の特定が不十分であり、他の債務から識別して、その存否が確認しうる程度の特定がなされていないとして訴えを却下した。

[6] 学校法人茶屋四郎次郎記念学園事件・東京地判令4・4・7労経速2491号3頁は、一般に、労働契約における労務の提供は労働者の義務であって原則として使用者はこれを受領する義務（労働者を就労させる義務）を負うものではないが、大学の教員が講義等において学生に教授する行為は、労務提供義務の履行にとどまらず、自らの研究成果を発表し、学生との意見交換等を通じて学問研究を深化・発展させるものであって、当該教員の権利としての側面を有するとし、大学教授である原告と被告との間で少なくとも週4コマの授業を担当させるとの合意が存在することを認定して、被告が原告に対して授業を担当させなかったことは債務不履行に該当するとして慰謝料100万円の支払を認容し、また、原告からのハラスメントの申告について調査を担当した部会が審議不能との結論を出してから原告所属組合に回答するまで8か月余りが経過したことについて、合理的理由のない回答遅延として債務不履行を構成するとし慰謝料5万円の支払を認容した。

5　雇用平等、ワーク・ライフ・バランス法制

[7] 阪神高速トール大阪事件・大阪地判令3・3・29労判1273号32頁は、高速道路の料金所の料金収受員として勤務していた原告について、通行車が料金所のブースに接触してこれを損壊するなどの緊急事態以外には、所定休憩時間及び所定仮眠時間中、労働契約に基づく義務として、休憩室における待機と警報等に対して直ちに相当の対応をすることを義務付けていたとは認められず、また、対応を求められていた上記緊急事態についても、その実作業への従事の必要が皆無に等しく実質的に義務付けがされていないと認めることができるとして、所定休憩時間及び所定仮眠時間が労働時間に該当するとしてなされた割増賃金の請求を棄却し、また、女性が男性も使用するトイレを使用した場合には後に使用する男性のために便座を上げるべきという旨の原告の発言は「性的言動」に該当し、同発言を理由とする戒告処分は有効であると判断し、同処分が違法であることを理由としてなされた損害賠償請求を棄却した。

[8] アムールほか事件・東京地判令4・5・25労判1269号15頁は、エステティックサロンを経営する被告会社との間でウェブサイトの運用等にかかる業務委託契約を締結していた原告が被告代表者から受けたセクハラ行為は原告の性的自由を侵害し、また、原告に対する報酬の支払を正当な理由なく拒むという嫌がらせはパワハラ行為に該当するとして、これらの被告代表者の行為は不法行為に当たるとともに、被告会社が原告に対して信義則上負う安全配慮義務にも違反したものと認定し、被告会社及び被告代表者に対し、慰謝料140万円及び弁護士費用10万円の支払を認容した。

6 賃金

[9] 栗田運輸事件・東京高判令3・7・7労判127
0号54頁は、旧給与規程の歩合給及び家族手当を
廃止し、歩合給に代えて割増賃金に該当する賃金と
して支払うとする運行時間外手当を創設する給与規
程の変更は、労働条件の不利益変更（労働契約法9
条、10条）に該当し、本件変更による一審原告3名
の賃金減額率はそれぞれ約32.5％、約30.2％、約
28.6％であって不利益の程度は著しいといわざる
を得ず、本件変更に同意していない一審原告らとの
関係においては、本件変更に基づく賃金に係る労働
条件の変更の効力は及ばないから、一審原告らには
旧給与規程による賃金制度が適用されるとして、新
給与規程に基づき実際に支払われた賃金と旧給与規
程に基づき算定した賃金との差額の支払を認容した
一審判決を維持した。

[10] 学校法人上野学園事件・東京地判令3・8・5
労判1271号76頁は、被告が従前本件大学の専任
教員に対して支給していた入試手当に関し、平成
12年度入試及び平成13年度入試において支給対象
者を段階的に限定し、平成14年度入試から本件大
学の専任教員を入試手当の支給対象から除外した変
更（本件変更）について、入試業務一つ当たり数千
円から1万数千円の入試手当の支給が受けられなく
なるという不利益を労働者に法的に受任させること
を許容することができるだけの必要性を認めること
はできず、本件変更が行われた際に既に本件大学の
専任教員として在籍しており実際に入試手当の支給
を受けられなくなった原告との関係では本件変更の
拘束力は認められないから入試手当の支払を請求す
ることができるが、本件変更後に採用された原告ら
との関係では、本件変更後の就業規則等が適用され
るから入試手当の支払を請求することはできないと
判断し、入試手当の請求をすることができる原告に
ついて消滅時効が成立していない平成27年度入試
の入試手当17万6000円の支払を認容した。

[11] グローバルマーケティングほか事件・東京
地判令3・10・14労判1264号42頁は、一律に基
本給を5万円減額し、アポイント・インセンティブ
を廃止し、給料分の売上げを上げられた場合には
3万円のプラス、上げられなかった場合には3万円
のマイナスなどとする本件賃金変更について、原告
ら従業員が自由な意思に基づき同意したものとは認
められず、無効であると判断し、また、原告の退職
合意について、原告の自由な意思に基づいて退職の

意思表示をしたものとは認められず、退職合意の成
立は認められないと判断し、原告の地位確認請求等
を認容した。

[12] 医療法人社団新拓会事件・東京地判令3・
12・21労判1266号44頁は、雇用契約において固
定されていた原告の勤務日数及び勤務時間を被告が一
方的に削減したことは、使用者の責めに帰すべき事
由による労働条件の切り下げであるとして、民法
536条2項に基づき賃金請求を認容した。

[13] バイボックス・ジャパン事件・東京地判令3・
12・23労判1270号48頁は、親会社からの資金の
供給を停止されたことによって被告が平成31年3
月25日に事業を停止し、原告を含む全従業員に休
業を命じたことについて、同休業は被告の経営上の
障害によるものであり労働基準法26条所定の使用
者の帰責事由が認められるとして平成31年4月分、
令和元年5月分、同年6月分の休業手当の支払を認
容し、また、被告が事業を停止したことが合理的で
あるとは認められず、被告が原告に対して休業を命
じたことについて民法536条2項所定の債権者の帰
責事由が認められるとし、休業手当を控除した賃金
の支払を認容した。

[14] 一般財団法人あんしん財団（降格）事件・
東京地判令4・1・31労判1265号20頁は、被告が
グレードの格付を行うに当たって使用者の考課裁量
を逸脱又は濫用したと認められる場合、その格付（降
格）による賃金減額の効力は否定されるが、原告に
対する平成29年度下期考課、30年度上期考課およ
び同年度下期考課はいずれも、被告の裁量考課に濫
用・逸脱があるとは認められないとして、原告の賃
金請求等を棄却した。

[15] 学究社（年俸減額）事件・東京地判令4・2・
8労判1265号5頁は、学習塾を経営する被告にお
いて専任講師として勤務していた原告らの次年度の
年俸額を被告が前年度対比で一方的に減額決定した
ことについて、労働契約において年俸制を採用する
ことを合意しただけで、本来、対等であるべき契約
の一方当事者にすぎない使用者に、重要な労働条件
である賃金を決定する無限定な裁量権が認められる
と解するのは相当ではないとし、昇給率が定まらな
かった場合には年俸額は前年度の額のまま変更され
ず、次年度の年俸額は前年度と同額に定まると解す
るのが当事者の合理的意思に適うと判断し、減額さ
れた年俸額の賃金請求を認容した。

[16] マーベラス事件・東京地判令4・2・28労判
1267号5頁は、被告に原告の賃金グレードを下げ
て降給を検討して実施する権限があり、本件降給基

準を充足した場合に賃金が減額され得ることが労働契約上予定されていたと認められるとしても、被告の権限行使による減額内容等によっては、なお減額幅決定権限の濫用により賃金減額の効力が否定されるとした上で、原告が本件降給基準を充足して賃金グレードが下げられたからといって、それに伴う労働契約上の職責や職務内容の変更を伴っておらず、また、賃金減額の割合が1回当たり10％以内に抑えられていたとしても、本件賃金減額は連続する4年度にわたり毎年度実施され、その結果、原告の月額賃金は当初から約29％減額されていて、原告の不利益は非常に大きいものがあったといえるとし、原告の当初の賃金を10％減額した金額を超える減額部分は減額幅決定権限の濫用に当たり無効であると判断し、その範囲で原告の賃金請求を認容した。

[17] ビジネスパートナー事件・東京地判令4・3・9労経速2489号31頁は、「グローバル総合職、もしくは総合職の正社員が会社が命じる転勤を拒んだ場合は、着任日が到来しているかどうかに関わらず、半年遡って差額を返還し、翌月1日より新たな職群に変更するものとする。なお、返還の対象はグローバル総合職の場合は総合職との差額、総合職の場合は地域限定総合職との差額とする。」との給与規定の定め（本件規定）は有効であって原被告間の労働契約の内容を規律するとし、総合職として雇用されていた被告に対して原告が大阪支店への転勤を命じたことは転勤命令権の濫用には当たらず、同転勤を拒否した被告に対し、本件規定に基づき、総合職としての基本給と地域限定総合職としての基本給の差額月額2万円の半年分（12万円）の返還請求を認容した。

7 労働時間

[18] システムメンテナンス事件・札幌高判令4・2・25労判1267号36頁は、機械式駐車場のメンテナンス業務に従事する一審原告が営業時間外の顧客対応当番となっていた時間帯のうち、終業時刻後に事務所内に留まって待機していた時間について、速やかに現場へ向かうために待機しており、それを使用者も認識し、容認していたから、使用者の指揮命令下に置かれていた労働時間に当たるとして、当該不活動待機時間は労働基準法上の労働時間には該当しないと判断した一審判決を変更し、その時間に対する割増賃金請求を認容する一方で、一審原告の当番時間帯のうち、事務所待機を除く時間について、遠方に出かけることや飲酒することが禁止されてい

たものの、それ以外に制約はなく、帰宅して私的な生活・活動を営むことが十分に可能であると認められ、使用者の指揮命令下から離脱したものと評価することができるとし、労働時間に当たらないと判断した一審判決を維持してその時間に対する割増賃金請求を棄却した。

[19] アルデバラン事件・横浜地判令3・2・18労判1270号32頁は、看護師である原告が緊急看護対応業務に従事するための待機時間は、全体として労働からの解放が保障されていたとはいえず、労働基準法上の労働時間に当たり、また、施設の管理者とされていた原告は、同法41条2号所定の管理監督者に該当するものとは認められないとし、さらに、原告に支払われていた管理者手当は割増賃金の趣旨で支払われていたとは認められないから、割増賃金の既払金として控除されることはなく、割増賃金の算定基礎に含まれると判断し、消滅時効が成立していない期間に関する未払割増賃金請求等を認容した。

[20] 株式会社浜田事件・大阪地堺支判令3・12・27労判1267号60頁は、就業規則に明記のない固定残業代（外勤手当）について、雇用契約に係る契約書等は存在しないものの、被告は、原告に対し、入社面接や入社後の定期的面接において外勤手当は36時間分のみなし残業手当であることを説明し、原告もこれを理解していたとし、外勤手当と他の手当を区別して賃金を支給していたのであるから、固定残業代の有効要件を満たしていると判断した上で、外勤手当を割増賃金算定のための基礎賃金額から除き、かつ、月36時間分の残業代については外勤手当によって支給済みであるとして計算した未払割増賃金請求等を認容した。

[21] 土地家屋調査士法人ハル登記測量事務所事件・東京地判令4・3・23労経速2490号19頁は、被告において土地家屋調査士として勤務する原告が他の従業員らに対して付箋に辛辣なコメントを付して書類を返戻する、他の従業員らの前で大声で叱責するなどの問題行動を繰り返したことを理由とする普通解雇を有効と判断し、また、原告は社内で被告代表者に次ぐ地位にあり、経営者と一体的な立場において、労働時間、休憩及び休日等に関する規制の枠を超えて活動することを要請されてもやむを得ないものといえるような重要な職務と権限を付与され、そのゆえに、待遇及び勤務態様においても、他の一般労働者に比べて優遇措置が講じられていたということができるとして労働基準法41条2号の管理監督者に該当すると判断し、深夜割増賃金の請求

のみを認容した。

[22] 学校法人目白学園事件・東京地判令4・3・28労経速2491号17頁は、被告が設置する大学において有期雇用契約の専任教員として就業していた原告に対する雇止めについて、原告が主張する期待は無期労働契約に転換するであろうという期待に係るものであるが、労働契約法19条2号の「当該有期労働契約が更新されるものと期待すること」は有期労働契約が引き続き更新されるであろうという期待を意味するもので、無期労働契約に転換するであろうという期待を意味するものではないとして、同条号の雇止め法理は適用されないと判断して地位確認請求を棄却する一方で、基本的にパソコンのログイン時刻からログアウト時刻までの時間から休憩1時間を除外した時間が原告の労働時間になるとし、割増賃金請求等を認容した。

[23] セルトリオン・ヘルスケア・ジャパン事件・東京地判令4・3・30労経速2490号3頁は、被告においてMR（医薬情報担当者）として営業職に従事していた原告は、営業先の医療機関を訪問する外回り業務に従事し、基本的な勤務形態は、自宅と営業先の間を直行直帰するというものであったところ、原告の各日の具体的な訪問先や訪問のスケジュールは、基本的に原告自身が決定し、上司がその詳細について具体的に決定ないし指示することはなく、原告の裁量に委ねられていたとして、原告の事業場外労働は労働時間を算定し難い場合に該当するため、事業場外みなし労働時間制の適用が認められるとした上で、原告が深夜時間や法定休日に労働に従事したとは認められないと判断し、原告の割増賃金請求を棄却した。

[24] 全日警事件・静岡地判令4・4・22労経速2495号3頁は、被告において新幹線沿線警備業務に従事していた原告らの2時間の休憩時間について、JRからの緊急要請に対して直ちに対応する必要が生じることが皆無に等しいなど実質的に対応すべき義務付けがなされていないと認めることができるとして、被告における休憩時間は労働基準法の労働時間には当たらないと判断し、原告らの未払時間外手当の請求を棄却した。

[25] 社会福祉法人セヴァ福祉会事件・京都地判令4・5・11労判1268号22頁は、被告が経営する保育園において保育士として勤務していた原告について、タイムカードの打刻時間は原告の労働時間を正確に証するものと認めるのが相当であるとした上で、原告は休憩時間を取ることができていなかったと判断して原告の実労働時間を算定し、また、被告

における1か月単位の変形労働時間制について、本件事業場に適用される勤務シフト表は週平均労働時間が常時40時間を超過するものであって、労働基準法32条の2所定の要件を満たさないとし、さらに、定額残業代制を採用しているとの被告の主張、原告は管理監督者に該当するとの被告の主張をいずれも排斥して、割増賃金請求等を認容した。

[26] 協同組合グローブ事件・熊本地判令4・5・17労経速2495号9頁は、被告グローブで外国人技能実習生の指導員として勤務していた原告について、毎月提出されるキャリア業務日報によって業務内容だけでなく、具体的な行き先や面談者等とともに業務時間を把握することができること等から、事業場外労働みなし制を適用することはできず、原告に支給されていた相談対応手当は、実態として見て時間外労働等に対する対価として支払われていたと認めることはできず、原告が管理監督者に該当するとも認められないとして、未払賃金請求を認容し、また、上司が特定のキャリア職員である原告に対する不満を述べて原告を誹謗ないし中傷するメッセージを送信する行為は不法行為に該当するとして、慰謝料10万円及び弁護士費用1万円の支払を認容する一方で、未払賃金などの訴訟提起に関する原告の記者会見が被告グローブの名誉・信用を毀損したとしてなされた損害賠償の反訴請求について、記者会見での原告の発言の一部は真実であるとは認められないし、真実と信ずるについて相当の理由があるとも認められず、違法性ないし故意過失は阻却されないとして、社会的評価の低下による損害30万円及び弁護士費用3万円の支払を認容した。

8　年次有給休暇

9　年少者・妊産婦

いずれも該当裁判例なし。

10　安全衛生・労働災害

[27] 建設アスベスト訴訟（大阪）事件・最一判令3・5・17労判1268号5頁は、建設現場における石綿粉じんばく露について、昭和50年10月1日以降、労働大臣が安衛法に基づく規制権限を行使しなかったことは、屋根を有し周囲の半分以上が外壁に囲まれ屋内作業場と評価し得る建設現場の内部における建設作業に従事して石綿粉じんばく露した者のう

ち、安衛法2条2号において定義された労働者に該当しない者との関係においても、安衛法の趣旨、目的や、その権限の性質等に照らし、著しく合理性を欠くものであって、国家賠償法1条1項の適用上違法であるというべきとし、また、被告建材メーカーが、昭和50年から平成2年までの期間に、自らの製造販売する石綿含有建材を使用する上記作業に従事する者に石綿関連疾患にり患する危険が生じていることを認識することができたとはいえず、上記期間に、上記の者に対し、上記石綿含有建材に当該建材から生ずる粉じんにばく露すると石綿肺、肺がん、中皮腫等の重篤な石綿関連疾患にり患する危険があること等の表示をすべき義務を負っていたとはいえないと判断し、これに反する原判決を破棄し、原審に差し戻した。

[28]La Tortuga（過労死）事件・大阪高判令3・3・25判時2519号120頁は、約1年間にわたり著しい長時間労働に従事していたレストラン調理師がウイルス性急性心筋炎を発症し、その悪化により劇症性心筋炎となって最終的に死亡したことについて、レストラン経営会社代表者兼オーナーシェフには従業員である前記調理師に対する負担軽減措置を講じない注意義務違反があり、同注意義務違反及び長時間労働による過労状態と前記調理師の死亡との間の相当因果関係を肯定して損害賠償請求を認容した一審判決を維持した。

[29]丸八ガラス店（求償金請求）事件・福岡高判令3・10・29労判1274号70頁は、派遣労働者がガラス研磨機に送るガラスをコンベアに載せる作業中に、同機械内部のキャタピラに左手を巻き込まれ、手指骨折や皮膚の剥脱創を負った業務災害に対する労災保険給付について、第三者行為災害として労働保険法第12条の4第1項に基づき国が行った派遣先事業主への求償金請求について、派遣先事業主において当該機械への手指の巻き込み事故を想定することは困難なものといわざるを得ず、開口部手前に覆いを付けるなどの措置を講じる必要があったとは認められないとして、求償金請求を棄却した一審判決を維持した。

[30]国・名古屋北労基署長（ヤマト運輸）事件・名古屋地判令2・12・16労判1273号70頁は、センター長として勤務していた労働者が自殺したことについて、本件労働者は、長時間労働という「強」にごく近接した「中」の強度の心理的負荷に加えて、部下であるセンター員による2件の事故からほどなくして起こった本件労働者自身の事故という「中」の強度の心理的負荷を受けたものであるから、これ

らの事情を総合すると、本件労働者がその頃に受けた業務による心理的負荷の強度は、合わせて「強」であり、客観的にみて本件労働者に精神障害を発病させるほどのものであったといえるとし、労働基準監督署長による労働者災害補償保険法に基づく遺族補償年金及び葬祭料の不支給処分を取り消した。

[31]地方公務員災害補償基金・栃木県支部長事件・宇都宮地判令3・3・31判時2518号122頁は、県立高校の教員が栃木県高等学校体育連盟の主催する春山安全登山講習会の講師としての業務従事中に雪崩に巻き込まれた災害について、公務遂行性が認められるとし、地方公務員災害補償法に基づく公務外認定処分を取り消した。

[32]国・中央労基署長（クラレ）事件・東京地判令3・4・13労判1272号43頁は、国外の企業への出向中に自殺した労働者について、労災保険法上の保険関係が事業ごとに成立することに照らせば、国内で行われる事業に使用される海外出張者は特別加入の手続を経ることなく保険関係の成立が認められるが、海外で行われる事業に使用される労働者等については、海外派遣者であって特別加入手続を経なければ保険関係の成立が認められないと解するのが相当であるとした上で、自殺した労働者は海外派遣者に当たると認定し、特別加入の承認を得ていないことから労災保険法に基づく保険関係の成立が認められず、保険給付をしないとの処分行政庁の処分には違法はないとして請求を棄却した。

[33]国・長崎労基署長事件・長崎地判令3・6・21判時2527号84頁は、じん肺法上のじん肺管理区分決定を受けていた労働者らが間質性肺炎の増悪によって死亡したことについて、じん肺等と間質性肺炎との関係について医学的知見が確立しているとまではいえないが、①本件労働者らの粉じん曝露歴や、じん肺、間質性肺炎についての診療経過等に照らして、医学的に相当の根拠をもって、間質性肺炎及びその増悪がじん肺又はその原因たる粉じん曝露に起因することの具体的可能性があると認められ、かつ、②これを否定する医学的根拠があるとは認められず、③他に同程度又はより有意な原因疾患の具体的可能性があるとは認められないときに、間質性肺炎及びその増悪がじん肺又はその原因たる粉じん曝露に起因するものであったと推認することができるとする判断枠組みを示し、本件労働者全員の業務起因性を肯定して労働者災害補償保険法の不支給処分をいずれも取り消した。

[34]国・大阪中央労基署長（大器キャリアキャスティング・東洋石油販売）事件・大阪地判令3・

12・13 労判 1265 号 47 頁は、複数事業場で勤務している従業員の業務の危険性は、原則として事業場ごとに判断され、業務に内在する危険が現実化して災害が生じたと認められる事業場の使用者のみがその責任を負うべきであり、労災保険給付に係る給付基礎日額の算定に当たってその他の事業場の賃金を合算することはできないと判断し、処分行政庁の給付基礎日額の算定方法には誤りがあると主張する原告の請求を棄却した。

[35] 国・豊橋労基署長（丸裕）事件・名古屋地判令 4・2・7 労判 1272 号 34 頁は、業務時間中における同僚の故意に基づく暴行による原告の傷害について、原告の業務に内在又は随伴する危険が現実化したものと評価されるとして業務起因性を肯定し、労働者災害補償保険法による療養補償給付及び休業補償給付の不支給処分を取り消した。

[36] 一般財団法人あんしん財団事件・東京地判令 4・4・15 労経速 2485 号 3 頁は、徴収法に基づくいわゆるメリット制（事業場での労働災害の発生状況に応じて、保険料または保険料率が調整される制度で、労働災害の発生が少ない事業場ほど労災保険料負担は割安になり、反対に災害発生が多ければ保険料は割高となる）の適用を受ける事業主である原告において勤務していた補助参加人が業務が原因で精神疾患を発症したとして労災申請を行い、支給決定がなされたことについて、事業主である原告が労災保険料の給付義務の範囲が増大して直接具体的な不利益を被るおそれがあるとして支給決定の取り消しを求めて国を相手取り提訴したところ、労災保険法は被災労働者等の法的利益の保護を図ることを目的とし、これに反する事業主の利益は保護の対象としておらず、メリット制に係る特定事業主の利益は、あくまで、徴収法に基づく労働保険料の認定処分との関係で考慮されるべき法律上の利益となり得るにとどまるものと解するのが相当であり、事業主の不服申立てにより、個別の保険給付自体の是正を図ることが予定されているものとはいい難いと判断し、事業主の原告適格を否定して訴えを却下した。なお、同事件の控訴審である東京高判令 4・11・29 は、原判決とは反対に、事業主の原告適格を認め、原審に審理を差し戻す判決を行っている。

[37] 兵庫県警察事件・神戸地判令 4・6・22 労経速 2493 号 3 頁は、機動隊勤務の隊員がうつ病を発症して自殺したことについて、上司らの行為と自殺した隊員のうつ病の症状悪化との間に相当因果関係を認めることはできないとして、自殺に関して安全配慮義務違反に基づく損害賠償請求を棄却する一方で、上司 1 名のパワハラ行為（ただし、うつ病の病状を悪化させるほどの強度の精神的負荷を与えるものではない）による精神的苦痛に対する慰謝料として 100 万円の支払を認容した。

11　労働契約の基本原理

[38] A 社事件・東京地判令 4・4・19 労経速 2494 号 3 頁は、医学部受験塾を運営する原告において校長あるいは営業職として勤務していた被告らが共謀して行った原告の内部生の引抜き、教材等の持ち出し、貸与パソコンのデータ消去はいずれも不法行為に該当し、それによる原告の損害について賠償責任を認めて請求を認容し、また、校長であった被告が行った虚偽申告による交通費の不正受給についての損害賠償請求も認容した。

12　雇用保障（労働契約終了の法規制）と　雇用システム

[39] 学校法人河合塾（雇止め）事件・東京高判令 4・2・2 労判 1271 号 68 頁は、担当コマ数が毎年度変動し得る出講契約を一審被告との間で更新していた予備校講師である一審原告に対して、一審被告が次年度の出講契約として担当コマ数を減らした内容で提示したところ一審原告が拒否したため次年度の出講契約が不成立となったことについて、労働契約法 19 条 2 号の「更新」は、当該労働者が締結していた当該有期労働契約と接続又は近接した時期に有期労働契約を再度締結することを意味するものであり、同一の契約期間や労働条件による契約の再締結を意味するものではないとして、担当コマ数が毎年度変動し得る本件出講契約においても適用され、一審原告が次年度の出講契約の更新を期待することについて合理的な理由が認められるが、一審被告が一審原告の次年度の出講契約における担当コマ数を削減して提示したことには客観的合理性があり、社会的相当性を有するとして、雇止めを有効と判断した一審判決を維持した。

[40] A 病院事件・札幌高判令 4・3・8 労経速 2482 号 3 頁は、A 病院を開設している一審被告に雇用されていた一審原告が、一審被告からの退職勧奨を受けて「退職させていただきます」と発言したことについて、退職を考えているという趣旨の発言にとどまらず、確定的な退職の意思に基づいてされた、本件労働契約の合意解約の申込みの意思表示であると認めるのが相当であるとして口頭での合意退職が

有効に成立していると判断し、地位確認請求等を認容した一審判決を取り消して一審原告の請求を棄却した。

[41] アンドモワ事件・東京地判令3・12・21労判1266号74頁は、コロナ禍の飲食業における整理解雇につき、被告が固定費等の削減の手段として約300店舗あった居酒屋のうち収益改善の見込みが高いと判断した約10店舗だけを残し、それ以外の店舗の経営からは撤退するとの経営判断をしたことは不合理であるとはいえず、人員削減の必要性は高かったと認められ、また、当時の状況に照らすと、解雇回避のために現実的にとることが期待される措置は限定されていたことがうかがわれ、被解雇者の選定も不合理であったとは認められないが、被告は、休業を命じていた原告に対し、一方的に解雇予告通知書を送りつけただけであって、整理解雇の必要性やその時期・規模・方法等について全く説明をしておらず、その努力をした形跡もうかがわれず、解雇手続として著しく妥当性を欠いていたとして、解雇を無効と判断し、原告の地位確認請求等を認容した。

[42] デンタルシステムズ事件・大阪地判令4・1・28労判1272号72頁は、成績不良を理由としてなされた原告（営業職）に対する解雇について、コロナ禍で対面での商談が禁止されており、原告は未だ試用期間中または試用期間が終了して間がなく、被告における業務の経験も少なかったことから原告が的確な営業活動を行うことは困難であったといえ、原告の勤務成績又は業務効率に向上の見込みがなかったとはいえないとして、解雇権濫用として解雇無効と判断し、原告の地位確認請求等を認容した。

[43] 欧州連合事件・東京地判令4・2・2労経速2485号23頁は、職務を特定して採用された広報担当の原告に対する解雇について、原告は、日本語または英語の優れた文書作成と話す力、他の人との協働能力、チームで働く能力と厳しい締め切りに合わせられる能力が求められることを認識した上で本件雇用契約を締結したものであり、相当の実務経験を有する中途採用者として、主にウェブサイトに関する高度な専門性に加え、組織内の秩序に従い他の職員と協働して業務を行う高い能力が求められていたとし、そのような能力の発揮が認められなかった原告に対する解雇を有効と判断し、原告の地位確認請求等を棄却した。

[44] ダイワクリエイト事件・東京地判令4・3・23労経速2494号12頁は、原告の出社拒否が無断欠勤に当たるとしてなされた解雇について、被告代表者が原告に対して「あなたにもうこの会社でしても

らう仕事はない」などと述べていたことから、原告が出社せず、被告に対して労務を提供しなかったのは、被告からの労務の受領拒絶を受けたからであると判断し、当該労務の不提供は被告の帰責事由に基づくとして解雇を無効とし、原告の地位確認請求等を認容した。

[45] A病院事件・札幌地苫小牧支判令4・3・25労経速2482号26頁は、被告が開設するA病院において臨床検査技師として勤務していた原告が被告から退職勧奨を受けて退職したことについて、被告事務部による退職勧奨は、虚偽を告げて原告を誤信させたと認められるものではなく、また、原告の意思決定の自由を侵害するような態様のものであったとも認められないなどとして不法行為法上違法であると評価することはできないとし、原告の損害賠償請求を棄却した。

[46] テイケイ事件・東京地判令4・3・25労判1269号73頁は、原告による退職の意思表示について、原告は、退職勧奨を受けるまで、被告において就労を続ける強い意思を持っていたところ、本来1時間であった休憩を2時間取り、それを申告しなかったという原告の行為が「電子機器使用詐欺罪」に当たり、執行猶予が付かない重大な犯罪であるとの虚偽の説明をされたこと、自己の行為が「電子機器使用詐欺罪」に当たることを認識していた旨の本件自認書を書かされていたこと、退職すれば警察には連れて行かない旨を告げられたことから、犯罪者として警察に突き出されることを避けるためには被告を退職するしかないと誤信したために本件退職の意思表示をしたものであって、錯誤による意思表示として無効であるとし、原告の地位確認請求等を認容した。

[47] クレディ・スイス証券事件・東京地判令4・4・12労経速2492号3頁は、被告のマルチ・アセット運用部において投資一任運用業務に従事していた原告に対する同運用部廃止に伴う整理解雇について、余剰人員を削減する必要性があったことが認められ、また、被告は、原告の適性や意向にも配慮しながら、被告の人事制度上取り得る異動に向けた提案をしたのに対し、原告は、真摯な対応を長期間にわたって怠っていたと言わざるを得ず、被告は、信義則上要求される解雇回避のための努力を尽くしたと認めるのが相当であり、被解雇者の選定に不合理な点はなく、解雇手続にも不相当な点はないとして、解雇を有効と判断し、原告の地位確認請求等を棄却する一方で、原告の割増賃金414万3015円の請求を認容した。

[48] 国立大学法人東北大学（雇止め）事件・仙台地判令4・6・27労判1270号14頁は、有期労働契約に設けられた契約更新限度に基づきなされた原告の雇止めについて、原告の有期労働契約は、契約期間の満了前に相応に厳密な手続を履践して締結されていたものであるから、無期労働契約と実質的に異ならない状態になっていたとはいえず労働契約法19条1号は適用されず、また、原告において契約更新を期待する合理的理由もなかったとして同条2号は適用されないと判断して、本件雇止めを有効として原告の地位確認請求等を棄却した。

13 労働関係の成立・開始

[49] プロバンク（抗告）事件・東京高決令4・7・14労経速2493号31頁は、求人情報どおりの条件による労働契約の成否について、会社が求人情報とは異なる採用内定通知書を本人に交付していることから意思表示の合致は認められないとして否定し、また、会社が交付した採用内定通知書に対して本人が承諾の意思表示をしたとは認められないため、採用内定通知書記載の労働条件による労働契約の成立も認められないとし、地位保全等の仮処分申立を却下した原決定を維持した。

[50] 柏書房事件・さいたま地判令4・4・19労経速2494号24頁は、試用期間満了による契約社員の本採用拒否について、原告は、経験者として採用されたにもかかわらず、書店担当者の不在を確認せずに訪問したり、電話営業で不在であった担当者に再度電話をかけないまま放置したりするなど、小規模出版社である被告の営業職としての適性を有するとは認め難いとして、本採用拒否（本件解雇）を有効と判断し、原告の地位確認請求等を棄却した。

14 就業規則と労働条件設定・変更

該当裁判例なし。

15 人事

[51] 学校法人コングレガシオン・ド・ノートルダム（抗告）事件・福岡高決令4・2・28労判1274号91頁は、北九州市から福島市への配転命令について、本件配転命令に基づく異動の前後で賃金の減少が認められず、赴任旅費や住宅手当も支給されるから転勤や転居による経済的負担は大きいとはいえず、業務内容においても何らかの不利益を負わせる

ものではないことからすれば、本件配転命令により著しい損害又は危険が生じるとは認められないとして、保全の必要性の不存在を理由に地位保全仮処分命令申立を却下した原決定を維持した。

[52] シャープNECディスプレイソリューションズ事件・横浜地判令3・12・23労経速2483号3頁は、原告の休職は、あくまで適応障害により発症した各症状（泣いて応答ができない、業務指示をきちんと理解できない、会話が成り立たない）を療養するためのものであり、原告が入社当初から有していた特性（職場内で馴染まず一人で行動することが多いことや上司の指示に従わず無届残業を繰り返す等の行動）については、休職理由の直接の対象ではなく、休職理由に含まれない事由を理由として休職期間満了による自然退職にすることは許されないとして、原告の地位確認請求等を認容した。

[53] 高島事件・東京地判令4・2・9労判1264号32頁は、原告が、主治医からストレス反応等による自宅療養指示を受けたため、休職に先立って年次有給休暇の取得を希望したにもかかわらず、これを不当に拒否されたうえで違法な休職命令を発令され、これに伴って就業規則に規定される休職期間も短くなったから、被告が原告を休職期間満了による自然退職扱いとしたのは無効であると主張したことについて、原告による年休の時季指定権が行使されたとは認められないとして、原告に対する休職命令及び休職期間満了に伴う自然退職扱いはいずれも有効であると判断し、原告の地位確認請求等を棄却した。

[54] ビジネスパートナーほか事件・東京地判令4・3・22労判1269号47頁は、部長であった原告に対する降格及び降給について、原告が営業部全体の統括を突然打診されたことに対して一度難しいとの意見を述べたことや、引継ぎに時間を要するとの意見を述べたことだけで管理職の適格性がないと判断することに合理性がないことは明らかで、これを理由に降格する業務上の必要性や根拠があったとは認められず、むしろ管理職の立場から適切と考えた意見に被告代表者が立腹し、違法・不当な目的で降格を行ったものと推認されるとして無効と判断し、また、無断で回収困難な債権の償却除外基準を変更したこと、虚偽の月度結果報告を行ったことを理由とする降級の懲戒処分について、いずれの事実も認められないとして懲戒事由に該当せず無効と判断し、被告会社に対する地位確認請求等を認容するとともに、本件降級・降給及び本件懲戒処分は被告代表者が命じて行わせた不法行為であるとして、被告

代表者に対し被告会社と連帯して慰謝料100万円の支払を命じた。

16 企業組織の変動と労働関係

該当裁判例なし。

17 懲戒

[55] 氷見市事件・最三判令4・6・14労経速2496号3頁は、氷見市の消防職員である被上告人が上司及び部下に対する暴行・暴言を理由として停職2月の懲戒処分（第1処分）を受けた後、その停職期間中に、暴行の被害者である部下に対して働き掛けを行ったこと等を理由として、停職6月の懲戒処分（第2処分）を受けたことに関し、上記各働き掛けは、いずれも、懲戒の制度の適正な運用を妨げ、審査請求手続の公正を害する行為というほかなく、全体の奉仕者たるにふさわしくない非行に明らかに該当することはもとより、その非難の程度が相当に高いと評価することが不合理であるとはいえず、また、上記各働き掛けは、上司及び部下に対する暴行等を背景としたものとして、第1処分の対象となった非違行為と同質性があるということができ、加えて、上記各働き掛けが第1処分の停職期間中にされたものであり、被上告人が上記非違行為について何ら反省していないことがうかがわれることにも照らせば、被上告人が業務に復帰した後に、上記非違行為と同種の行為が反復される危険性があると評価することも不合理であるとはいえないとして、停職6月という第2処分の量定をした消防長の判断は、懲戒権者に与えられた裁量権の範囲を逸脱し、又はこれを濫用したものということはできないと判断し、第2処分を重きに失するとした原判決を取り消し、原審に差し戻した。

[56] シナジー・コンサルティング事件・東京地判令3・2・15労判1264号77頁は、上司への暴行などを理由とした懲戒解雇について、懲戒解雇事由とされた暴行の事実を認定することができないとして解雇無効と判断し、懲戒解雇に普通解雇の意思表示が含まれていると解したとしても解雇の理由となる事実が認められないと判断して、原告の地位確認請求等を認容した。

[57] ヤマサン食品工業事件・富山地判令4・7・20労判1273号5頁は、被告において定年まで勤務してきた原告が、被告との間で、定年翌日を始期とする嘱託雇用契約を締結したにもかかわらず、被

告から、原告が譴責の懲戒処分を受けたことを理由に同契約を解除する旨の通知を受け、定年後の再雇用を拒否されたことについて、「就業規則の定めに抵触した場合」という事情が生じた場合には、本件合意を破棄し、再雇用の可否及び再雇用する場合には労働条件を再度見直す旨の原告と被告との合意（本件就業規則抵触条項）は、解雇事由又は退職事由に該当するような就業規則違反があった場合に限定して、本件合意を解除し、再雇用の可否や雇用条件を再検討するという趣旨であると解釈すべきであるとした上で、原告には解雇事由又は退職事由に該当するような就業規則違反があったとは認められず、上記解除は無効であり嘱託雇用契約が存在すると認め、原告の地位確認請求等を認容した。

[58] 糸島市事件・福岡地判令4・7・29労経速2497号3頁は、消防署職員であった第1事件の原告に対する懲戒免職処分について、同原告は数年にわたって、部下や後輩等の消防職員に対し、通常の範囲を逸脱ないし過剰にわたる訓練やトレーニングを行わせ、暴言や叱責等に繰り返し及んだことを認めつつも、逸脱ないし過剰の程度としては特段大きいとまではいい難く、部下や後輩に対する指導等の度が過ぎた面があったといえなくもなく、結果として被害を受けた職員に重大な負傷等も生じていないことからすると、同原告の非違行為は極めて悪質である、又は、他の職員及び社会に与える影響が特に大きいとまではいえず、免職処分は重きに失するとして違法であると判断して取り消すとともに、100万円の慰謝料の支払を認容し、第2事件の原告に対する戒告の懲戒処分については、同原告には部下の消防職員に対する訓練や指導等の範囲を逸脱した行為があったとして有効であると判断した。

18 非典型（非正規）雇用

[59] ハマキョウレックス（無期契約社員）事件・大阪高判令3・7・9労判1274号82頁は、労働契約法18条1項に基づき、有期労働契約から無期労働契約に転換した一審原告らが、無期転換後の労働条件について正社員就業規則によるべきであると主張したことについて、正社員就業規則が適用されることについて黙示の合意があったと認めることはできず、かえって、団体交渉等の経緯等に加え、一審原告らが無期パート雇用契約書に異議なく署名押印して一審被告に提出していること等からすれば、契約社員就業規則が適用されることについて明示の合意があったといえるとし、また、正社員就業規則が

同法 18 条 1 項後段の「別段の定め」に当たるとする一審原告らの主張を排斥して、一審原告らの地位確認等の請求を棄却した一審判決を維持した。

[60] リクルートスタッフィング事件・大阪高判令 4・3・15 労経速 2483 号 29 頁は、派遣スタッフ等として有期契約労働者であった一審原告に対して通勤手当が不支給であったのに対し、無期労働契約社員である R 職社員に対しては通勤手当が支給されていたという相違について、派遣スタッフ等としての一審原告と R 職社員の職務の内容、職務の内容及び配置の変更の範囲が大きく異なることに加え、旧労働契約法 20 条の不合理性判断における考慮要素である「その他の事情」として、派遣労働者の労働条件は派遣元と派遣先との間で締結される派遣契約や労働市場の影響を受けるとともに、JOB ごとに提示された個別的かつ詳細な労働条件を内容として規定されていくものであり、派遣労働者の労働条件ないし待遇に関する格差の是正ないし規制は、派遣先の労働者との均衡等を考慮した待遇について規律する労働者派遣法による不合理な待遇ないし格差の是正が中心となると解されること等を指摘し、本件相違は旧労働契約法 20 条には違反しないとして一審原告の請求を棄却した一審判決を維持した。

[61] 学校法人専修大学（無期転換）事件・東京高判令 4・7・6 労判 1273 号 19 頁は、外国語の授業などのみを大学で担当していた非常勤講師である一審原告は、科学技術・イノベーション創出の活性化に関する法律 15 条の 2 第 1 項 2 号の「研究者」には当たらないため、通算契約期間が 10 年を超えていなくとも無期転換申込権が発生し、一審原告による無期労働契約の申込みにより一審被告との間で無期労働契約が成立していると判断し、期間の定めのない労働契約上の権利を有する地位にあることの確認を求める部分を認容した一審判決を維持した。

[62] 公益財団法人埼玉県公園緑地協会・狭山市事件・さいたま地判令 3・4・23 労判 1264 号 57 頁は、被告狭山市から指定管理者の指定を受けて公園の管理を行う被告協会との間で有期労働契約を締結、更新して本件動物園において飼育業務等に従事していた原告らに対する雇止めについて、原告らは、被告協会と本件各雇用契約を締結する時点では、当初の指定期間が満了した後も、少なくとも被告協会が本件公園の指定管理者の地位にある限り、特段の事情がない限り、被告狭山市の要請に従って、本件各雇用契約が更新され、継続して雇用されるとの期待を有していたとした上で、雇止めの理由とされている原告らの業務上の問題点は、いずれも業務の遂

行に重大な支障を及ぼすほどのものでなく、引き続き指導教育を施し、あるいは職務内容や配置を調整変更することで対処することができると考えられ、これらの事情が直ちに本件雇止めの合理的な理由になるとは言い難いとして、本件雇止めは無効であり原告らの有期雇用契約は同一条件で更新されたものとみなされるとし、さらに労働契約法 18 条 1 項により無期労働契約に転換したと認め、被告協会に対する原告らの地位確認請求等を認容した。

[63] 学校法人茶屋四郎次郎記念学園事件・東京地判令 4・1・27 労経速 2486 号 14 頁は、東京福祉大学を運営する被告との間で有期労働契約を締結し、同大学の講師又は専任講師として勤務していた原告に対する雇止めについて、原告において本件労働契約の更新を期待することについて合理的な理由があったとして労働契約法 19 条 2 号が適用されるとした上で、本件雇止めの理由とされた原告による暴力的行為等について、被告はそれらの行為があったことを把握していながら、原告を雇止めすることなく有期労働契約を更新しているなどとして、本件雇止めは、客観的に合理的な理由を欠き、社会通念上相当であるとは認められないと判断し、原告の地位確認請求等を認容した。

[64] アンスティチュ・フランセ日本事件・東京地判令 4・2・25 労経速 2487 号 24 頁は、被告が運営する語学学校でフランス語の非常勤講師として勤務する原告らが、被告との間で期間を 6 か月とする旧時給表が適用される旨の雇用契約（本件旧各契約）を締結したが、そこには同契約が更新されないことが規定されていたところ、その後、原告らは、被告に対し、被告から提示されていた授業の受講者数によって時給単価が変動する新時給表が適用される期間の定めのない雇用契約（本件新無期契約）の契約書に署名する一方で、新時給表の適用については留保して承諾するとしたことについて、旧時給表が適用される本件旧各契約が民法 629 条 1 項又は労働契約法 19 条に基づき更新されたとは認められないとし、被告との雇用契約について旧時給表が適用されるとする原告らの地位確認請求等を棄却した。

[65] 学校法人沖縄科学技術大学院大学学園事件・那覇地判令 4・3・23 労経速 2486 号 3 頁は、被告が運営する診療所で看護師業務に従事していた原告に対する雇止めについて、本件労働契約に係る雇用は常用性を有するものとはいえるものの、有期雇用契約とされたことについて合理的な根拠があり、また、雇用契約や業務内容の性質から当然に更新されることが前提となっているものとはいえず、さら

に本件労働契約の更新回数（1回）や通算期間（2年5か月）、本件労働契約に係る定め、被告側の説明等に照らしても、原告に契約更新について合理的期待を生じさせるものとはいえないとして、労働契約法19条2号は適用されないと判断し、原告の地位確認請求等を棄却した。

[66] 竹中工務店・キャリア・TAK事件・大阪地判令4・3・30労経速2489号3頁は、本件作業所における原告の就労は、①被告竹中が被告TAKに施工図作成業務を委託し、②被告TAKが被告キャリアに同業務を再委託するという形式をとりながら、被告竹中が上記①②の契約を経て、被告キャリアの労働者である原告に直接指揮命令を行い、原告の労務の提供を受けるという二重の労働者供給（二重派遣）の状態であったとしながらも、被告竹中が契約を締結している相手方である被告TAKは、原告とは雇用関係にはないため、被告竹中と被告TAKは、労働者派遣法2条1項にいう労働者派遣関係には立たないとして被告竹中は同法40条の6の申込みみなしの対象には当たらないと判断し、また、被告TAKについても本件作業所における就労に関して原告に対し指揮監督を行っていないことから同申し込みみなしの対象には該当しないと判断し、さらに、原告と被告キャリアとの労働契約は退職合意によって終了しているとして、原告の地位確認請求等を棄却した。

[67] 国・大阪医療刑務所（日東カストディアル・サービス）事件・大阪地判令4・6・30労判1272号5頁は、日東との間で雇用契約を締結し、同社が請負契約を締結した大阪医療刑務所において運転手として就労していた原告が、同就労が労働者派遣法40条の6第1項5号に該当する違法なものであったと主張して、被告国に対し、同法40条の7第1項の「採用その他の適切な措置」のうち採用をしなかった不作為の違法確認、採用の義務付け、原告に対して採用その他の適切な措置を講じなかったことが違法であるとして国家賠償法1条1項に基づく損害賠償等を求めたことについて、不作為の違法確認の訴え及び採用義務付けの訴えはいずれも訴訟要件を欠く不適法なものであるとして却下し、また、大阪医療刑務所長が労働者派遣法を免脱する目的で本件請負契約を締結し、労働者派遣の役務の提供を受けたと認めることはできないとして国家賠償請求を棄却した。

19　個別労働紛争処理システム

[68] 川崎市・市人事委員会（是正措置要求）事件・横浜地判令3・9・27労判1266号85頁は、被告川崎市の市立中学校等の事務職員である原告らが、県費負担教職員の市費移譲により、それまで神奈川県の給与条例の「学校行政職給料表」による級号給が適用されていた職員について、市の給与条例の「行政職給料表(1)」による級号給が適用されることとなり、原告らを含む平成22年度採用の学校事務職員は大きな不利益を被ることになったとして、地方公務員法46条等に基づき、川崎市人事委員会に対し、学校事務職員の給与（級号給）に著しい不均衡が発生しているため是正を要求する旨の措置要求（本件措置要求）を行ったのに対して、市人事委員会が措置要求を棄却する旨の判定（本件判定）を行ったことについて、本件判定は、市給与条例の内容の適否について判断すべきではないという誤った判断に基づき、原告らの要求事項を判断対象から除外し、原告らが要求していない事項について判断したものであるというほかなく、本件措置要求における要求事項について判断したものということはできず、かつ、原告らに市費移譲により不利益・不均衡が生じていることを看過して、原告らの適法な手続により判定を受けることを要求し得る権利を侵害するものとして違法であるとして、本件判定を取り消した。

20　労働組合

[69] 京阪バス会（京阪バス）事件・京都地判令4・3・30労判1273号25頁は、被告である労働組合が発行する新聞の掲載内容は、営業所長がロッカー内の財布から現金を盗んだかのような印象を読み手に与えるものであり、原告である会社及び営業所長の社会的評価を低下させるものではあるものの、管理職員が権限なく部下職員の貴重品ロッカーを解錠するようなことが生じれば、労使間の信頼関係が損なわれることが明らかであり、原告会社の従業員にとって重大な関心事であるから、本件新聞の掲載内容は公共の利害に関する事実に係るものであり、かつ、専ら公益を図る目的で掲載されたものといえ、違法性を欠くと判断し、原告らの損害賠償請求等を棄却した。

[70] セブン‐イレブン・ジャパン事件・東京地判令4・6・6労経速2488号3頁は、参加人とフランチャイズ契約を締結してコンビニ店舗の経営を

行う加盟店主について、本件フランチャイズ契約上、資金の調達や管理、従業員の募集・採用及び労働条件の決定、商品の仕入れ等に関する販売戦略の決定といった、加盟店の経営の基本的な方針や重要事項の決定を行うべき立場にあるところ、これらは、加盟店の経営に不可欠な業務であって、加盟者自らが、損益及び権利義務の帰属主体として、その経営判断に基づき、事業者として行うものであると指摘した上で、加盟者は、参加人から個別具体的な労務の提供の依頼に事実上応じなければならない関係にはなく、参加人の事業の遂行に不可欠な労働力として組織に組み入れられているともいえず、また、加盟者は、参加人から労務提供の対価としての金員の支払を受けているとはいえず、労務提供の在り方が一方的・定型的に定められているものでもなく、時間的場所的拘束の下、参加人の指揮命令を受けて労務を提供しているともいえないとして、労組法上の労働者に該当しないと判断し、参加人による団交拒否が不当労働行為に該当しないと判断した中労委命令を維持した。

21　団体交渉

[71] 函館バス（仮処分）事件・函館地決令4・4・1労判1269号32頁は、定年退職した労働者が労働組合の代表者として団体交渉を申し入れた場合に、使用者はこれに応じる義務があるとし、団体交渉を求める地位にあることを仮に定めるとの仮処分命令を発令した。

[72] プレカリアートユニオン（拠出金返還等請求）事件・東京地判令4・5・24労判1268号13頁は、労働組合である被告が組合員である原告の意思に反して原告の元雇用主との和解を成立させるという不法行為を行ったとは認められず、また、労働組合である被告が組合員のために組合員の雇用主と団体交渉等を行って和解を成立させることは、弁護士法72条所定の「法律事務を取り扱」うことには当たらないなどと判断し、原告の損害賠償請求等を棄却した。

22　労働協約

23　団体行動

いずれも該当裁判例なし。

24　不当労働行為

[73] 大阪府・府労委（大阪市）事件・大阪高判令4・2・4労経速2484号7頁は、控訴人大阪市が、補助参加人である労働組合からの組合事務所スペースの供与等をめぐる団体交渉の申入れに対し、庁舎における組合事務所の供与については管理運営事項に該当するため、申し入れに応じることはできないこと、組合事務所を供与しない具体的な理由の説明等については、管理運営事項に該当しない事項が含まれているか否かが明確になっておらず、その上で交渉又は説明すべき事項があれば適切に対応すること等を回答し、その後団体交渉が実施されていないことについて、控訴人の対応は、管理運営事項に該当せず、団体交渉に応ずべき事項につき具体的に確認すべき立場に控訴人があるにも関わらず、その点について十分に確認することのないまま、団体交渉に応じないものというほかないのであって、正当な理由のない団体交渉の拒否に当たり、また、控訴人の対応は、客観的にみて労働組合を軽視し、これを弱体化させる行為といい得るとして支配介入に該当すると判断し、不当労働行為であると認めた大阪府労働委員会の命令を正当とした一審判決を維持した。

25　労働市場法総論

26　労働市場法各論

27　雇用システムの変化と雇用・労働政策の課題

28　その他（いずれにも分類できないもの）

いずれも該当裁判例なし。

（やまはた・しげゆき）

知財裁判例の動向

城山康文　弁護士

知財判例研究会

1　はじめに

知財判例研究会では、2022年下半期（7月1日〜12月31日）に下された知的財産に関する判例であって、原則として最高裁判所ウェブサイトに掲載されたものを概観し、報告する。なお、行政裁判例（審決取消訴訟の裁判例）も、知的財産分野においては重要な意義を有するものであるので、本稿では対象に含めた。

2　著作権法

[建築の著作物]

[1] 東京地決令4・11・25（令3(ヨ)22075、29部）は、町田市立国際版画美術館の改修に関し、設計者が建物及び庭園に変更を加えることが著作者人格権の侵害にあたるとして、町田市に対して工事停止の仮処分を求めた事案に関し、著作者人格権の侵害を否定して申立てを却下したものである。

http://hanga-museum.jp/static/img/slideshow_01.png

裁判所は、建物について、「建物としての実用目的を達成するために必要な機能に係る構成とは分離して、美術鑑賞の対象となり得る美的特性を備えている部分を把握することができるから、全体として『美術』の『範囲に属するもの』であると認められ」、「設計者が選択の幅がある中からあえて選んだ表現である」から「全体として『思想又は感情を創作的に表現したもの』であると認められる」として、著作物性を認めた。しかし、本件における改修は、申立人（設計者）の「意に反する改変」ではあるものの、個人的な嗜好に基づく改変や必要な範囲を超えた改変とは認められないから、著作権法20条2項2号で許された「増築」又は「模様替え」に該当するものとして、著作者人格権侵害を否定した。他方、

庭園の著作物性に関しては、「庭園は、通常、『建築物』と同じく土地を基盤として設けられ、『建築物』と場所的又は機能的に極めて密接したものということができ、設計者の思想又は感情が創作的に表現されたと評価することができるものもあり得ることからすると、著作権法上の『建築の著作物』に該当すると解するのが相当である。」としたものの、「本件庭園内の通路や階段等は、いずれも庭園としての実用目的を達成するために必要な機能に係る構成であることから、本件庭園が備えるこれらの設備を総合的に検討したとしても、本件庭園において、庭園としての実用目的を達成するために必要な機能に係る構成と分離して、美術鑑賞の対象となり得る美的特性を備えた部分を把握することはできないというほかない。」として、著作物性を否定した。

[新聞記事のイントラネットへのアップロード]

[2] 東京地判令4・11・30（令2(ワ)12348、47部）は、原告（日経新聞）が著作権を有する新聞記事につき、被告が社内のイントラネット上に画像をアップロードして被告従業員等が閲覧できる状態に置いたことに関し、著作権侵害を認めて損害賠償を命じたものである。損害額については、「被告による侵害態様等を総合的に考慮すると、原告が本件各記事に係る著作権の行使につき受けるべき金銭の額に相当する額（法114条3項）は、それぞれの記事の掲載の時期及び期間にかかわらず、記事1件当たり5000円とするのが相当である。」とした。

[音楽教室による演奏権侵害]

音楽教室において、バイエルなどの教則本ではなく、著作権が存続しているポップス等の楽曲をレッスンの題材に選んだ場合、教師や生徒がレッスン中に当該楽曲で練習をすることは、演奏権の侵害となるのか。音楽教室運営者らがJASRACを相手として提訴した債務不存在確認請求事件において、東京

地判は、教師による演奏と生徒による演奏の双方について、音楽教室運営者による演奏権侵害を肯定した。これに対して控訴され、知財高判は、教師による演奏について演奏権侵害を認めた原判決の判断を維持したものの、生徒による演奏については、原判決と異なり、演奏権侵害を否定した。最高裁は生徒による演奏に関する争点についてのみ上告を受理したが、[3] 最一判令4・10・24（令3(受)1112）は、原判決を正当として上告を棄却した。「演奏の形態による音楽著作物の利用主体の判断に当たっては、演奏の目的及び態様、演奏への関与の内容及び程度等の諸般の事情を考慮するのが相当である。被上告人らの運営する音楽教室のレッスンにおける生徒の演奏は、教師から演奏技術等の教授を受けてこれを習得し、その向上を図ることを目的として行われるのであって、課題曲を演奏するのは、そのための手段にすぎない。そして、生徒の演奏は、教師の行為を要することなく生徒の行為のみにより成り立つものであり、上記の目的との関係では、生徒の演奏こそが重要な意味を持つのであって、教師による伴奏や各種録音物の再生が行われたとしても、これらは、生徒の演奏を補助するものにとどまる。また、教師は、課題曲を選定し、生徒に対してその演奏につき指示・指導をするが、これらは、生徒が上記の目的を達成することができるように助力するものにすぎず、生徒は、飽くまで任意かつ自主的に演奏するのであって、演奏することを強制されるものではない。なお、被上告人［音楽教室運営者］らは生徒から受講料の支払を受けているが、受講料は、演奏技術等の教授を受けることの対価であり、課題曲を演奏すること自体の対価ということはできない。これらの事情を総合考慮すると、レッスンにおける生徒の演奏に関し、被上告人らが本件管理著作物の利用主体であるということはできない」。

［著作権侵害通知による不法行為］

[4] 大阪高判令4・10・14（令4(ネ)265等、8部）は、一審原告により投稿された動画に関して一審被告がYouTubeへ著作権侵害通知をなし当該動画を削除させたことに関し、投稿者の人格的利益を害し営業活動を妨害する行為であるとして、不法行為の成立を認め、一審被告に対し損害賠償を命じた。「著作権侵害通知をする者が、上記のような注意義務を尽くさずに漫然と著作権侵害通知をし、当該著作権侵害通知が法的根拠に基づかないものであることから、結果的にYouTubeをして著作権侵害に当たらない動画を削除させて投稿者の前記利益を侵害した場合、その態様如何によっては、当該著作権侵害通知をした行為は、投稿者の法律上保護される利益を違法に侵害したものとして、不法行為を構成するというべきである」。

3　特許法

［公然実施］

[5] 知財高判令4・8・23（令3(行ケ)10137、3部）は、耕運機（構成要件G「エプロンを跳ね上げるのに要する力は、エプロン角度が増加する所定角度範囲内において徐々に減少する」を備える）に係る発明に関し、優先日前の展示会での実機（検甲1）の展示が公然実施と認められるか否かが争われ、裁判所はこれを否定した。「法29条1項1号の『公然知られた』とは、秘密保持契約等のない状態で不特定多数の者が知り、又は知り得る状態にあることをいい、同項2号の『公然実施』とは、発明の内容を不特定多数の者が知り得る状況でその発明が実施されることをいい、物の発明の場合には、対象製品が不特定多数の者に販売され、かつ、当業者がその製品を外部から観察しただけで発明の内容を知り得る場合はもちろん、外部からは認識できなくても、当業者がその製品を通常の方法で分解、分析する等によって発明の内容を知り得る場合を含むというべきである。そして、発明の内容を知り得るといえるためには、当業者が発明の技術的思想の内容を認識することが可能であるばかりでなく、その認識できた技術的思想を再現できることを要するというべきである。…本件展示会において、見学者が、エプロンを跳ね上げるのに要する力が、本件発明の構成要件Gに記載された技術的思想の内容であるエプロン角度が増加する所定角度範囲内において徐々に減少することを認識することが可能であったとは認められないから、本件展示会において、検甲1により、本件発明の構成要件Gに係る構成が公然実施されていたと認めることはできず、本件発明が本件優先日前に検甲1により公然実施されていたとは認められない」。

また、他の先願との関係については、次のように述べた。「法29条の2所定の『発明』と『同一であるとき』の判断に当たっては、対比すべき複数の発明間において、その構成やこれにより奏せられる効果が全て合致するということは通常考えられないことであるから、後願に係る発明（後願発明）が、先願の願書に最初に添付した明細書、特許請求の範囲又は図面に記載された発明（先願発明）とは異なる新しい技術に係り、新たな効果を奏するものである

か否かという見地から判断をすべきであって、両発明に差異があっても、その差異が、新しい技術に係るものではなく、単なる課題解決のための具体化における設計上の微差であり、新たな効果を奏するものでなければ、両発明は技術的思想の創作として実質的に同一であるといえるから、上記『同一であるとき』に当たるというべきである。そして、上記の判断に当たっては、当業者の有する技術常識を参酌することができるというべきである」。

[プロダクト・バイ・プロセス・クレームと明確性要件]

[6] 知財高判令4・11・16（令3(行ケ)10140、4部）は、プロダクト・バイ・プロセスクレームが明確性要件違反であるとし、明確性要件違反を否定した特許庁審決を取り消した。裁判所は、「物の発明についての特許に係る特許請求の範囲にその物の製造方法が記載されている場合であっても、上記一般的な場合と異なり、出願時において当該製造方法により製造される物がどのような構造又は特性を表しているのかが、特許請求の範囲、明細書、図面の記載や技術常識より一義的に明らかな場合には、第三者の利益が不当に害されることはないから、不可能・非実際的事情がないとしても、明確性要件違反には当たらないと解される。」とする規範を立てたうえで検討し、「電鋳管」に係る発明における「外周面に電着物または囲繞物とは異なる材質の金属の導電層を設けた細線材の周りに電鋳により電着物または囲繞物を形成し、前記細線材の一方または両方を引っ張って断面積を小さくなるよう変形させ、前記変形させた細線材と前記導電層の間に隙間を形成して前記変形させた細線材を引き抜いて、前記電着物または前記囲繞物の内側に前記導電層を残したまま細線材を除去して製造される」という特定では、製造された電鋳管の構造又は特性が一義的に明らかであるとはいえないとした。そして、電鋳管をその構造又は特性により直接特定することについて不可能・非実際的事情も存在しないとして、明確性要件違反とした。

[訂正──特許請求の範囲の減縮]

[7] 知財高判令4・8・4（令3(行ケ)10090、1部）は、虫除けスプレーに係る特許権に関し、「噴射製品」を「粘膜への刺激が低減された、噴射製品」とし、「噴射方法」を「粘膜への刺激を低減する、噴射方法」とする特許請求の範囲の訂正につき、いずれも訂正前の構成によって奏される作用効果を記載したにす

ぎないから、特許請求の範囲を狭くしたとは認められず、訂正要件を充足しないとした。そのうえで、「粘膜への刺激の低減」という技術思想が公然実施発明においては認識されていなかったとして実質的な相違点を認定し新規性を認めた特許庁審決を誤りであるとし、これを取り消した。

[訂正──除くクレーム]

特許請求の範囲の補正・訂正において、化学分野では、いわゆる「除くクレーム」が多用されるようになっているが、[8] 知財高判令4・8・23（棄却、令3(行ケ)10150・10151、3部）は、船舶に係る発明に関し、「浸水防止部屋」とする構成要件を「浸水防止部屋（ただし、タンクを除く）」とする訂正を認めた。「『浸水防止部屋』は、タンクの機能を備えることが許容されるから、『浸水防止部屋』には、タンクの機能を兼ねるものと、タンクの機能を兼ねないものがあるものと認められる。本件明細書等には、浸水防止部屋としてタンクの機能を兼ねるもののみが記載されていると解すべき理由はないから、本件明細書等には、タンクの機能を兼ねる『浸水防止部屋』とともに、タンクの機能を兼ねない『浸水防止部屋』が記載されていると認められる。そして、タンクの機能を兼ねる『浸水防止部屋』を備える発明と、タンクの機能を兼ねない『浸水防止部屋』を備える発明は、いずれも本件明細書等に記載された発明であったから、訂正事項1により、特許請求の範囲の請求項1の『浸水防止部屋』がタンクの機能を兼ねない『浸水防止部屋（ただし、タンクを除く）』に訂正されて、タンクの機能を兼ねる『浸水防止部屋』を備える発明が除かれても、新たな技術的事項を導入しないことは明らかである。…新規事項追加（法134条の2第9項、法126条5項）に当たらないというべきである」。

[冒認を理由とする移転請求]

[9] 東京地判令4・9・22（令元(ワ)31684、46部）は、「筋肉電気刺激装置」の発明に関し、特徴的な部分を着想したのが原告代表者であり、原告は原告代表者から特許を受ける権利を承継したと認め、冒認出願により特許登録を受けた被告に対し、特許法74条1項に基づく移転登録手続を命じた。

[間接侵害]

[10] 知財高判令4・8・8（平31(ネ)10007、4部）は、特許法101条2号が定める間接侵害の要件である「発明の実施に用いられることを知りながら」に

関し、「一般的可能性を超えて、当該部品等の譲渡等により特許権侵害が惹起される蓋然性が高い状況が現実にあり、そのことを当該部品等の生産、譲渡等をした者において認識、認容していることを要すると解するべきである。…当該部品等の性質、その客観的利用状況、提供方法等に照らし、当該部品等を購入等する者のうち例外的とはいえない範囲の者が当該製品を特許権侵害に利用する蓋然性が高い状況が現に存在し、部品等の生産、譲渡等をする者において、そのことを認識、認容していることを要し、またそれで足りると解するのが相当」と述べた。また、間接侵害行為による損害額に関し、特許法102条1項の推定を適用した。「本件のように間接侵害品が部品であり、特許権者等が販売する物が完成品である場合には、前者は部品市場、後者は完成品市場を対象とするものであるから、両者の譲渡・販売行為が、直接的には、同一の市場において競合するわけではない。しかし、この場合も、間接侵害品たる部品を用いて生産された直接侵害品たる実施品と、特許権者等が販売する完成品とは、間接的には、同一の完成品市場の利益をめぐって競合しており、いずれにも同じ機能を担う部品が包含されている。そうすると、完成品市場における部品相当部分の市場利益に関する限りでは、間接侵害品たる部品の譲渡行為は、それを用いた完成品の生産行為又は譲渡行為を介して、特許権者等の完成品に包含される部品相当部分の販売行為と競合する関係にあるといえるから、その限りにおいて本件のような間接侵害行為にも特許法102条1項を適用することができる。…本件のような間接侵害の場合の『侵害の行為がなければ販売することができた物』とは、特許権者等が販売する完成品のうちの、侵害者の間接侵害品相当部分をいうものと解するのが相当である」。

[損害額]

[11] 大阪地判令4・9・15（平29(ワ)7384、21部）は、被告のマッサージチェアによる原告が有する2件の特許権の侵害を認め、約27億8000万円の損害賠償を命じた。特許法102条2項の適用を認めたものの、一方の特許権については被告利益の98%、他方については被告利益の85%について推定が覆滅されるとし、覆滅部分について実施料相当額の損害を認めた。

[12] 知財高判令4・10・20（令2(ネ)10024、特別部）は、特許権侵害による損害額の推定に関し、特許権者が侵害品の競合品を侵害品と共通する仕向国に輸出していた場合に特許法102条2項の推定の適用を

認め、また、当該競合品が特許発明の実施品であることや特許発明と同様の作用効果を奏することを必ずしも必要とするものではないとした。そのうえで、102条2項の推定（被告利益による損害額の推定）が覆滅された部分に関して同条3項の推定（実施料相当額による損害額の推定）を適用することができるかどうかについて、次のように判断した。「特許権者は、自ら特許発明を実施して利益を得ることができると同時に、第三者に対し、特許発明の実施を許諾して利益を得ることができることに鑑みると、侵害者の侵害行為により特許権者が受けた損害は、特許権者が侵害者の侵害行為がなければ自ら販売等をすることができた実施品又は競合品の売上げの減少による逸失利益と実施許諾の機会の喪失による得べかりし利益とを観念し得るものと解される。そうすると、特許法102条2項による推定が覆滅される場合であっても、当該推定覆滅部分について、特許権者が実施許諾をすることができたと認められるときは、同条3項の適用が認められると解すべきである。そして、特許法102条2項による推定の覆滅事由には、同条1項と同様に、侵害品の販売等の数量について特許権者の販売等の実施の能力を超えることを理由とする覆滅事由と、それ以外の理由によって特許権者が販売等をすることができないとする事情があることを理由とする覆滅事由があり得るものと解されるところ、上記の実施の能力を超えることを理由とする覆滅事由に係る推定覆滅部分については、特許権者は、特段の事情のない限り、実施許諾をすることができたと認められるのに対し、上記の販売等をすることができないとする事情があることを理由とする覆滅事由に係る推定覆滅部分については、当該事情の事実関係の下において、特許権者が実施許諾をすることができたかどうかを個別的に判断すべきものと解される。」「市場の非同一性を理由とする覆滅事由に係る推定覆滅部分については、…実施許諾をすることができたものと認められる。一方で、本件各発明Cが侵害品の部分のみに実施されていることを理由とする覆滅事由に係る推定覆滅部分については、…控訴人が実施許諾をすることができたものと認められない。そうすると、本件においては、市場の非同一性を理由とする覆滅事由に係る推定覆滅部分についてのみ、特許法102条3項の適用を認めるのが相当である」。

[国境を跨ぐ実施行為]

[13] 知財高判令4・7・20（平30(ネ)10077、2部）は、インターネット上のコメント付き動画共有

サービスに関し、米国所在のサーバから日本国内所在のユーザへのコメント表示用プログラムの配信が特許法2条3項1号に定める実施行為（「電気通信回線を通じた提供」）に該当し、プログラムに係る日本の特許権を侵害するものとした。「ネットワークを通じて送信され得る発明につき特許権侵害が成立するために、問題となる提供行為が形式的にも全て日本国の領域内で完結することが必要であるとすると、そのような発明を実施しようとする者は、サーバ等の一部の設備を国外に移転するなどして容易に特許権侵害の責任を免れることとなってしまうところ、数多くの有用なネットワーク関連発明が存在する現代のデジタル社会において、かかる潜脱的な行為を許容することは著しく正義に反するというべきである。他方、特許発明の実施行為につき、形式的にはその全ての要素が日本国の領域内で完結するものでないとしても、実質的かつ全体的にみて、それが日本国の領域内で行われたと評価し得るものであれば、これに日本国の特許権の効力を及ぼしても、前記の属地主義には反しないと解される。したがって、問題となる提供行為については、当該提供が日本国の領域外で行われる部分と領域内で行われる部分とに明確かつ容易に区別できるか、当該提供の制御が日本国の領域内で行われているか、当該提供が日本国の領域内に所在する顧客等に向けられたものか、当該提供によって得られる特許発明の効果が日本国の領域内において発現しているかなどの諸事情を考慮し、当該提供が実質的かつ全体的にみて、日本国の領域内で行われたものと評価し得るときは、日本国特許法にいう『提供』に該当すると解するのが相当である」。

〈特許請求の範囲〉
　動画を再生するとともに、前記動画上にコメントを表示する表示装置のコンピュータを、前記動画を表示する領域である第1の表示欄に当該動画を再生して表示する動画再生手段、コメントと、当該コメントが付与された時点における、動画の最初を基準とした動画の経過時間を表す動画再生時間とを含むコメント情報を記憶するコメント情報記憶部に記憶した情報を参照し、前記再生される動画の動画再生時間に基づいて、前記コメント情報記憶部に記憶されたコメント情報のうち、前記動画の動画再生時間に対応するコメント付与時間に対応するコメントをコメント情報記憶部から読み出し、当該読み出されたコメントの一部を、前記コメントを表示する領域であって一部の領域が前記第1の表示欄の少なくとも一部と重なっており他の領域が前記第1の表示欄の外側にある第2の表示欄のうち、前記第1の表示欄の外側であって前記第2の表示欄の内側に表示するコメント表示手段、として機能させるプログラム。

[確認の利益]
[14] 東京地判令4・8・30（令3(ワ)13905、46部）

は、後発医薬品（「原告医薬品」）の製造販売承認申請を行った後発医薬品メーカーが原告となり、特許権（「本件各特許権」）を有する先発医薬品メーカーを被告として、原告医薬品が本件各特許権の技術的範囲に属さず本件各特許権に基づく差止請求権等が存在しないことの確認を求めて提訴した事件に関し、確認の利益を否定して、訴えを却下した。裁判所は、厚生労働省の通達（「二課長通知」）に基づく運用によれば、本件各特許権が存在する以上は原告医薬品の製造販売承認及び薬価収載がなされる蓋然性は低いとし、次のように述べた。「本件における状況に照らせば、現在において、原告医薬品の製造販売についての厚生労働大臣の承認がされれば上記差止請求権等の権利を取得し得るという地位を被告らが有していると認めるに足りず、上記差止請求権等は、原告が原告医薬品の製造販売についての厚生労働大臣の承認を受けることを条件として発生しているものとは解されない。これらのことを考慮すると、被告エーザイRDの原告に対する本件各特許権による差止請求権及び被告らの原告に対する本件各特許権の侵害を理由とする不法行為による損害賠償請求権が存在しないことについて、現に、当事者間に紛争が存在し、原告の有する権利又は法律的地位に危険又は不安が存在しているとは認めるに足りない。なお、仮に、二課長通知等によれば本件各特許が存在するために原告医薬品の製造販売についての厚生労働大臣の承認がされることがないとしても、そのことによって、原告と被告らとの間に前記各請求権の存否に係る法律上の紛争が存在することになるものとは解されない」。

[裁判管轄]
[15] 大阪高判令4・9・30（令4(ネ)1273、8部）は、研究委託研究（「本件契約」）の成果についての受託者（一審被告・被控訴人）の理事による特許出願が本件契約の違反であるとして、委託者（一審原告・控訴人）が受託者に対して債務不履行による損害賠償を請求した事件に関し、一審の神戸地裁判決（請求棄却）を民事訴訟法6条1項に定める専属管轄規定に反したものとして取り消し、大阪地裁に移送した。「本件訴状の記載によれば、本件が、本件契約の債務不履行に基づく損害賠償の訴えとして提起されたものであることは明らかであるが、訴状によって控訴人が主張する債務不履行に基づく損害賠償請求は、本件発明が、本件契約に基づく研究（本件受託研究）により得られた成果物であるのに、被控訴人がこれを本件研究者個人の発明であり控訴人と共

同出願することは出来ないとして、本件研究者単独で特許出願した行為が、本件契約14条1項に規定する『被控訴人は、本件研究の実施に伴い発明等が生じたとき……は、控訴人に通知の上、当該発明等に係る知的財産権の取扱いについて控訴人及び被控訴人が協議し決定するものとする。』との協議義務に違反し、また、控訴人が権利の承継について希望していたにもかかわらず、被控訴人が控訴人と協議を行うことなく本件研究者による特許出願を強行した行為が、本件契約14条2項に規定する『被控訴人は、前項の知的財産権を控訴人が承継を希望した場合には、控訴人に対して相当の対価と引き換えにその全部を譲渡するものとする。』との義務にも違反し、その結果、控訴人が本件発明に係る特許権を取得できなくなったことで余儀なくされた出捐をもって損害と主張するものである。…本件訴状からうかがえる債務不履行に基づく損害賠償請求の成否は、本件発明が本件受託研究により得られた成果物であるか否かが争点として判断されるべきことが見込まれ、その判断のためには、本件発明が本件受託研究の成果物に含まれるかという専門技術的事項に及ぶ判断をすることが避けられないものと考えられる。したがって、本件は、債務不履行に基づく損害賠償請求訴訟として訴訟提起された事件であるが、その訴状の記載からは、その争点が、特許を受ける権利に関する契約条項違反ということで特許を受ける権利が請求原因に関係しているといえるし、その判断のためには専門技術的な事項の理解が必要となることが類型的抽象的に想定されることから、本件は『特許権』『に関する訴え』に含まれると解するのが相当である」。

4 実用新案権

[過失]

　特許法103条は特許権侵害の過失推定を定めているが、実用新案法には過失推定の規定はない。[16] 東京地判令4・9・13（令2(ワ)15955、46部）は、実用新案権の侵害を認めたが、「侵害者等が実用新案技術評価書の提示のない警告を受けたり、侵害者等が実用新案権の存在を認識していたりしたとしても、そのことから直ちに侵害者等に当該実用新案権の侵害について故意及び過失があるということはできない」として、故意・過失を否定し、実用新案権者の侵害行為者に対する損害賠償請求を棄却した。他方、実用新案権者の侵害行為者に対する実施料相当額の不当利得返還請求は認めた。

5 商標法

[識別力／立体商標]

　[17] 知財高判令4・12・26（令4(行ケ)10050、2部）は、原告（レゴ社）の出願に係る立体商標につき、識別力を有さず、商標登録は認められないとした。「商品等の形状は、同種の商品が、その機能又は美観上の理由から採用すると予測される範囲を超えた形状である等の特段の事情のない限り、普通に用いられる方法で使用する標章のみからなる商標として、3条1項3号に該当すると解するのが相当である。」「本願商標に係る立体的形状は、『人型のおもちゃ、組立おもちゃ』の形状として、需要者や取引者において機能又は美観上の理由による形状の選択として予測し得る範囲のものであると認められるから、商品等の形状を普通に用いられる方法で使用する標章のみからなる商標であるというべきである」。また、使用による識別力の獲得も否定した（原告が提出したアンケート結果では、本願商標の画像をみて原告を選択したものが37.32％、原告以外のブランド名を選択したものが37.45％であった）。

〈本願商標〉

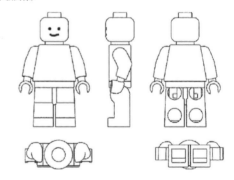

[OLYMPIC 標章との類否]

　[18] 知財高判令4・12・6（令4(行ケ)10067、4部）は、「ORIMBEER」の欧文字と「オリンビアー」の片仮名を2段に表示してなる商標（「本件商標」）に係る商標登録（指定商品：ビール等）に対する国際オリンピック委員会の異議に基づく当該登録の取消決定に対する決定取消請求事件に関する。異議決定は、本件商標は、「オリンピック（OLYMPIC）」及び「オリンピック競技大会」を表す「OLYMPIAD」及び「オリンピアード」の文字（以下「引用標章」という）との関係で、引用商標が著名であって本件商標と引用商標が類似することを認め、商標法4条1項6号に違反して登録されたものであるとしてい

た。裁判所は、商標法４条１項６号が要件とする著名性は指定商品の取引者、需要者における著名性であるとして、引用商標の著名性に疑義を述べたほか、当該疑義を前提として本件商標と引用商標は非類似であると判断し、特許庁の決定を取り消した。

[公序良俗違反]

[19] 知財高判令４・９・14（令４(行ケ)10034、４部）は、商標「スマホ修理王」（指定役務：電話機械器具の修理又は保守）に関し公序良俗違反（商標法４条１項７号）を理由として無効とした審決を維持した。「本件商標の登録出願は、元フランチャイジーである原告が、被告から本件解除をされたわずか４日後に行ったものであり、これまでと同様の名称を使用することにより被告の顧客吸引力を利用し続けようとしたものと評価せざるを得ず、元フランチャイジーとして遵守すべき信義誠実の原則に大きく反するもののみならず、『スマホ修理王』の名称でフランチャイズ事業を営んでいる被告がその名称に係る商標登録を経ていないことを奇貨として、被告によるフランチャイズ事業を妨害する加害目的又は本件商標を高額で被告に買い取らせる不当な目的で行われたものというべきである。このような本件商標の登録出願の目的や経緯等に鑑みれば、本件商標の出願登録は、商標制度における先願主義を悪用するものであり、社会通念に照らして著しく社会的相当性を欠く事情があるというべきであって、こうした商標の登録出願及び設定登録を許せば、商標を保護することにより商標の使用する者の業務上の信用を図り、もって産業の発達に寄与し、あわせて需要者の利益を保護することを目的とする商標法の目的に反することになりかねないから、本件商標は、公の秩序に反するものであるというべきであって、商標法４条１項７号に該当する」。

[外国商標権者の代理人]

[20] 知財高判令４・９・12（令元(行ケ)10157、４部）は、日本国内で販売するために商社経由で被告（韓国において、当該爪やすりに付された商標に係る商標権を共有している）から出願前１年間に合計５回、1261万円分の爪やすりを購入した原告について、被告との「取引上の密接な信頼関係」を認めて被告の「代理人」に該当するとし、被告の許諾なくして爪やすり等を指定商品として原告が出願した当該商標に係る商標登録に関し、商標法53条の２に基づく取消を認めた。

[商標としての使用]

[21] 大阪地判令４・９・12（令３(ワ)697、26部）は、葬儀場を運営する原告（商標「セレモニートーリン」の商標権者）が、葬儀場の情報提供サイト（「本件サービスサイト」）を運営する被告に対し、本件サービスサイト内の原告葬儀場に関するウェブページ（「本件ウェブページ」）のタイトルタグ及び記述メタタグにおける「セレモニートーリン」の記述の削除を求めた事件において、原告の請求を棄却した。「本件ウェブページに接した需要者は、『セレモニートーリン』を、葬儀場を紹介するという本件サービスサイトにおいて紹介される一葬儀社（場）として認識するものであり、原告が本件葬儀場において提供する商品ないし役務に関し、被告がその主体であると認識することはないものというべきである（本件ウェブページを含め、本件サービスサイトの運営者が原告であると認識することがないことも同様である）。さらに、原告が問題とする本件ウェブページのhtmlファイル中のタイトルタグ及び記述メタタグに記載された内容は、検索サイトYahoo！において『セレモニートーリン』をキーワードとして検索した際の検索結果において基本的に各タグに記載されたとおり表示されると認めることができるが、その内容は、いずれも本件サービスサイトの名称が明記された見出し及び説明文と相まって、原告の運営するウェブサイトとは異なることが容易に分かるものと評価できる上、一般に、検索サイトの利用者、とりわけ現に葬儀の依頼を検討するような需要者は、検索結果だけを参照するのではなく、検索結果の見出しに貼られたリンクを辿って目的の情報に到達するのが通常であると考えられるところ、需要者がそのように本件ウェブページに遷移した場合には、前記のとおり、被告が運営する本件サービスサイトの一部として本件ウェブページを理解するのであって、やはり、被告標章を本件ウェブページの各タグ内で使用することによって、原告と被告の提供する商品または役務に関し出所の混同が生じることはないというべきである。したがって、被告による被告標章の使用は、商標法26条１項６号の規定により、本件商標権の効力が及ばないというべきである」。

[権利濫用]

[22] 知財高判令４・11・30（令２(ネ)10017、２部）は、「守半」の文字からなる商標について商標権（指定商品：「焼き海苔」等）を有する原告が、「守半総本舗」等の標章を使用する被告に対し、商標権侵害を理由

とする差止等を求めたのに対し、権利濫用を理由として一審原告の請求を棄却した一審判決を取り消し、使用差止を命じたものである。裁判所は、一審被告は守屋半助が開業した「守半」と関わりがあり、本件商標権取得の相当以前から「守半」を含む商標や商号を使用しており、一審原告は一審被告に対して長期間権利行使をしていなかったことを理由として、「守半」又はそれと社会通念上同一といえる商標の使用に関する原告の請求については、一審判決と同じく権利濫用に該当するものと判断した。他方、「守半總本舗」の使用については、『『總本舗』とは『ある特定の商品を製造・販売するおおもとの店』を意味する語であり、そのような語を『守半』に結合させた『守半總本舗』は、従前、…（一審被告がしていた）『守半』の商号や標章の使用とはその意味合いを異にする。」として、一審原告の請求は権利濫用にはあたらないと判断した。

6　不正競争防止法

[ハイヒール靴底赤色の商品等表示該当性]

[23] 知財高判令4・12・26（令4(ネ)10051、4部）は、高級ファッションブランド「クリスチャンルブタン」が一審原告となり、その周知著名な商品等表示（女性用ハイヒールの靴底にパントン社が提供する色見本「PANTONE 18 – 1663TPG」（以下「原告赤色」という）を付したもの。以下「原告表示」という）が一審被告により冒用されたとして、不正競争防止法2条1項1号に基づき差止等を求めた事件に関し、商品等表示該当性を否定して請求を棄却した東京地裁判決に対する控訴事件に関する。知財高裁は、原告表示の商品等表示該当性や一審被告による原告表示と類似する表示の使用の有無についての判断を回避し、「混同のおそれ」を否定して、控訴を棄却した。「被告商品と原告商品は、価格帯が大きく異なるものであって市場種別が異なる。また、女性用ハイヒールの需要者の多くは、実店舗で靴を手に取り、試着の上で購入しているところ、路面店又は直営店はいうまでもなく、百貨店内や靴の小売店等でも、その区画の商品のブランドを示すプレート等が置かれていることが多いので、ブランド名が明確に表示されているといえ、しかも、それぞれの靴の中敷きにはブランドロゴが付されていることから、仮に、被告商品の靴底に付されている赤色が原告表示と類似するものであるとしても、こうした価格差や女性用ハイヒールの取引の実情に鑑みれば、被告商品を『ルブタン』ブランドの商品であると誤

認混同するおそれがあるといえないことは明らかというべきである。また、普段は被告商品のような手ごろな価格帯の女性用ハイヒールを履く需要者の中には、場面に応じて原告商品のような高級ブランド品を購入することもあると考えられるが、こうした需要者は、原告商品が高級ブランド（控訴人らが主張するように『ルブタン』がラグジュアリーブランドであり、日本だけではなく世界中の著名人や芸能人が履くというイメージがあればなおさらである。）であることに着目し、試着の上で慎重に購入するものと考えられるから、被告商品が原告商品とその商品の出所を誤認混同するおそれがあるとはいえない」。

[営業秘密]

[24] 東京地判令4・10・5（令2(ワ)21047、29部）は、原告がその元従業員である被告に対し、業務上の使用のために交付されていたUSBメモリへの複製による電子情報（「本件各情報」）の持ち出しを理由として、不正競争防止法及び在職中に被告が原告に差し入れた秘密保持誓約書により締結された秘密保持契約に基づき、本件各情報の使用差止・廃棄及びUSBメモリ返還を求めた事件に関する。裁判所は、本件各情報の一部については、不正競争防止法で保護される「営業秘密」に該当するものと認めたが、被告が原告から貸与されて業務上使用していたパソコン（退職時に全データを消去して返還された）の原告によるフォレンジック調査からはUSBメモリへの本件各情報の複製の事実を認定できないとして、不正競争防止法に基づく本件各情報の使用差止・廃棄の請求を棄却した。また、USBメモリについては、原告から被告に対して貸与ではなく無償譲渡されたものであるとして、返還請求を棄却した。秘密保持契約に基づく返還請求については、本件各情報のうち「営業秘密」に該当するものは、同契約の対象である「秘密情報」に該当するとしたが、口頭弁論終結時における不正開示・使用が認められない以上、原告の請求は将来の不作為を求める訴えに該当するところ、本件は「あらかじめその請求をする必要がある場合」（民事訴訟法135条）とは認められないため不適法であるとして却下した。

7　その他

[専属的マネージメント契約終了後の
音楽グループの活動・名称使用の制限]

[25] 知財高判令4・12・26（令4(ネ)10059、2部）は、音楽グループとして活動していた一審原告らと

マネージメント会社（一審被告）との間で締結されていた専属的マネージメント契約（「本件専属契約」）（終了済み）に含まれていた「実演家は、契約期間終了後6ヶ月間、甲（マネージメント会社）の事前の承諾なく、甲以外の第三者との間で、マネージメント契約等実演を目的とするいかなる契約も締結することはできない。」との条項（「本件条項」）につき、公序良俗に反し無効と判断した。「本件条項は、…一審原告らの職業選択の自由ないし営業の自由を制約するものである。そうすると、本件条項による制約に合理性がない場合には本件条項は公序良俗に反し無効と解すべきであ（る）。…そこで検討するに、一審被告らは、本件条項について、先行投資回収のために設けたものであると主張しているところ、一審原告らの需要者（一審原告らのファン）に訴求するのは一審原告らの実演等であって、一審被告会社に所属する他の実演家の実演等ではないのであるから、本件条項により一審原告らの実演活動を制約したとしても、それによって一審被告会社に利益が生じて先行投資回収という目的が達成されるなどということはなく、本件条項による一審原告らの活動の制約と一審被告会社の先行投資回収には何ら関係がないというほかない。また、仮に、一審被告会社に先行投資回収の必要性があり、それに関して一審原告らが何らかの責任を負うような場合であったとしても、これについては一審原告らの実演活動等により生じる利益を分配するなどの方法による金銭的な解決が可能であるから、上記必要性は、本件専属契約終了後の一審原告らの活動を制約する理由となるものではないというほかない。」また、グループ名に関するパブリシティ権も、一審原告らが行使できるものであって、一審被告が行使できるものではないとした。「実演家団体に付されたグループ名についても、その構成員の集合体の識別情報として特定の各構成員を容易に想起し得るような場合には、芸名やペンネーム等と同様に、各構成員個人の人格権に基づき、グループ名に係るパブリシティ権を行使できると解される。…そうすると、一審原告らは、本件グループ名についてパブリシティ権を行使することができる。ところで、パブリシティ権は人格権に基づく権利であって一審被告会社に譲渡できるとは考え難い上、本件契約書をみても、一審原告らが一審被告会社に対してパブリシティ権を譲渡する旨の記載はなく、また、本件専属契約終了後において、一審原告らによるパブリシティ権の行使を制限する根拠となるような記載もない」。

（しろやま・やすふみ）

取引|1　改正前 597 条 2 項ただし書 [現 598 条 1 項] の類推適用による使用貸借の解除

名古屋高判令2・1・16
平31(ネ)307 号、建物収去土地明渡請求控訴事件
(変更・請求一部認容、上告受理申立〈上告不受理〉)
判時 2520 号 21 頁
一審：名古屋地半田支判平 31・3・26 判時 2520 号 27 頁

三枝健治　早稲田大学教授

現代民事判例研究会財産法部会取引パート

●――事実の概要

(1)　本件は、甲及び乙土地を所有するＸが、Ｙに対し、ⓐ両土地の使用貸借の終了を理由に、甲土地上に存するＹ所有の丙建物の収去と、占有する両土地の返還、さらにⓑ不法行為を理由に、両土地の賃料相当額の損害賠償を求めて提訴したものである。

(2)　Ａ・Ｂの長男がＸ、次男がＣ、また、Ｃ・Ｄの子がＹである。従ってＸ・Ｙは叔父・姪、Ａ・Ｙは祖母・孫の関係にある。

(3)　平成 10 年 8 月 10 日にＢが死亡し、遺産分割協議の結果、Ｂ所有の甲土地はＡとＸが持分 1/2 ずつ共有し、乙土地はＸが単独所有することとなった。なお、令和元年 6 月 7 日に甲土地もＸの単独所有となり、原審でＸとともに原告であったＡは控訴審では原告となっていない。

(4)　平成 10 年 8 月 18 日、ＣとＤは、Ｙの親権者を母親Ｄと定めて協議離婚した。

(5)　平成 14 年 6 月頃、離婚して精神的に疲労状態にあったＣと高齢のＡが相互に扶助しながら同居する建物を新築する目的でＸ・ＡとＣの間に甲及び乙土地の使用貸借（以下、本件使用貸借）が成立し、同月 17 日、Ｃは、住宅ローンを借りて新築した甲土地上の自己所有の丙建物で、Ａと同居を開始した。

(6)　平成 21 年 10 月 13 日、Ｃの申立てにより、Ｄの虐待からの保護を求めた当時中学生のＹの親権者をＤからＣに変更してその監護教育をＣが引き受ける旨の調停が成立した。以後、Ｙは、丙建物でＣ及びＡと同居した。

(7)　平成 27 年 7 月 28 日、当時 19 歳のＹは住民票上の住所を丙建物からＤ宅に移した後、同年 12 月、丙建物を退去してＡ及びＣとの同居を解消し、Ｄ宅とは別の場所で交際相手と同棲した。平成 28 年 12 月、Ｙは同棲解消後も、丙建物に戻らず、Ｄ宅に転居した。

(8)　平成 29 年、うつ病となっていたＣが自死し、単独でこれを相続したＹがＣ所有の丙建物を承継取得した。Ｃの死亡後、Ｙは、同年 11 月又は 12 月頃、丙建物で生活をはじめ、甲及び乙土地を占有した。

他方、Ａは、Ｃの死亡後、丙建物を出て施設に入所した。それまでの短期の同居期間にＹがＡの世話をしたことはなく、施設入所中のＡと交流したこともなかった。

(9)　Ｘは、Ｃ死亡の翌日には、Ｙに丙建物の承継取得を断念させるべく相続放棄を迫った。Ｙは、これに反発する感情を持ち、甲及び乙土地の無償利用についてＸに謝意を示さないばかりか、Ｘが嫌悪するＤと丙建物でほぼ一緒に生活した。これらにより、Ｘ・Ｙの人間関係は悪化していた。

(10)　Ｘは、本件使用貸借の目的がＡとＣの同居だけであるとして、Ｃの死亡に伴い、㋐借主の死亡（改正前 599 条 [現 597 条 3 項]）又は㋑目的の達成（597 条 2 項）による終了を理由に前掲 (1) を求め、本件訴訟を提起した。原審は、本件使用貸借の目的が、Ｙの主張するような丙建物の所有にあるとは言えないが、Ｘの主張するようなＡとＣの同居だけにとどまるわけでもないとし、Ｘの請求を棄却した。

(11)　Ｘは、控訴のうえ、本件使用貸借の終了原因として、㋐㋑に加え、㋒信頼関係の破壊による改正前 597 条 2 項ただし書 [現 598 条 1 項] の類推適用を追加主張した。

●――判旨

請求一部認容。(ここでは請求ⓐについてのみ紹介)。

(1)　㋐借主の死亡又は㋑目的の達成による終了について

本判決は、㋐㋑の各主張について、以下の原審の判断を引用した。すなわち、(i) Ｃにとって、Ａから生活費の援助を受けていても、本件使用貸借の目的がＡとの同居だけであったとは言えない、(ii) Ａ

とCが同居して相互に扶助することを眼目としていたが、住宅ローンも考慮すると、Cが先に死亡した場合に本件使用貸借を終了させ、丙建物を収去することまで予定されていたとは認められない、(iii) CがYの素行不良に悩まされることはあったが、Cが、自らの死亡後、本件使用貸借を終了させ、丙建物を取り壊して欲しいとまで考えていたとは認められない等に照らし、本件使用貸借の目的がAとCの同居に尽きるとは認められず、㋐㋑の主張は否定される。

(2) ㋒信頼関係の破壊による終了について

また、本判決は、XとYの関係がCの死亡後、悪化している事実に言及のうえ、次のように判示し（符号一部変更）、㋒の主張を肯定した。

「Yは、平成27年12月頃まで丙建物においてC及びAと同居していた時には、親権者であるCの監護の下に丙建物に居住し、鍵も所持していなかったのであるから、あくまでCの占有補助者として丙建物に居住していたにすぎなかったものであるし、同月に交際相手と同棲するために丙建物から転居し、同棲解消後も丙建物に戻らなかったのであって、C死亡時……に丙建物に居住していなかったことはもちろん、それより約1年半前に住所を丙建物から別の場所に移していたのであるから、Yの居住先を確保するために、Cを借主とする甲及び乙土地の使用貸借を、同人死亡後においても存続させる必要性は見い出せない。加えて、YとX及びAは親族ではあるが、YはXに告げることなく丙建物での居住を開始し、現時点でYとXとの人的関係は悪化しているし、Aは施設で生活していてYと交流はない」。

「以上を踏まえると、本件使用貸借の当事者の信頼関係は破壊されているから、〔改正前〕民法597条2項ただし書の類推適用により、貸主であるXは、本件使用貸借を解約することができる」と解される。

なお、「Yは、信頼関係破壊の原因がYに帰責性のあるものに限るべき旨主張するが、債務不履行に基づく解除とは異なるものであり、そのように限定的に解する根拠は明らかではないから、採用することができない」。

● ──研究

(1) 序

本件使用貸借は2017年改正民法の施行日前に成立したものであるから、改正前の規定が適用される（改正附則34条1項）。しかし、改正前597条2項ただし書は改正後の598条1項と実質的に異ならず、本判決は598条1項を類推適用した事案として、今後も意味を持つ。

使用貸借の終了事由は下表の通りで、仮に期間又は目的のいずれも約定されていない場合、規定上、貸主は⑤により使用貸借を即時に終了させることができる。しかし、無償といっても様々な背景があり、常に規定通りとしては妥当でないこともある。また、不動産使用貸借において借主の生活基盤の確保に配慮が必要なこともある。

そこで、判例は、④' 目的の達成に必要な相当期間の経過を理由に解除を認める改正前597条2項ただし書［現598条1項］を積極的に適用し、⑤の適用範囲を制限する。この④'の積極適用には「拡張適用」と「類推適用」の二つの方法があり、そのうち、本判決は当該規定の「類推適用」により、当事者の信頼関係の破壊を理由に解除を認めた最二判昭42・11・24民集21巻9号2460頁に依拠した。

もっとも、最判昭和42年については、今般の債権法改正で明文化が断念された。本稿では、この経緯も踏まえ、本判決の意義を明らかにしよう。

	終了事由	改正前規定	現行規定
①	債務不履行解除	541条・543条	541条・542条
②	借主の死亡	599条	597条3項
③	期間の満了	597条1項	同左
④	目的の達成	597条2項本文	597条2項
④'	目的達成必要期間の経過による解除	597条2項ただし書	598条1項
⑤	貸主の任意解除	597条3項	598条2項

(2) 使用収益の「目的」

④で終了の基準として達成の有無が判断される「目的」は、個別具体的な目的を意味し、建物所有（土地の使用貸借）や居住（建物の使用貸借）といった一般抽象的な目的では足りないとされる[1]。仮にそれらを「目的」と認めると、建物が滅失しない限り、目的が達成されたとは言えず、貸主は使用収益を終了させることができなくなって不当だからである。本件使用貸借の目的は単に丙建物の所有であるとのYの主張が退けられたのもそのためである。

しかし、こうして目的を個別具体的なものに限定すると、明確な目的が約定されていなければ⑤が適用され、期間が約定されていない限り、借主は貸主の一存で使用収益が即時に終了する不安定な立場におかれる。

(3) 改正前597条2項ただし書
　　［現598条1項］の拡張適用

そこで、判例は、「目的」の解釈を柔軟化し、④'を「拡張適用」することで、⑤の適用範囲を限定する。例えば、38年8ヶ月継続していた土地の使用貸借の解除を認めた最一判平11・2・25集民191号391頁がそうである。

同判決は、土地の使用貸借の目的が建物所有にあるとしつつ、最二判昭45・10・16集民101号77頁（土

地の使用貸借が15年8ヶ月継続）を引用し、「土地の使用貸借において、〔改正前〕民法597条2項ただし書所定の使用収益をするのに足りるべき期間が経過したかどうかは、経過した年月、土地が無償で貸借されるに至った特殊な事情、その後の当事者間の人的つながり、土地使用の目的、方法、程度、貸主の土地使用を必要とする緊要度など双方の諸事情を比較衡量して判断すべきものである」と判示した。

本来、ここでの「目的」も、建物所有という一般抽象的なものでは足りないはずである。しかし、親族間において個別具体的な目的が明確には約定されず、その認定も困難である場合に、⑤の適用を排除すべく、同判決はあえて一般抽象的な目的を以てよしと認め、いわば④'を拡張適用し[2]、貸主と借主の利害を比較衡量のうえ、目的の達成のために必要十分な相当期間が経過したか判断するとした。

この判断で特に重視されたのが、長期間の経過とそれに伴う当事者の関係の著しい変化である。未だ建物が朽廃しておらず、居住の必要性が借主にあるが貸主にはない事案で、当事者の関係が長期間の経過により著しく変化していることを理由に、目的に従った土地の使用収益に必要十分な期間が経過したとして、継続中であった土地の使用貸借の解除が認められた。

(4) 改正前597条2項ただし書 ［現598条1項］の類推適用

判例は、使用収益の一般抽象的な目的が約定されているにとどまる場合に、⑤の適用を制限すべく、個別具体的な目的を積極的に認定し、④'を「類推適用」することで、貸主と借主の利害を比較衡量のうえ、当事者の信頼関係が破壊されたと認めうれば解除により終了するともする。本判決の先例の最判昭和42年は、土地の使用貸借が9年以上継続していた事案で、使用貸借の目的の一部が建物所有にあるとしつつ、さらに貸主である親の扶養のみならず兄弟の扶助もその眼目にあったと認め、「さしたる理由もなく〔貸主〕に対する扶養を廃し……兄弟（妹）とも往来を断ち、3、4年に亘りしかるべき第三者も介入してなされた和解の努力もすべて徒労に終つて、相互に仇敵のごとく対立する状態となり、使用貸借契約当事者間における信頼関係は地を払うにいたり、……〔借主〕に本件土地を無償使用させておく理由がなくなつてしまつたこと等の事実関係のもとにおいては、〔改正前〕民法第597条第2項但書の規定を類推し、使用貸主は使用借主に対し、使用貸借を解約することができる」と判示した。

同判決は、建物所有という約定の目的を超え、親族の扶養・扶助という、いわば契約の前提とされた個別具体的な事情も積極的に広く目的に取り込み、必要期間の経過により目的の達成が擬制される本来の場合にとどまらず、信頼関係の破壊により目的の達成が不可能となった場合にも④'を類推して適用し、解除による使用貸借の終了を認めた。目的の達成が不可能となったときも、通常必要とされる期間が既に経過したときと同様、目的は未達成であるが契約を続ける必要がもはやなくなっていると考えられる点に、類推の基礎があると言えよう。

(5) 最判昭和42年に対する批判

この最判昭和42年には、④'の類推適用という法律構成と、信頼関係の破壊という実質基準の二点に批判がある[3]。

前者の批判は、例えば、「目的」として、契約の前提にすぎない親族の扶養・扶助という個別具体的な事情まで約定されていれば、扶養・扶助の負担付使用貸借と構成しうるから、借主が扶養・扶助をしなければ、債務不履行解除による終了が認められる（553条参照）との主張に見られる[4]。

後者の批判は、使用貸借の終了を当事者の信頼関係の破壊にかからしめると、当事者に紛争が生じればそれだけで信頼関係が破壊されたとして安易に終了させられかねないとの懸念を出発点とする[5]。実際、債務不履行解除の構成を提言する上述の見解は、信頼関係の破壊の有無という裸の事実ではなく、不履行事実と帰責事由という基準に従って終了を判断すべきであるとの考えによるものでもある。また、賃貸借において信頼関係の破壊の法理が債務不履行時に適用されるように、使用貸借においても信頼関係の破壊が単なる人間関係の問題ではなく、扶養・扶助をしながら使用収益するという用法義務の不履行時に初めて適用されるべきものであるとの批判も、同様の懸念によるものである[6]。

以上の批判は、今般の債権法改正において、最判昭和42年の明文化が試みられた際にも現れた。すなわち、仮に当事者の信頼関係が破壊されたことを理由に使用貸借を解除することができるとすれば、借主である労働組合の事務所の使用貸借は、貸主である企業と対立しただけで信頼関係が破壊されたとして解除されかねないとの批判が寄せられ、明文化の試みは中間試案の段階で断念されたのである[7]。

確かに、反対説の言うように、扶養・扶助を使用貸借契約上の債務又は負担と捉えて債務不履行解除や、扶養・扶助の不提供を解除条件と捉えて条件成就により使用貸借の終了を導くことが可能なこともある。しかし、使用収益の目的とされた事情は、債

務もしくは負担又は解除条件として約定されていたとは限らず、縁由として契約の前提とされたにすぎないこともあるから、全ての場合にそれらに還元できるわけではない[8]。その意味で、最判昭和42年は、反対説の批判にかかわらず、なお存在意義が認められる。実際、本判決も、④'の拡張適用が債務不履行解除とは異なることを確認している。

(6) 本判決の検討

本件は、元々、X側とDが反目する中（B死亡後の遺産分割協議で甲及び乙土地の持分の取得がCに何ら認められなかったのは、当時Cの配偶者であったDにCを介して利益が渡らないようにするもので、CにDと離婚後、甲及び乙土地の使用貸借が認められたのは、その穴埋めでもあったと推測される）、Cの死亡後、丙建物でのEとDとの同居を契機に紛争となった。

本件使用貸借では、甲建物の所有以上の目的は明確には約定されていなかった。そこで、本判決は、AとCが丙建物に同居して相互に扶助することを目的としていると認めつつ、さらに住宅ローンまで借りて建築された丙建物がCの死亡後に直ちに収去されることが予定されていなかったことから、Cの死亡後にAとEが相互に扶助することもまた目的に含まれていると─明言こそされていないが[9]─理解した。これにより、Cが死亡してもE・Cの相互扶助の目的は未だ達成しておらず本件使用貸借は存続するが、XとCの信頼関係が破綻されたことでこの目的の達成は不可能になったとして、④'の類推適用により、Xによる解除が認められた[10]。

Xに⑤を認めないようにするには④'の拡張適用と類推適用の二つの方法がある中、本判決が後者の方法をとったのは、Xの請求がそう選択していたことのほか、上述のように、丙建物の所有にとどまらない個別具体的な目的の認定が可能であったこと、本件使用貸借の継続期間である17年が最判平成11年の予定する相当長期の「経過した年月」とまで言えるか微妙であったこと[11]が理由であろう。

最判昭和42年を批判する見解に従い、本件使用貸借について、Aが扶助されなくなることを解除条件としたもの、あるいはAの扶助をC・Eの債務又は負担としたものと構成することも、理論的には考えられそうである。しかし、明確に約定されていない中、契約の前提としての目的＝縁由を超えて条件又は債務もしくは負担と認めることは簡単でないし、仮にそう認定が可能であっても、④'の類推適用が論理的に排除されるわけではない。

最判昭和42年に対する懸念は、⑤の適用範囲を限定しようとしたにもかかわらず、当事者の信頼関係の破壊を口実に安易な解除が結果として認められかねないことに向けられていた。最判昭和42年自体は、信頼関係の破壊があればそれだけで貸主が解除することを認めるが、少なくとも本判決において、Cの死亡前に既に丙建物から退去していたEが、相続を契機に丙建物に戻って生活する必要性はないとの事実も強調されたうえで解除が認められたのは、この懸念が意識されてのことであろう。

信頼関係の破壊だけを基準に解除の可否を決することの懸念を解消するには、例えば、借主に破綻原因があって初めて解除ができると限定することも考えられる。しかし、本判決では、④'の類推適用による解除は、債務不履行解除と異なるとして、それは否定された。信頼関係の破壊の原因は複合的なことが少なくないから、貸主と借主のいずれに原因があるか探求しない本判決の立場は賢明と言えよう[12]。

（さいぐさ・けんじ）

---

1) 例えば、幾代通＝広中俊雄編『新版注釈民法 (15) 債権 (6)』（有斐閣、1996年）117頁以下〔山中康雄執筆〕。
2) 岡本岳「判批」判タ1036号（2000年）87頁は、「最高裁の判決を見ると、最高裁は、必ずしも〔改正前〕民法597条2項の使用収益の目的を、『建物所有の目的』又は『居住の目的』というような、一般的、抽象的な目的では足りず、より個別的、具体的な目的でなければならないと解しているわけではない」と指摘する。
3) 最判昭和42年をめぐる学説上の議論について、安井・前掲67頁以下参照。
4) 例えば、平井宜雄「判批」法協86巻3号（1969年）128頁以下。
5) 中田裕康『契約法新版』（有斐閣、2021年）385頁。
6) 広中俊雄『債権各論第6版』（有斐閣、1994年）126頁。
7) 提案として、民法（債権法）改正検討委員会『基本方針』【3.2.5.10】、法制審議会・民法（債権法）部会・部会資料45・49頁以下参照。また、法制審議会の部会内の議論として、第16回議事録PDF版17頁以下、第56回議事録PDF版6頁以下参照。
8) 森孝三「判批」民商59巻1号（1968年）174頁以下。
9) 本判決は、A・Cが丙建物に同居して相互に扶養する以上の目的が本件使用貸借にはあるとの原審の判断以上に目的を特定していない。しかし、本判決で新たに解除の根拠とした④'の類推適用において、信頼関係の破壊自体ではなく、それにより目的の達成が不可能になったことが解除の原因であるとすれば、達成が不可能となった目的が何かを明示する必要が本来はあったことになる。
10) 土地の使用貸借の終了により生じる建物の収去又は明渡しの不利益を解消するため、裁判例の中には、貸主は借主に一定の金銭の支払が必要であるとするものもある（例えば、大阪高判平2・9・25判タ744号121頁、東京地判令3・6・24判時2527号66頁）。貸主と借主の諸事情を総合的に勘案する判例の姿勢の一つとも言えるが、その一般化は相当慎重であるべきであろう。
11) 最判昭和45年は、土地の使用貸借の継続期間であった15年8ヶ月を「年月の経過としては、一応相当な期間と解しえないことはない」とかろうじて認める。
12) 遠藤研一郎「信頼関係破壊による使用貸借契約終了と597条2項但書」法セミ600号（2004年）17頁は、帰責事由の考慮が必要な債務不履行解除より、それが不要な④の類推適用による解除のほうが紛争解決に適合的とする。

取引 2 新型コロナウイルス感染症の流行が結婚式場の利用契約に与える影響

東京地判令3・9・27
令2(ワ)15365号、前受金返還請求事件
判時2534号70頁

山城一真　早稲田大学教授

現代民事判例研究会財産法部会取引パート

●──事実の概要

　Xは、2019年9月16日、結婚式の企画運営等を業とするYとの間で、2020年3月28日に、Yが経営する結婚式場（東京都港区、最大収容人数110名）において、招待客を102名とする挙式・披露宴を行うとの契約（以下、「本件契約」という）を締結し、本件契約に基づく前受金として合計615万3289円を支払った。

　本件契約には、次の条項があった。①「お客様のご事情」による解約には「解約料」を課する。②申込み時に20万円を前受金として受領し、解約時には解約料に充当する。③挙式日の14日前から前日までの解約については、見積額（直近の見積書に記載された婚礼費用をいう。ただし、サービス料を除く）の全額から飲み物および引き出物の費用を控除した額を解約料とする。④天災、第三者による事故及びYの責めに帰すことのできない事由（「不可抗力」という）により「ご婚礼を実施することができなくなった」ときは、本件契約は消滅する。その場合には、申込金その他受領済の婚礼費用全額を返金する。

　この間、2019年末頃に中国・武漢でウイルス性肺炎が発見され、2020年1月7日、その原因が新型コロナウイルスであることが判明したが、2020年3月28日当時、その治療法は解明されていなかった。日本国政府は、2020年4月7日、東京都等を対象として、新型インフルエンザ等対策特別措置法32条に基づく緊急事態宣言を発出した。

　以上の状況において、Xは、2020年3月25日、Yに対し、本件契約の解約を申し入れた。これを承けて、Yは、2020年4月3日、上記条項③に従って算定された458万4520円の解約料請求権を自働債権とし、Xから受領した前受金615万3289円の

返還債務に係る債権を受働債権として対当額で相殺する旨の意思表示をしたうえで、Xに対し、その差額である129万8769円を支払った。

　これに対して、Xは、次のように主張し、受領済の婚礼費用全額の返金を請求した。(1)新型コロナウイルスのまん延によって、100人程度の参列者が予定された本件挙式を行うことは不可能になったのだから、婚礼を実施することができなくなったのであり、本件契約は、条項④に基づいて消滅する。(2)Yは、新型コロナウイルスの感染を防止し、本件挙式の参列者の安全を最大限に図る債務を負っていたにもかかわらず、これを履行しなかったから、Xは本件契約を解除することができる。(3)Xは、事情変更の法理により、本件契約を解除することができる。

●──判旨

　請求棄却

　(1)「同年〔2020年〕3月25日の時点では、東京都知事からの上記のような自粛要請はあったものの、政府から緊急事態宣言は発出されておらず、同月25日時点での1日当たりの新規感染者数は41名、同月28日までの累計の患者数も712名であって、東京都の人口からすれば、感染者数は極めて少数であったこと、その後に発出された緊急事態宣言においても、東京都の休業要請等の対象に結婚式場は含まれていなかったこと、Yにおいても、新型コロナウイルスの感染拡大を防止する措置を講ずることで、Xが本件挙式を予定していた同月28日に、現に別の組の挙式と披露宴を行ったことなどの事情が認められる。また、東京都は、都民に対し、換気の悪い密閉空間、多くの人の密集する場所及び近距離での会話という3つの条件が重なる場を避けるよ

うに要請していたが、本件挙式が予定されていた結婚式場は天井が非常に高い聖堂であった上、挙式中は、参列者同士が会話することも想定されていなかったことからすれば、上記３つの条件が重なる場に該当すると認められず、披露宴会場についても、挙式中と異なり参列者同士の会話は想定されるものの、一般的に、参列者が着席するテーブル同士の空間や参列者同士の座席の間隔は比較的余裕をもって配置されていることが通常であるし……、ＸやＹ従業員から参列者に対して感染のリスクを低減させるための様々な注意喚起をすることも可能であったというべきであるから、上記３つの条件の重なる場に直ちに該当するものであるとはいえない。

そうすると、およそ挙式や披露宴を開催することが不可能であったとは認められないから、本件挙式を実施することが不可能であったとまではいえない。

以上からすれば、本件においては、新型コロナウイルスまん延により、結婚式を執り行うことが不可能であったとまでは認められず、本件消滅条項における『不可抗力』により『ご婚礼を実施することができなくなった場合』には該当しない」。

（２）「Ｙは、Ｘに対し、本件契約に付随する義務として、挙式と披露宴に参列する者に対し、それらが実施される時点において、結婚式場として通常要求される程度の安全配慮義務を負っていたものと解するのが相当である。

……本件挙式場は、当時、東京都が避けるべきとして要請していた換気の悪い密閉空間、多くの人の密集する場所及び近距離での会話という３つの条件が重なる場であったとは認められない上、Ｙは、新型コロナウイルスの感染防止対策として、従業員にマスクの着用を求めるほか、結婚式会場の各階に消毒液を設置するなどといった消毒の徹底、新型コロナウイルスの感染可能性が高い従業員についての出勤停止措置、感染リスクの高いデザートビュッフェの中止などを行っていたのであって、2020年３月28日当時、Ｙとして考えられる感染防止対策を行っていたと評価することができる。そして、これらのＹによる対策が、他の結婚式場や宴会場に比べて問題があるものであったとは認め得るような事情はない。

そうすると、Ｙが、本件契約の付随義務について債務不履行があったと認めることはできない」。

（３）「少なくとも、緊急事態宣言が発出されていなかった2020年３月25日又は同月28日の時点では、政府や東京都から結婚式場に対して休業の要請

はされておらず、Ｙにおいては、その当時考えられる感染防止対策も講じており、Ｘ及びＹが協力して、参列者の人数や遠方からの参列者を制限したり、参列者に対して大声での会話をすることを控えるよう求めたり、また、頻繁に換気をしたりするなどして、当時東京都が避けるべきとして要請していた換気の悪い密閉空間、多くの人の密集する場所及び近距離での会話という３つの条件が重ならないよう努めることによって、可能な限り感染のリスクを抑えつつ、本件挙式を開催することは可能であったというべきである。そうするとそのような挙式が、Ｘが本件契約当時思い描いていた挙式と異なる部分があったとしても、新型コロナウイルスのまん延が当事者双方の責によるべきものではないことに照らすと、本件契約にＸが拘束されることが、信義則上著しく不当であるとまではいえ」ない。

*引用にあたり、証拠の摘示等は適宜省略した。

●──研究

本件においては、新型コロナウイルス感染症の流行下において、結婚式の開催を目的とする契約を顧客側から解約したことにつき、約定の解約料を支払われなければならないかが問題となった。ここでは、外来原因による後発的リスクをいずれの当事者が負担すべきかが問題となるが、本件の一つの特徴は、履行請求権の限界ではなく、いわば受領拒絶の正当性が問われた点にある。以下では、判旨が掲げる三点の論拠の法的位置づけを確認しつつ、それぞれの焦点を分析する。

1 不能

「不可抗力」によって「ご婚礼を実施することができなくなった」場合には契約は当然に終了する旨を定める条項につき、判旨(1)は、これを「新型コロナウイルスまん延により、結婚式を執り行うことが不可能であった」ことを要求する趣旨とみる。ここで問われたのは、原因の「不可抗力」性に先立ち、そもそも履行が「不能」か否かである。二つの問題がある。

第一に、条項が想定する「不能」の意義である。これは、終局的には契約条項の解釈の問題に帰着する。ただ、一般的な理解によれば、「不能」は、物理的不能より広い事情を含むと考えられてきたといってよい。

第二に、いわゆる社会通念上の不能をも考慮するとして、その内容をどのように理解するか。本件に

即していえば、履行を困難にする事情ではなく、受領拒絶を正当化する事情をも「不能」判断の基礎とすることができるか否かが問題となる。

受領に障害がある場合が不能に包含されるとすると、債務者にとっては給付が可能であるにもかかわらず、履行による免責を得られない場合があることとなる。しかし、一般論としていえば、債権者が弁済を受領することができないときは、債務者には供託による免責の可能性が認められるのだから（民法494条1項2号[以下、法令名略]）、債権者による受領障害を理由として債務者による履行機会を奪うことは想定されていない。

これを踏まえて本件をみると、判決は、結婚式場に対する休業要請がされていなかった以上、会場の提供自体は可能であったとの前提に立ち、感染リスクを抑えつつ挙式を開催することは不能とはいえないとみる。これに対して、本件類似の事案を扱った名古屋地判令4・2・25（令2(ワ)3686号・令3(ワ)4026号）は、緊急事態宣言の翌日に解約申入れがされた事案につき、感染防止のため式典を取りやめる必要があると判断するについてやむを得ない事由があったとして、顧客による取消料の支払義務を否定した[1]。同判決は、不能法理に依拠するものではなく[2]、本判決と判断を分けたのが宣言の前後という事実関係の相違であったかを確言することもできない。とはいえ、本件当時の状況において感染のリスクを適切に評価し、履行可能性を判断することができたか否かは、微妙な問題ではあろう。

2 受領拒絶・解除の正当化

以上のほか、受領拒絶または解除が正当化される余地はないか。二つの論拠が考えられるであろう。

(1) 効用の喪失——事情変更の法理

第一に、Yによる履行は可能であるとしても、感染拡大が懸念される状況下では招待客が集まらないことが予想される。そうである以上、契約において想定されなかった後発的事情により、Xにとって給付が無益となったとして、契約からの離脱を主張することはできないか。判旨(3)は、この点に関わる。

新型コロナウイルス感染症の流行に伴い、後発的な障害事由の発生に関する当事者間のリスク分担が論じられた問題として、社会経済活動の停滞によって減収が生じた場合における賃料支払拒絶をめぐる議論がある。そこでは、賃借人に与えられた使用収益権能の経済的価値が無に帰した限度において、契約の拘束力を免れることができるかが問われた。こ

の点につき、学説においては、賃貸人の義務は目的物を使用・収益することができる状態におくことにあるとの見地から、①営業活動の停止・短縮に伴う減収は賃借人が負担すべきである一方、②商業施設そのものが閉鎖されたために店舗の使用ができなくなったときは、使用・収益自体が妨げられるから、賃料支払義務を免れる（611条を参照）との分析が示されている[3]。

これと比較すると、本件においてYが果たすべき義務は、会場を使用可能な状態にすることまでであり、参列者が実際に招待に応じるか否かはXが負担すべきリスクだといえるであろう。参列予定者の不参加というリスクにつき、Yに格別の回避策があるともいえないことからみても、以上は適切な理解だと考えられる。

そのうえで、問題は、事情変更の法理の適用要件がなお充足される余地があるかである。本判決が、挙式が可能であることを前提として、Xが契約に拘束される結果となっても「信義則上著しく不当」とはいえないとしたのは、上記のリスク分配を変更すべき事情はないとの評価によるものとみられる。なお、この判断は、判例が提示するいわゆる四要件に即するものとみられるが[4]、信義則上の不当性を否定して請求を棄却した以上、本判決は、その他の要件の存否に触れるものではない。本件と同様の事情のもとで、事情変更に予見可能性が認められるか等の問題は[5]、その射程外にある。

(2) 安全性の欠如——安全配慮義務違反

第二の論拠は、挙式を敢行することに感染リスクが伴うとするものである。安全配慮義務違反を問題とする判旨(2)は、この趣旨を含むとみられる。

本判決は、義務違反性の認定につき、他の結婚式場や宴会場と比較して、考え得る対策を行っていたか否かを問題とする。とはいえ、安全配慮義務が尽くされたとしても、客観的にはなお感染リスクを払拭することができなかったのであれば、受領拒絶はなお正当であろう。この点に関する本判決の立場は、判旨(3)における「感染のリスクを抑えつつ、本件挙式を開催することは可能であった」との説示に含意されているとみられ、本判決は、客観的にみても十分な安全性が確保されていたとの認定を基礎とする。ただし、この点についても、本件当時、当事者が適切に挙式の安全性に関する判断を下すことができたかという疑問は残るであろう（1をも参照）。

3 解約料の法的性質

本件では、Xによる解約が有効であること自体には争いがない。このことを前提としてXが支払を義務づけられる解約料は、Yにとって不利な時期に契約が解除されたことを理由とする損害賠償たる性質を有すると考えられる[6]。

損害賠償義務の成否については、解除の可否とは異なるリスク分配の原理が妥当する。とりわけ、一般法上、やむを得ない事由による契約の解除については損害賠償義務を免れさせる規律があることを考慮すれば[7]（628条後段、651条2項を参照）、本件においても、同様の観点から解約料支払義務の発生を争う余地があったのではないか。本件では争点とされていないが、事実の概要欄①記載の条項の適否、特に、本件解約が「お客様のご事情」によるものか否かについては、なお議論の余地があるようにも思われる[8]。挙式を敢行することの安全性を正確に評価することが当事者にとっては困難であったという事情は、この点の評価においては重要な意味をもつであろう。

4 おわりに

本件が提起した問題は、一般的に定式化するならば、契約外在的な危険によって給付の受領が困難になった場合の契約の帰趨だといえる。

履行請求権の限界事由との関係では、近時、合意によるリスク分配の重要性を強調する議論が有力である。それは、履行困難を生じさせる事由については、ある程度までは契約締結時に予見することが期待されるからであろう。これに対して、本件において顕在化したのは、履行に関わるリスクというよりは、給付の受領（結婚式の開催）が人の健康に対して危険を及ぼすという、社会生活一般における危難である。この種の事情にまで合意によるリスク分配という思想が及び得るかについては、慎重な検討を要しよう。

なお、そのような事情のもとでも、当事者間の交渉による解決を図ることは有力な方途となり得る[9]。ただ、本件のような消費者取引においては、当事者間の交渉を期待することには限界があることにも（消費者契約法1条を参照）、併せて留意する必要があろう[10]。

（やましろ・かずま）

---

1) 2020年6月14日に予定されていた結婚式につき、緊急事態宣言発令の翌日である2020年4月8日に解約申入れがされた事案。判決は、次のように説示し、契約条項に基づく取消料の支払請求を棄却した。同契約には、「当ホテルの契約解除権」として、「天災または施設の故障、その他やむを得ない事由により宴会場等を使用することができなくなった場合」等における解約条項があり、これに基づく解約権が行使されたときは、取消料等の支払は想定されていない。これに対して、利用者からする解約については定めはないが、やむを得ない事由によって利用者が契約を解約する場合には同様に考えるべきである。しかるに、4月8日の時点においては、「新型コロナウイルス感染症の全国的かつ急速なまん延及びこれによる国民生活等への甚大な影響の可能性が指摘され、3つの密を避けるなど感染防止対策をとる必要性が強く意識される一方、感染収束に向かうとの具体的な見通しを（少なくとも一般の国民の認識としては）持ち得ない状況であったから」、「感染防止のため取りやめる必要があるとの判断に至らざるを得なかった」。
2) 名古屋地裁判決は、履行・受領が困難な外来原因が生じたときには、ホテルのみならず、顧客にも金銭支払義務を伴わない解除権が認められるべきであるとの一般論を展開する。とはいえ、先に述べたところとも関わるが、上記の条項を根拠として、両当事者に等しく損害賠償義務を伴わない解除権が与えられるべきだといえるかには議論の余地があろう。ホテル側の解除は（債務者に帰責事由のない）履行不能（542条1項1号）を根拠とするのに対して、顧客側の解除にはそのような根拠がないからである。
3) 以上は、吉政知広「新型コロナウイルス感染症の契約関係への影響と契約法」法学教室486号（2021年）19頁による。さらに、松井和彦「コロナ禍における家賃問題」法時92巻10号（2020年）1頁をも参照。
4) 中田裕康『契約法』（有斐閣、新版、2021年）46頁は、最二判昭29・2・12民集8巻2号448頁および最三判平9・7・1民集51巻6号2452頁を踏まえて、①契約の基礎となっていた客観的事情が契約締結後に変化したこと、②①について当事者に予見可能性がなかったこと、③①が当事者の責めに帰することのできない事由によって生じたものであること、④①の結果、当初の契約内容に当事者を拘束することが信義則上著しく不当と認められることの四点を事情変更の法理の要件として挙示する。
5) この問題に関する分析として、石川博康「パンデミックによる事情変更と契約の改訂」社会科学研究72巻1号（2021年）29頁、特に36頁以下を参照（なお、「同」ジュリ1550号（2020年）50頁をも参照）。
6) いわゆる解約料の法的性質につき、消費者庁消費者制度課『逐条解説・消費者契約法』（商事法務、第四版、2019年）283頁を参照。
7) ここでの損害賠償は、債務不履行に基づくものではないから、415条1項ただし書に免責の根拠を求めることはできない。とはいえ、損害の回避につき期待可能性がない場合には賠償義務は生じないとの価値評価は、その他の場面にも妥当し得るのではないかと思われる。
8) 本件では「事実の概要」欄③記載の条項に基づいて解約料が算定されているため、委細は認定されていないが、当該条項には、解約時期がより早い場合には「完成済みの代金」（「製作済みの印刷物などお申込み内容を実施・引渡し済みの代金」）を算定の基礎とする旨が定められているため、Xによる解除がやむを得ない事由によるものと認められるとしても、「完成済みの代金」に関する賠償責任は免れないというべきであろうか。
9) 吉政・前掲注3)論文19頁は、この点に焦点を当てる。
10) なお、コロナ禍のもとでの消費者契約のキャンセルをめぐる法的問題につき、第10回消費者契約に関する検討会（2020年11月11日）における議論（https://www.caa.go.jp/policies/policy/consumer_system/meeting_materials/review_meeting_001/021919.html）をも参照。

担保 給与ファクタリング取引を金銭消費貸借契約であると性質決定した事案

東京地判令3・1・26
令元(ワ)35172号、金銭支払請求事件
金法2171号78頁、判時2527号60頁

角 紀代恵 立教大学名誉教授・弁護士

現代民事判例研究会財産法部会担保パート

●——事実の概要

　ファクタリング業を営むXは、令和元年7月23日、Yの申込みに応じて、Yが勤務先Aに対して有する同月8月分の給与債権（20万円）のうち10万円分を6万円で買い取ることを約し、同債権買取額から振込手数料324円を控除した5万9676円をYの銀行口座に振り込んだ。債権譲渡通知については、Yは、勤務先への通知を行うこと及びその内容・時期の決定をXに委任した上で、勤務先への譲渡通知を同年8月21日午前中まで保留することを希望し、それまでにYが譲渡に係る給与債権を額面額（10万円）で買い戻すことを検討することが、X・Y間で合意された。Yは、同年8月21日までに、Aから同月分の給与全額の支給を受けたが、Xには一切支払わなかった。そこで、Xは、同日頃、Aに対し、Yを代理して、本件給与債権の譲渡を通知したが、Aは、労働基準法24条1項に基づきYに直接給与を支払う方針であり、同月分の給与はYに支払い済みであるとXに返答した。そこで、Xは、債権譲渡契約に由来する受取物引渡請求権に基づき、Xに対して、10万円及びこれに対する請求の翌日である令和元年10月1日から支払済みまで年5分の割合による遅延損害金の支払を求めた。

●——判旨

　請求棄却
　労働基準法24条1項が規定する賃金の直接払いの原則は、賃金債権の譲渡の効力を妨げるものではないが、賃金債権の譲渡があっても、使用者は譲渡人である労働者に対して賃金を支払わなければならない。したがって、賃金債権の譲渡にあっては、譲受人は、譲渡人を通じて、その回収を図らなければならないので、法形式上は、債権譲渡とはいっても、実際には、債権の譲渡人と譲受人の二者間でのみ金銭の移転が発生する点において、実質的には二者間での金銭消費貸借契約取引に類似する面がある。さらに、労働者は、一般に、賃金債権を譲渡してお金を作らなければならないほど経済的に困窮しているという事実を勤務先に知られたくない。そこで、賃金債権を譲渡した労働者は、Xから勤務先に対して債権譲渡通知が行われることを回避すべく、Xと約定した債権譲渡通知期限が到来する前に、賃金債権の買戻しを事実上強制される立場にある。

　以上に挙げた事実関係から、本件契約は「給与債権を事実上の担保とした金銭消費貸借取引に類似する面がある。」そのことに鑑みると、「Xにおける給与債権を事実上の担保とした金銭の交付は、経済的機能として、Xの労働者に対する給与債権の譲渡代金の交付と、当該労働者からの資金の回収とが不可分一体となった資金移転の仕組みが構築されたものと捉えることができるから、「売渡担保その他これらに類する方法によってする金銭の交付」に相当し、貸金業法上の「貸付け」に該当すると解するのが相当であ」る。これらの「事実的・法律的な観点を総合すると、本件契約は、実質的にはXとYの二者間における給与債権を担保とした金銭消費貸借契約であり、貸金業法上の「貸金業」を営む者が行う「貸付け」に該当すると解するのが相当である。」「以上によれば、本件契約が消費貸借契約である以上、債権譲渡契約を根拠としてYが回収した本件給与債権の額面に相当する10万円の支払をYに対して求め

るＸの請求（債権譲渡契約に由来する受取物返還請求権）はそもそも成立し得ない。」

なお、本判決は、傍論として、本件契約の有効性についても判示している。すなわち、本件契約を金銭消費貸借契約に置き換えると、その利息は年利換算800％を超過することになる。したがって、貸金業法42条1項により契約自体が無効となるとともに、公序良俗違反の程度が甚だしいので、ＸがＹに対して給付した貸付金元本は不法原因給付（民708条本文）になり、不当利得返還請求権の行使も許されない、と。

●──研究

1 給与ファクタリングをめぐる近時の動き

ファクタリングは、債権を弁済期前に一定の手数料を取って買い取るサービスであり[1]、債権の譲渡人は、債権の弁済期前に、債権を資金化できるので、ファクタリングは金融機能を有する。ファクタリングの中には、その実質は超高金利の「貸付け」であるにもかかわらず、債権譲渡という法形式に乗じて、貸金業法、出資法を潜脱しようとするものがある。そこで、そのようなファクタリングの法的処遇が問題になる。

概観でも述べたように、ファクタリングには給与ファクタリングと事業者向けファクタリングがある。わが国では、ファクタリングは、従来、主に、中小企業金融の一手法として利用されてきたが、近年、不況やコロナ禍を背景にファクタリング業者が個人である労働者から給与債権を買い取る給与ファクタリングという取引形態が現れるようになった[2]。給与ファクタリングについては、2017年あたりから、問題が顕在化するようになり、2020年以降、給与ファクタリングに関する民事判決が相次いで出されることになる[3][4]。

給与ファクタリングについては、令和2年3月5日、金融庁が貸金業法の適用対象になる旨のノーアクションレターを発出した。同レターは、「個人（労働者）が使用者に対して有する賃金債権について、労働者が賃金の支払を受ける前にそれを他に譲渡した場合においても、その支払については労働基準法（昭和22年法律第49号）第24条第1項が適用され、使用者は直接労働者に対し賃金を支払わなければならず、したがって、その賃金債権の譲受人は自ら使用者に対してその支払を求めることは許されないとの同法の解釈を前提とすると、照会に係るスキーム（個人（労働者）が使用者に対して有する賃金債権を買い取って金銭を交付し、当該個人を通じて当該債権に係る資金の回収を行うこと。）においては、いかなる場合であっても賃金債権の譲受人が自ら使用者に対してその支払を求めることはできず、賃金債権の譲受人は、常に労働者に対してその支払を求めることとなると考えられる。そのため、照会に係るスキームにおいては、賃金債権の譲受人から労働者への金銭の交付だけでなく、賃金債権の譲受人による労働者からの資金の回収を含めた資金移転のシステムが構築されているということができ、当該スキームは、経済的に貸付け（金銭の交付と返還の約束が行われているもの。）と同様の機能を有しているものと考えられることから、貸金業法（昭和58年法律第32号）第2条第1項の「手形の割引、売渡担保その他これらに類する方法」に該当すると考えられる。」と述べている[5]。そして、最高裁も、最三決令5・2・20において、給与ファクタリングは、貸金業法2条1項および出資法5条3項にいう「貸付け」にあたると判示した[6][7]。

2 本判決におけるＸ（譲受人）の主張と判決理由

本件において、給与債権の譲受人であるＸは、譲渡人であるＹに対して、債権譲渡契約に由来する受取物返還請求権に基づいて、Ｙが勤務先Ａから受領した10万円の返還を請求している。債権譲渡契約に由来する受取物返還請求権の意味するところは判然とはしないが、結局のところ、ＸＹの代理受領契約に基づいてＹが受領した金銭のＸに対する引渡債務（民646条）を意味するものであろう。本判決の特徴は、本契約の法的性質を「給与債権を担保とした金銭消費貸借契約」と決定し、そうである以上、Ｘの請求に係る債権譲渡契約に由来する受取物返還請求権は成立しないとしてＸの請求を退けている点にある。本判決と同様に給与債権の譲受人が譲渡人に対して同人が使用者から受領した給与相当額の支払を求めた東京地判令2・3・24、同令2・12・22（注4参照）が、同じく譲受人の請求を棄却するに際して、譲渡人と譲受人間の契約が無効であることを理由とするのと際立った対照を見せている。

さて、本判決が本契約の法的性質を「給与債権を

担保とした金銭消費貸借契約」と決定するに至った要素は、①賃金直接払いの原則（労基法24条1項）により、賃金債権の譲渡にあっては、譲受人は、譲渡人を通じて回収を図らなければならないので、法形式上は債権譲渡とはいっても、実際には、債権の譲渡人と譲受人の二者間でのみ金銭の移転が生ずる点において、実質的には、二者間での金銭消費貸借取引に類似する面があること、②労働者は、使用者に賃金債権を譲渡したことを知られたくないので、使用者への譲渡通知が行われることを回避すべく、賃金債権の買戻しを事実上、強制される立場にあることである。

本件におけるXのYに対する請求は債権譲渡契約を根拠とするものである以上、Xの請求を斥けるためには、本件契約は金銭消費貸借契約であり、債権譲渡契約ではないと判示すれば十分のはずである。しかし、本判決は、それに加えて、「本件契約は、「売渡担保その他これらに類する方法によってする金銭の交付」に相当し、貸金業法上の「貸付け」に該当すると解するのが相当である」と判示している。しかし、Xの請求を斥けるにあたっては、この部分の判示は不要といえよう。

3 貸金業法上の「貸付け」該当性

かつて、手形割引については、ファクタリングと同様に、その法的性質をめぐる争いがあった。すなわち、その法的性質を手形の売買とする「売買説」と金銭消費貸借であって手形はその担保として差し入れられたものと考える「消費貸借説」の対立である。しかし、全銀協による「銀行取引約定書ひな型」の作成により、少なくとも、銀行取引に関する限り、手形割引の法的性質を論じなければ解釈論を導き得ない論点は、ほとんどなくなったといわれる[8]。

しかし、銀行以外の金融業者によって行われる手形割引については、手形の売買であるケースも手形を担保とした金銭消費貸借であるケースもあるといわれる。両者の判別について、手形自体の価値が重視されていれば手形の売買、割引依頼人の信用が重視されていれば金銭消費貸借という基準を示す裁判例が少なくない[9]。判例（最一判昭48・4・12金法686号30頁）は、手形割引の法的性質を売買と認定した取引には利息制限法を適用しないことから、利息制限法の適用を免れたい金融業者は、手形割引の法的性質を売買と主張することになる。このように、

手形割引の法的性質と利息制限法の適用の有無を直結させる判例に対して、学説の中には、同法の適用の有無については、手形割引の法的性質を論じる必要はなく、端的に、同法を適用すべきか否かを論ずれば足りるとするものがある[10]。

さて、給与ファクタリングでは、本件契約がそうであるように、金銭消費貸借契約に置き換えると利率は800％を超過する。貸金業法は、貸金業を営む者が業として行う金銭消費貸借契約において、年利109.5％を超える利息の契約がされたときは、金銭消費貸借契約全体が無効となると規定している（同法42条1項）。そして、貸金業法の適用を受ける金銭消費貸借契約には「手形の割引、売渡担保その他これに類する方法によって金銭を交付する契約」（同法2条1項）を含む。給与ファクタリングの場合、紛争の実質は、給与債権の譲渡人は譲受人に対して、契約通り、譲渡した給与債権の額面額を支払わなければならないか、あるいは、一切の支払義務を負わないかである。そうであるならば、給与ファクタリング契約の紛争については、法的性質を媒介することなく、最三決令5・2・20のように、端的に、貸金業法、出資法の適用の有無および不法原因給付（民法708条）の適用の有無を論ずれば足りるのではないだろうか。

なお、最決令5・2・20の判断の決め手は、賃金直接払の原則（労基24条1項）により、金銭の移転は譲渡人と譲受人の二者間でのみ発生すること、および、譲渡人は、勤務先に賃金債権の譲渡通知が送付されて譲渡の事実を知られたくないので、事実上、債権の買戻しを強制される立場にあることである。これは、本判決が本件のファクタリング取引の法的性質を金銭消費貸借契約と決定した要素と同じである。

4 さいごに

給与ファクタリングと異なり、事業者向けファクタリングでは、「貸付け」該当性を否定した裁判例の方が多い[11]。その違いは、どこにあるのだろうか。給与債権の場合は、賃金直接払の原則により、金銭の移転は譲渡人と譲受人の二者間以外で発生することはない。「債務者→譲渡人→譲受人」という弁済金の流れは、譲受人が譲渡人とサービサー契約を締結して代理受領権限を与えた場合にも生じるので、この金銭の移転をもって、「貸付け」該当性の根拠

とするのは検討の余地があるとの指摘がある[12]。しかし、給与ファクタリングの場合には、事業者向けファクタリングにおいてサービサー契約を締結した場合とは異なり、賃金直接払の原則により、法律上、「譲渡人→譲受人」という金銭の移転を強制され、「債務者→譲受人」という金銭の移転は起こり得ない[13]。このように、給与ファクタリングにあっては、法律上、譲受人が譲渡債権に対して直接の支配を及ぼすことができないことが、事業者向けファクタリングとの決定的な違いではないだろうか。

　事業者向けファクタリング、給与ファクタリング、いずれも、貸金業法上の「貸付け」該当性が問題となるのは、極端な高利事案である。これに対して、証券化の局面では、債権譲渡が真正譲渡か債権譲渡担保か、その法的性質が争われる。これは、譲渡人が倒産した時に、譲渡債権が譲渡人の倒産財産に組み込まれるか否かが問題となるからである。これに対して、ファクタリングの局面では、譲渡債権の処遇ではなく、主に、貸金業法上の「貸付け」該当性が争われる。「貸付け」該当性が肯定されると、貸金業法42条1項により、ファクタリング取引自体が無効となるとともに、不法原因給付により、譲受人は譲渡人に給付した金銭自体も取り戻すことができなくなる。このように、たとえ、ファクタリングにおいて、その法的性質が真正譲渡か債権譲渡担保かが争われても、証券化の局面とファクタリングの局面では、紛争の様相は全く異なるといえよう[14]。

（かど・きよえ）

---

1) ファクタリングとは、広義には、企業が物品の販売や役務の提供によって得た売掛債権等に関する管理を総合的に引き受ける金融サービス全般をいう（黒川弘務『逐条解説サービサー法〔新版〕』（金融財政事情研究会、2003年）41頁）。
2) 倉重八千代「本件解説」新・判例解説 Watch vol.31（2022年）80頁。
3) 多治川卓朗「給与ファクタリングの法的問題：給与ファクタリングから後払い現金化へ」なにわ大阪研究4巻（2022年）15頁。
4) たとえば、本判決の他に、東京地判令2・3・24金法2153号64頁および72頁、同令2・12・22LEX/DB25587127、同令3・7・27LEX/DB25600615等がある。この他、給与ファクタリングをめぐる裁判例については、白石大「債権譲渡と利息上限規制―――ファクタリングへの適用可能性の検討」『民法・消費者法理論の展開』後藤古稀（2022年）673頁以下参照。
5) 給与ファクタリング一般については、河上正二「消費者と担保」角紀代恵他編『現代の担保法』（2022年）217頁以下参照。
6) 同事件は、給与ファクタリング業者の貸金業法違反（同法47条2号、11条1項、3条1項）および出資法違反（同法5条3項後段）が問題となった刑事事件である。
7) 現在、給与ファクタリングには貸金業法・出資法の適用があるという認識が一般化し、警察による給与ファクタリング業者に対する取り締まり強化がなされたこともあり、業者の廃業が相次いでいる。この状況を受けて、近時、新たに、「後払い現金化」という新たなスキームが登場している。「後払い現金化」には様々な手法があるが、典型的な手法としては、消費者に経済的に価値のない商品を購入させ、その代金を後払いとし、当該商品は提携業者が買い取ったことにして、代金名目で消費者に現金を支払い、消費者は、後で商品の購入代金を支払わなければいけないというものである（多治川・前注3)24頁）。
8) 小塚荘一郎「手形割引と手形買戻請求権」法学教室204号（1997年）29頁。
9) 小塚・前注8)30頁。
10) 前田庸「手形割引と買戻請求権」ジュリスト300号216頁、神田秀樹「判例解説」手形小切手判例百選〔第5版〕（平成9年）185頁。なお、利息制限法は、貸金業法、出資法と異なり、その適用を金銭消費貸借に限定している（同法1条）。
11) 白石・前注4)665頁以下。
12) 白石・前注4)674頁。
13) 佐野史明「ファクタリング取引の論点整理」金法2146号（2020年）42頁も同旨か。
14) 藤澤治奈「事業者間のファクタリングの法的性質に関する一事例」新・判例Watch民法（財産法）No.238（2022年12月28日掲載）4頁参照。

不動産

スーパーマーケットの利用客が、レジ前通路に落ちていたかぼちゃの天ぷらを踏んで転倒し、負傷した事案について、店舗側に安全配慮義務違反はなく、店舗の設置管理に瑕疵があるともいえないとして、店舗側の損害賠償責任を否定した事例

東京高判令3・8・4
令3(ネ)263号、令3(ネ)2404号、損害賠償請求事件
判タ1501号90頁
(上告、上告受理申立。後に上告却下、上告受理申立不受理)
原審：東京地判令2・12・8(判例秘書)

橋本陽介　弁護士
現代民事判例研究会財産法部会不動産パート

●——事実の概要

1　本件事故の発生した状況

(1)　はじめに

高齢化社会の進行もあり、近年転倒事故は増加しており、消費者庁は、店舗・商業施設での事故に関して、平成28年に「店舗・商業施設で買い物中の転倒事故に注意しましょう」と題するニュースリリースを出している[1]。

本件は、そのような状況下、店舗・商業施設で発生した転倒事故の事例である。

(2)　事案の概要

X(男性33歳)は、午後7時ごろ、Yの運営するスーパーマーケット(以下「本件店舗」という)に来店し、20分程で買い物を済ませ、レジ前通路に向かった。レジ台の前には利用客が並んでいたため、比較的空いていたレジに歩いていたところ、床に落ちていたかぼちゃの天ぷら(以下「本件天ぷら」という)を踏んで左足が前に滑り、右膝を床に打ちつける形で転倒し、右膝を負傷した(以下「本件事故」という)。なお、本件事故発生時、Xは、スーツ上下に革靴を着用し、片手に買い物カゴを持ち、片手に通勤鞄を持っていた。

そこで、XがYに対し、信義則上の安全配慮義務違反による一般不法行為責任(民法709条)もしくは債務不履行責任(民法415条)、または土地工作物責任(民法717条)に基づき、141万6389円(治療費、通院・後遺障害慰謝料等)の支払を求めたものである。

(3)　本件店舗の状況

事故発生当時、本件店舗の管理状況は以下のとおりである。

本件店舗内の惣菜売り場では本件天ぷらを含む惣菜類を種類別に大皿に盛って陳列し、利用客自身が惣菜をトングで取り、プラスチック製パック等に詰めてレジまで持参するという方法で販売していた。

本件事故が発生した時間帯(午後7時台)には、本件店舗に26名が勤務しており、その内訳は、店長等責任者2名、レジ担当7名、青果・惣菜等の各売場担当12名、グローサリー部門担当者5名であった。

清掃に関しては、開店前に店舗内全体の清掃・確認を行っており、営業時間中は定期的な清掃等は行っていなかった。店長は、従業員に対し、床に汚れや落下物(異物)を見付けた場合に速やかに清掃するよう指導していた。

2　原審(東京地判令2・12・8)の判旨

原審は、以下のとおり、Xの請求を一部認容し、Yに57万8512円の支払を命じた。

本件天ぷらを落としたのは利用客であるとしたうえで、上記のような「惣菜の販売方法を採用する場合、利用客による惣菜のパック・袋詰めの仕方や運び方等に不備があり、惣菜を持ってレジに向かう途中で、誤ってレジ前通路の床面に惣菜を落とすことがあり得るのは容易に予想される」とし、事故発生時にはレジ前通路を通行する客も相当数いたことから、レジ前通路に物が落下していた場合には、「転倒事故が発生するおそれは大きかった」とした。

そして、上記事情に鑑みると、本件店舗を営業するYとしては、「利用客に対する信義則に基づく安全管理上の義務として、本件事故発生時のように、本件店舗が混み合い、相当数の利用客がレジ前通路を歩行することが予想される時間帯については、Yの従業員によるレジ周辺の安全確認を強化、徹底して、レジ前通路の床面に物が落下した状況が生じないようにすべき義務を負っていた」として、Yには信義則上の安全管理義務違反があり、一般不法行為責任が成立するとした。

なお、原審は、本件天ぷらが放置された時間は短時間であり除去は困難であるとのYの主張に対し、

放置された時間は短時間とは認められないとし、本件天ぷらの落下地点はレジから死角であり従業員が気づくことは困難とのYの主張に対しては、当該落下地点はレジ前から離れており、レジ内の従業員が気づく可能性もあったし、手のすいた従業員がレジ周辺の安全確認を行うことは可能であったとした。

一方、Xにおいても、足元への注意を払うべきであったこと、事故当時Xが両手がふさがっていたこと等を考慮して、過失相殺5割とし、Yに57万8512円の支払を命じた。

これに対し、Yが控訴し、Xも附帯控訴をした。

●──判旨

原判決変更。Xの請求棄却。

本件天ぷらを落としたのは、本件店舗の従業員ではなく利用客であり、現場の状況や本件天ぷらが比較的大きく発見しやすいものであること、利用客から本件天ぷらの落下について苦情・申告がなかったこと等から、本件天ぷらは、本件事故に近接する時点に落ちたものである可能性が高く、少なくとも長時間放置されていたものとは認められない。

よって、本件の争点は、利用客が本件事故現場（レジ前通路）付近に落とした本件天ぷらを短時間放置させたことがYの安全配慮義務違反といえるかという点に集約される。

そして、消費者庁の店舗内の転倒事故に関して発出した文書[2]において、レジ付近の通路は落下物による転倒事故が発生しやすい場所としては挙げられていないこと等を踏まえると、本件天ぷら等の惣菜の販売方法からすれば、惣菜売場においても落下物が比較的多くなる可能性はあるが、これは飽くまでも売場付近での話であり、レジ付近の通路とは区別して考える必要がある。本件店舗の店長の知る限り、これまで他の店舗も含めレジ付近で落下物による転倒事故が発生したことはなかったことが認められる。

他方、レジ前通路を通行する利用客からは同通路は見通しがよく、同通路上に商品等の落下物があったとしても目に付きやすく、店舗内が混み合っている時間帯でも足下の落下物を回避することは特に困難なことではないと認められる。

これらを総合すると、レジ内の従業員にとって、レジ前通路の床は、レジ台等の死角となるため視認することができない部分があり、仮にその視認可能な範囲に落下物があったとしても、店舗内が混み合う時間帯には、レジ台の前に会計待ちの利用客が並んでおり、レジ内の従業員がレジ打ちの作業に従事

しながら当該落下物を速やかに発見してこれを取り除くことは困難であったこと、レジ付近の売場における品出し等の作業は、店舗内が混み合う時間帯は利用客の妨げとなるため通常行われておらず、その担当の従業員もレジ付近にはいなかったことが認められるものの、レジ前通路に本件天ぷらのような商品を利用客が落とすことは通常想定し難いこと等から、Yにおいて、顧客に対する安全配慮義務として、あらかじめレジ前通路付近において落下物による転倒事故が生じる危険性を想定して、従業員においてレジ前通路の状況を目視により確認させたり、従業員を巡回させたりするなどの安全確認のための特段の措置を講じるべき法的義務があったとは認められない。

したがって、利用客が本件事故現場（レジ前通路）付近に落とした本件天ぷらを短時間放置させたことにつき、Yにおいて安全配慮義務違反があったということはできず、Xに対して不法行為責任又は債務不履行責任を負うものではないと解するのが相当である。

同様に、本件店舗の設置、管理に瑕疵があることによって本件事故が発生したと認めることはできないのであり、YにおいてXに対して土地工作物責任を負うものではないと解するのが相当である。

●──研究

1　はじめに

本判決は、近年多発している商業施設における転倒事故に関する裁判例である。第三者である利用客が落とした商品が原因となった場合に、施設側の責任を判断した点に特徴があり、原審と本判決で結論を異にする。そこで、結論が異なった理由及びその判断枠組みについて分析することにより、今後の同種事案の判断に資すると思われるため、取り上げるものである。

2　店舗等での転倒事故における損害賠償請求の根拠

(1)　土地工作物責任と安全配慮義務違反（一般不法行為責任）

商業施設における転倒事故に関する損害賠償請求の根拠としては、土地工作物責任（民法717条）と信義則上の安全配慮義務違反（民法709条）が挙げられる（なお、安全配慮義務違反は債務不履行責任として構成することも考えられるが、紙幅の都合上割愛する）。

以下、それぞれの要件について簡単に確認する。

(2) 土地工作物責任

土地工作物責任の「瑕疵」は、「通常あるいは本来有すべき安全性に関する性状又は設備を欠くこと」[3]であり、その判断基準としては、当該工作物の「構造、用法、場所的環境及び利用状況等諸般の事情を総合考慮して具体的個別的に判断すべき」とされている[4]。

上記基準の適用にあたっては、占有者・所有者において、予見できない危険であったり、時間的に安全対策ないし回避措置をとることが困難である場合には、瑕疵が否定されている[5]。特に、工作物の設置当初には安全性に問題がなかったが、第三者の行為等により後発的に安全性の欠如が生じた場合（「保存の瑕疵」が問題となる場合）、その点が問題になることが多く、例えば、営造物責任に関するものであるが、最一判昭50・6・26民集29巻6号851頁では、工事中を示す赤色灯が他の通行車により倒されていたために発生した事故について、道路管理者において時間的に当該赤色灯を元に戻すことは困難であったとして、道路管理に瑕疵はなかったとされている。

以上のような「瑕疵」は規範的な概念であり、究極的には、土地工作物責任を認めて占有者及び所有者に対し賠償責任を負わせるべきか否か（否定した場合には被害者の自己責任となる）、当該工作物に関する具体的諸条件に照らし、社会通念に基づき判断されるものであるといえる[6]。

(3) 安全配慮義務違反（一般不法行為責任）

安全配慮義務とは、「ある法律関係に基づいて特別な社会的接触の関係に入つた当事者間において、当該法律関係の付随義務として当事者の一方又は双方が相手方に対して信義則上負う義務として一般的に認められるべきもの」[7]であり、商業施設のような、営利目的において、不特定多数の者の来店を招いている施設においても、信義則上の義務として、来店者の安全を図る義務を負うとされている[8]。

安全配慮義務違反（一般不法行為責任）は過失責任であり、土地工作物責任は無過失責任とされているが、工作物責任においても、前述のとおり予見可能性や結果回避可能性が問題となる場合は、両者の判断過程は概ね重なることになる（両者の判断基準の相違については、本件ではそれによって結論に相違がないと思われるので詳論は控える）。

3 商業施設における転倒事故についての裁判例の分析

本件のような商業施設において足が床で滑る形の転倒事故については、多くの裁判例がある[9]が、その傾向は以下のとおりである（本項の裁判例の番号は注9に挙げた番号である）。

まず、商業施設としては、不特定多数の者の日常ありうべき服装、履物、行動等を前提として安全性が確保されるべきとされており（裁判例③等）、その前提で床の「通常有すべき安全性」が判断されている。具体的には、床の水濡れ（同①等）、油の付着（同③）、清掃剤の付着（同④）、商品の落下（アイスクリーム、同⑥）の場合に安全性の欠如が認められている。

上記安全性の欠如は、設置当初から存在しているものではなく後発的なものであることから、多くの裁判例では施設側の予見可能性や結果回避可能性が問題とされている。上記安全性の欠如の原因が施設側にある場合、及び天候（雨・雪）による場合は、施設側に予見可能性・結果回避可能性があるとして責任が認められやすい。

一方、第三者に原因がある場合には、施設側としての予見可能性や結果回避可能性が特に問題となる。裁判例⑥は、別の利用客の落としたアイスクリームを踏んだことによる転倒事故の例だが、事故当日はアイスクリームの特売日であり、多数の来店が予想されること等の具体的な事情を考慮して、店舗側は、アイスクリームの落下を予見し、それを防止する措置をとるべきであったとされた。

4 本判決の分析

本判決は原審と結論を異にしている。

原審も本判決も、本件天ぷらは利用客が落としたものであること、本件店舗の床の安全性が欠如していたことは前提としている。結論を異にした理由は、以下に述べるとおり、本件天ぷらが放置されていた時間の認定、店舗側の予見可能性の程度と当該状況の危険性の程度、それを前提として求められる安全確保体制についての判断である。

原審は、①（Yの主張に反論する形で）本件天ぷらが放置されたのが短時間とは言えないと認定している。そして、本件店舗において、②惣菜売り場で、利用客が自ら惣菜をパック等に詰めるという方法をとる以上、レジ前で惣菜が落ちることは当然予想すべきであるとした。また、③混雑する時間帯には当該惣菜を踏んで転倒事故が起きる可能性は高いとして、④Yはレジ前通路において、物が落下していない状況を維持する必要があり、そのためにはレジ担当以外の従業員に巡回させるべきであるとした。

一方、本判決においては、①本件天ぷらが放置されたのは短時間と認定したうえで、②本件店舗の惣

菜の売り方を前提としても、レジ前通路に惣菜を利用客が落とすことは通常想定し難いとしている。また、③レジ前通路は見通しが良いことから、混雑している時間帯でも足下の落下物を回避することは特に困難ではないとして、本件天ぷらが落ちていることによる危険性は高いものではないとした。そして、④現場の状況や従業員の勤務体制等を踏まえ、店舗側がそのような通常想定しがたい事態について、短時間で対処する義務（従業員を巡回させるなどの義務）はないとした。

原審・本判決は、いずれも本件天ぷらが放置されていた時間（①）、店舗側の予見可能性（惣菜の売り方によるレジ前通路での商品の落下の予見可能性・②）、危険性の程度（利用客の回避可能性・③）を考慮して、店舗側が確保すべき安全管理体制（④）を判断したものであるが（前掲昭和50年最判等、従前の判断枠組みに沿ったものである）、それぞれについて両者の認定・判断は異なっている。

本判決は、原審と異なり、本件天ぷらが放置されていた時間が短時間であると認定して（①）、そのことが安全配慮義務違反となるか、という形で争点を限定している。このことが②から④に関する原審と本判決の違いに大きく影響していると思われる（本判決の判断枠組みにおいても、本件天ぷらが放置されていた時間が長くなれば結論は異なる可能性がある）。

また、原審は、②から④については、商品の落下が売り方に起因している以上、店舗側の予見可能性を抽象的にとらえ、「商品が落下している状況が生じないようにすべき」として、落下自体で責任が生じるともいえる判示をしている（だからこそそれを防止するために他の現場の従業員が巡回すべきとしている）。一方、本判決は、原審に比べ、商品の陳列場所とレジ前の商品落下の可能性の違いや、現場の危険性、レジ従業員の視認性、従業員の勤務体制等、より個別具体的な状況を考慮して店舗側の具体的な予見可能性やそれに基づく安全管理体制の内容を判

断している（本件を防止するために従業員の巡回をさせる義務はないとしている）。

このような判断の差異の背景としては、店舗に求められる安全性という社会通念についての理解の差異があるのではないだろうか。すなわち、原審は、店舗内では商品の落下による危険な状況はあってはならず、原則としてそれによる事故は店舗側の責任、という理解があるのに対し、本判決は、店舗内においても場所・状況等の個別具体的な状況を踏まえ店舗側の義務は判断されるべき、という理解があるのであろう。

商業施設において落下した商品による転倒事故については、施設側の責任が認められる事例が多いとは思われるが、全ての危険を防止することは困難であり、本件において、商品が落下した経緯や場所理由、放置された時間の短さ等特殊な事情を踏まえれば、本判決の結論は是認できるものである。今後、さらに事例の集積により施設側の責任が具体化されることが期待される。

5　本判決の意義

本判決は、商業施設において商品の落下により生じた転倒事故において、施設側の責任を否定したものであり、評者の確認する限り、これまでの裁判例において同様の判断をしたものは見当たらないことから事例的な意義がある。

また、当該事故において、商品が放置された時間、安全性の欠如（危険性）の程度、当該安全性の欠如が生じた場所・原因等を踏まえた店舗側の具体的な予見可能性を考慮して、施設側に求められる安全管理体制を判断したものであり、このような事例における具体的な判断過程を示した点でも、今後の商業施設での転倒事故における施設側の責任を判断するにあたり参考となるものである。

（はしもと・ようすけ）

1)　平成28年12月7日消費者庁公表
2)　注1に挙げたニュースリリース
3)　東京地判平9・2・13判タ953号208頁等。営造物責任に関するものとして最一判昭45・8・20民集24巻9号1268頁
4)　営造物責任に関するものとして最三判昭53・7・4民集32巻5号809頁
5)　中村修輔「人工公物の物的瑕疵と予見可能性・回避可能性の位置づけ」判タ1466号12頁
6)　最二判昭46・4・23民集25巻3号351頁の調査官解説450頁。
7)　最三判昭50・2・25民集29巻2号143頁
8)　大阪高判平13・7・31判時1764号64頁、岡山地判平25・3・14判時2196号99頁等
9)　商業施設側の責任を認めた裁判例：裁判例①東京地判平9・2・13判タ953号208頁、裁判例②大阪高判平13・7・31判時1764号64頁、裁判例③東京地判平13・11・27判時1794号82頁、裁判例④東京地判平16・3・23判例秘書（清掃剤）、裁判例⑤東京地判平23・11・28WESTLAW、裁判例⑥岡山地判平25・3・14判時2196号99頁、裁判例⑦東京高判平26・3・13判時2225号70頁、裁判例⑧福岡高判平30・10・3判例秘書、裁判例⑨東京地判令3・7・28判例秘書、裁判例⑩京都地判令3・12・10判例秘書。商業施設側の責任を否定した裁判例：裁判例⑪名古屋地岡崎支判平22・12・22判時2113号119頁、裁判例⑫名古屋地判平25・11・29判時2210号84頁、裁判例⑬名古屋地判平30・11・27判例秘書

不法行為1　離婚に伴う慰謝料として夫婦の一方が負担すべき損害賠償債務が履行遅滞となる時期

最二判令4・1・28
令2(受)1765号　離婚等本訴、同反訴事件
民集 76 巻 1 号 78 頁、判時 2533 号 5 頁、判タ 1498 号 39 頁、
金判 1647 号 21 頁
第一審：大津家判令元・11・15
第二審：大阪高判令2・9・3

島戸　純　東京高等裁判所判事

現代民事判例研究会財産法部会不法行為パート

●——事実の概要

1　当事者等

X（夫）とY（妻）は、平成 16 年 11 月に婚姻の届出をした夫婦であるが、平成 29 年 3 月（改正法（民法等の一部を改正する法律（平成 29 年法律第 44 号）。以下同じ。）施行前）に別居するに至った。

Xが、本訴として、Yに対し、離婚及び慰謝料を請求するなどし、Yが、反訴として、Xに対し、離婚及び慰謝料を請求するなどした。Yは、Xに対し、付帯請求として、判決確定の日の翌日から支払済みまで年5分の割合による遅延損害金の支払を求めていた。

2　訴訟経過

第一審及び控訴審（改正法施行後）において、XとYとの離婚等が認められた。

控訴審判決は、婚姻関係破綻の原因について、Xの家族に対する暴言等の事情が大きいとしてYの離婚請求を認容し、YがXに対して求めていた慰謝料請求について 120 万円及び判決確定の日の翌日から支払済みまで年5パーセントの割合による遅延損害金の限度で認めた。同判決は、この計算割合の根拠について、婚姻関係が破綻した時が、改正法の施行日である令和2年4月1日より前である旨説示した。

Xは、不服申立ての範囲を 20 万円及びこれに対する遅延損害金に関する部分に限定し、上告受理申立てをした。

●——本判決の判旨

本判決は、次のとおり判示し、控訴審判決には、判決に影響を及ぼすことが明らかな法令の違反があるとして、20 万円に対する本判決確定の日の翌日から支払済みまでの遅延損害金の計算割合について年3パーセントの割合に変更した。

「離婚に伴う慰謝料請求は、夫婦の一方が、他方に対し、その有責行為により離婚をやむなくされ精神的苦痛を被ったことを理由として損害の賠償を求めるものであり、このような損害は、離婚が成立して初めて評価されるものであるから、その請求権は、当該夫婦の離婚の成立により発生するものと解すべきである。そして、不法行為による損害賠償債務は、損害の発生と同時に、何らの催告を要することなく、遅滞に陥るものである（最高裁昭和 34 年(オ)第 117 号同 37 年 9 月 4 日第三小法廷判決・民集 16 巻 9 号 1834 頁参照）。したがって、離婚に伴う慰謝料として夫婦の一方が負担すべき損害賠償債務は、離婚の成立時に遅滞に陥ると解するのが相当である。

以上によれば、離婚に伴う慰謝料としてXが負担すべき損害賠償債務は、離婚の成立時である本判決確定の時に遅滞に陥るというべきである。したがって、改正法の施行日前にXが遅滞の責任を負った（改正法附則 17 条 3 項参照）ということはできず、上記債務の遅延損害金の利率は、改正法による改正後の民法 404 条 2 項所定の年3パーセントである。

なお、Yの慰謝料請求は、Xとの婚姻関係の破綻を生ずる原因となったXの個別の違法行為を理由とするものではない。そして、離婚に伴う慰謝料とは別に婚姻関係の破綻自体による慰謝料が問題となる余地はないというべきであり、Yの慰謝料請求は、離婚に伴う慰謝料を請求するものと解すべきである」。

●——研究

1 離婚に伴う慰謝料に関する法的意味

離婚請求事件において、相手方に対し、婚姻関係を破綻させたことについて、不法行為に基づく損害賠償としての慰謝料が請求されることが少なくないが、不法行為に基づく損害賠償債務は、損害の発生と同時に、何らの催告を要することなく、遅滞に陥るものとされているから（最三判昭37・9・4民集16巻9号1834頁）、離婚による慰謝料について、いかなる時期に損害が発生したと評価するのかが問題となる。

そこで、離婚による精神的苦痛を分析すると、
① 離婚原因となった個々の不法行為それ自体による精神的苦痛に対する慰謝料（離婚原因慰謝料）[1]
② 離婚を余儀なくされたことにより、配偶者としての地位（婚姻関係の安定・存続という夫婦として互いに享受する人格的利益[2]）を侵害されたことによる精神的苦痛に対する慰謝料（離婚自体慰謝料）[3]

（最二判昭46・7・23民集25巻5号805頁は、離婚慰謝料の請求について、「上告人と被上告人との間の婚姻関係の破綻を生ずる原因となつた上告人の虐待等、被上告人の身体、自由、名誉等を侵害する個別の違法行為を理由とするものではなく、被上告人において、上告人の有責行為により離婚をやむなくされ精神的苦痛を被つたことを理由としてその損害の賠償を求めるものと解される」と判示して、この慰謝料を認めている[4]。）の2つの性質があるとされている。

かつては、この2つを分けた上、離婚原因慰謝料は離婚と無関係に独立の不法行為として請求し得るものであり、離婚に伴う慰謝料として請求できるのが離婚自体慰謝料に限られるとする考え方もあったが、現在の実務上は、両者を別個の不法行為と区分することはできず、相手方の有責行為により離婚に至らしめたという一連の経過について、1個の、配偶者たる地位を侵害する不法行為により、個々の不法行為自体による通常の精神的苦痛のほか、離婚へと発展する契機となる精神的苦痛が蓄積され、離婚へと発展させられたことによる精神的苦痛、及び離婚という結果自体から受ける精神的苦痛が生じた、として捉え（一体説[5][6]）、離婚原因となった個別の有責行為を斟酌しつつ、離婚自体慰謝料を含めて1個の離婚慰謝料として請求されることが多い。当事者があえて個別慰謝料、離婚原因慰謝料のみを請求することを明示するのであれば格別、通常は離婚自体慰謝料まで併せた請求をしていると見るべきであろう。本件の第一審及び控訴審においても、そのような区分はされていなかったようである。

2 本件における問題の所在

本件においては、この離婚慰謝料債務が履行遅滞に陥る時期が問題となった。すなわち、改正法の「施行日前に債務者が遅滞の責任を負った場合」であるか否かによって遅延損害金の利率が異なるため（改正法附則17条3項参照）、婚姻関係の破綻から離婚判決確定時までに改正法施行日を跨いでいる事案においては、履行遅滞となる時期の確定が遅延損害金の計算割合にも影響することになった。

3 離婚慰謝料の発生時期

前掲最二判昭46・7・23は、離婚自体慰謝料の消滅時効の起算点に関するものであるが、「このような損害は、離婚が成立してはじめて評価されるものであるから、個別の違法行為がありまたは婚姻関係が客観的に破綻したとしても、離婚の成否がいまだ確定しない間であるのに右の損害を知りえたものとすることは相当でなく、相手方が有責と判断されて離婚を命ずる判決が確定するなど、離婚が成立したときにはじめて、離婚に至らしめた相手方の行為が不法行為であることを知り、かつ、損害の発生を確実に知つたこととなるものと解するのが相当である。」と判示して、離婚自体慰謝料が離婚成立時に発生する旨述べた。

他方、離婚原因慰謝料の発生時期等について明示した判断は見当たらない。

4 遅延損害金の起算日に関する従来の裁判例及び学説

離婚慰謝料における遅延損害金の起算日について、
A説）不法行為時[7]（観念的には不法行為時に離婚慰謝料請求権が発生しており、内容の確定が離婚時までできないことが多いのみであるとする。）
B説）婚姻破綻時[8]（婚姻関係の破綻により、実質上、精神的損害は発生し、配偶者の不法行為も終了しており、離婚そのものは相当因果関係ある結果にすぎないことからすると、破綻の時点で請求が可能となるとする。）
C説）離婚成立時[9]（離婚の成立によって初めて発生する、とする。）
に分かれていた[10]。

前掲最二判昭46・7・23の趣旨からすれば、婚

姻破綻時においては未だ損害は確定していないから、遅滞に陥っていると見るのは不合理であり、C説に立つのが自然であるように思われた。もっとも、同判決は、遅延損害金の起算日について触れるものではないとされており[11]、なお問題としては残されてきた。

かつては、婚姻破綻時とするB説が「実務の大勢[12]」である、などと分析されたこともあったが、現在では、離婚成立時とするC説が支配的であるとされており、大阪高判昭57・7・20公刊物未登載もこの見解に立っていた。

5　本判決の意義等

(1)　本判決は、C説に立つことを明らかにした。その根拠として、損害が発生し、請求権が成立した時点として、離婚時であることを挙げる。

離婚に関する不法行為が、相手方の有責行為から離婚までの一連の経過を、1個の、配偶者たる地位を侵害するとの一体説に立つと、離婚に至った時点で1個の損害が発生し、不法行為の一般原則に従って直ちに遅滞に陥ると考えるのが自然といえよう[13]。また、請求者としては、離婚原因慰謝料と離婚自体慰謝料とを区分することなく、1個の離婚慰謝料として請求している、と見るのが、その合理的意思解釈に沿うように思われ、本件においてもそのことが妥当するであろう。本判決の説示も、本件における請求について、一体説を前提として理解しているものと思われる。

(2)　本判決に対しては、損害が発生しているか否かの時期と、その請求が可能か否かの時期とは、同時でなければならないものではなく、離婚そのものによる苦痛は、婚姻の破綻に至った段階又は離婚を求める段階で既に予想されており、その時点で評価することも可能であって、離婚の形成判決の確定によって離婚自体慰謝料が急に発生するというのは技巧的にすぎる、などとの批判[14]もある。

結局のところ、婚姻関係の破綻と法律上の離婚とでどの程度差異があるのか（取り分け、精神的損害の大小に違いがあるか）といった社会通念によるところが大きいとは思われ、形式的な婚姻の意義が近年薄れてきているとも指摘され得るところであり、研究会では議論が分かれた。

もっとも、現実にはこの差異は否定できず、実務上も、離婚原因慰謝料のみを請求してもさほど高額にはならず、こうした慰謝料額の多少や、主張立証の難易に鑑み、実務上、離婚自体慰謝料を請求する

事案が大半であって、（形式上とはいえ）離婚の法的判断がされる時点において初めて精神的苦痛の程度を評価することができ、慰謝料の算定が確定できると思われる。また、不法行為時や婚姻破綻時を起算日とすると、その時点を特定するための審理、証拠調べが必要となり、離婚慰謝料に関して必ずしも本質的でない争点を呼び起こすことにもなりかねない。実務上、離婚慰謝料については、財産分与と併せ、離婚に伴う財産関係その他の諸関係の整理、調整を総合的に行う機能も有しており、そのような機能に着目することは、離婚時に請求権が発生し、遅滞に陥ると見ることと整合的であるように思われる。

これに対しては、交通事故を原因とする損害賠償請求において、後遺障害に係る損害や弁護士費用に関しても一括して事故時に遅滞に陥るとされていることと対比させ、離婚原因が発生すれば、離婚自体慰謝料も含めてすべて発生し、遅滞に陥るとの考え方も提起された。しかし、対比された交通事故の場合、その負傷によって一定の損害が既に発生しており、その額も（完璧とまではいえないものの）予測され得る、又は擬制されるのに対し、離婚原因が生じたというのみで直ちに離婚に至るというものではなく、離婚（取り分け法律上の離婚）に至るまでには、夫婦間の様々な対応を経るものであるし、離婚自体慰謝料は、こうした点をも考慮して決定されるべきものであるから、両者は異なるものと考えられよう[15]。

(3)　なお、控訴審判決は、慰謝料請求について、「相手方が婚姻関係を破綻させたことに責任があることを前提とするものである」と解釈した上、婚姻関係が破綻した時期が改正法施行前であることから、遅延損害金の利率も年5パーセントとした。しかし、離婚慰謝料は、婚姻関係破綻のみならず、離婚に至ったことをも含めたものとして請求するのが通常であると思われるから、控訴審判決については、離婚事由の問題と離婚慰謝料の問題とが十分整理されていないとの批判も免れないように思われる。

本判決が、なお書きで付記するのも、控訴審判決の説示に関し、本件における慰謝料請求が、離婚原因慰謝料のみを取り上げて請求する趣旨でないことを前提とし、離婚慰謝料とは別に婚姻関係の破綻自体による慰謝料を取り上げるべきでないことを説示する趣旨と思われる。

6　関連する問題

(1)　実務上は必ずしも多いとはいえないが、離

婚に至った夫婦の一方が、相手方に対し、婚姻関係破綻に至った個別行為（暴行、不貞等）のみを不法行為として取り上げ、これのみ損害賠償を請求した場合について、いかに考えるべきか。

このように個別行為のみを独立して取り上げる場合に関し、本判決は、そのなお書きでは、本件が、婚姻関係の破綻を生ずる原因となった個別の違法行為を理由とするものでないことを明示しているから、個別行為のみを独立して取り上げて損害賠償を請求した場合についてまで射程とするものではないと解され、当事者が明示すれば、個別の不法行為の時点から遅延損害金が起算されることになるように思われる[16]。もっとも、この不法行為のみを取り上げたのでは、婚姻関係の破綻や離婚と直接には結び付かないから、通常は、有意な額になるとは思われない[17]。

（2）　いわゆる事実婚が解消された場合においても、慰謝料請求が認められることがあり得るが、当然のことながら、本判決の射程とするところではない。その場合の遅延損害金の起算日は、事実婚の解消日となり、これは、実質的に見れば、事実婚の破綻時と同視できることが多いのではないかと思われる。この点についても、研究会においては、法律婚の場合と事実婚の場合との衡平の観点から、法律婚の場合の遅延損害金の起算日を婚姻破綻時と考えることに親和的な立場も述べられた。もっとも、実務上は、少なくとも離婚自体慰謝料として見れば、事実婚の場合にはさほど高額にはなり難いものと思われるから、この点の衡平を重視する意義は大きくないように思われる。

（しまと・じゅん）

---

1)　厳密には、個々の不法行為（身体、自由、名誉への侵害）自体による通常の精神的苦痛と、離婚へと発展する契機となる配偶者としての地位を侵害されたことによる精神的苦痛の両方の側面がある（大津千秋『離婚給付に関する実証的研究』司法研究報告書32輯1号（法曹会、1981年）70頁、加藤新太郎＝松本明敏編『裁判官が説く民事裁判実務の重要論点　家事・人事編』（第一法規、2016年）80頁〔長博文〕）。

2)　山崎勉「離婚と不法行為責任」山口和男編・裁判実務大系(16)（青林書院、1987年）523頁参照。

3)　最三判昭31・2・21民集10巻2号124頁は、慰謝料請求権が発生し得るのは、身体、自由、名誉を害せられた場合のみ限局すべきものではない旨判示している。その内容として、離婚による社会的評価の低下、結婚生活に対する期待権の侵害、将来の生活不安、子供を手放すことの心痛（子の将来への危惧）、生活上のわびしさ等が指摘されている（村上幸太郎『慰藉料（民法710条）の算定に関する実証的研究』司法研究報告書9輯6号（1958年）53頁、瀬川信久「判批」法協91巻1号（1974年）169頁、大津・前掲101頁）。もっとも、こうした評価自体は、社会通念によって変化し得るものであろう。

4)　戦前は、離婚自体慰謝料が否定されていたようであり（村上・前掲182頁）、その後、離婚自体慰謝料を認める動きになった際、債務不履行、調整請求権、財産分与と位置付ける構成もあった（大津・前掲26頁、山崎・前掲522頁参照）。

5)　大津・前掲注1)64頁、山崎・前掲527頁、松原正明編著『人事訴訟の実務』（新日本法規、2013年）345頁。千種達夫『人的損害賠償の研究（下）』（有斐閣、1975年）378頁が「慰謝料の額も、ただに身体とか名誉とかを害せられたことによる損害賠償だけではなくして、その結果離婚しなければならなくなったことに対する損害の賠償であると考えるべきである。」とするのも同旨と思われる。

6)　離婚慰謝料を、個々の原因行為と相当因果関係が肯定される範囲の損害、個別慰謝料の後続損害と捉える考え方もある（鍛冶良堅「財産分与」判タ250号（1970年）197頁、佐藤義彦「財産分与と離婚慰謝料の関係」判タ747号（1991年）126頁、窪田充見『家族法〔第4版〕』（有斐閣、2020年）123頁等）。

7)　島津一郎『妻の地位と離婚法——妻の権利の実質的検討』（有斐閣、1974年）165頁。

8)　松本哲泓「離婚に伴う慰藉料請求権に対する遅延損害金の起算日」判タ527号（1984年）73頁は、請求に係る損害が発生しているか否かの問題と、請求が可能か否かの問題とを区別する必要を述べる。

9)　大津・前掲注1)220頁、高野耕一「財産分与と離婚慰藉料」ジュリスト500号（1972年）212頁、東京家庭裁判所家事第6部『東京家庭裁判所における人事訴訟の審理の実情〔第3版〕』（判例タイムズ社、2012年）18頁、神野泰一「離婚訴訟における離婚慰謝料の動向」ケース研究322号（2014年）30頁、加藤＝松本・前掲注1)83頁、秋武憲一＝岡健太郎編著『離婚調停・離婚訴訟〔三訂版〕』（青林書院、2019年）52頁、丹羽敦子「離婚訴訟における関連損害賠償請求の範囲と審理」家庭の法と裁判25号（2020年）44頁。

10)　訴状送達の日の翌日から遅滞に陥っていると解する説（請求時説）も取り上げられることがあるが、この考え方は、遅延損害金の起算日として理論的な結論を示すものではないように思われる。

11)　野田宏「判解」最高裁判所判例解説民事篇昭和46年度496頁。

12)　山崎・前掲注2)530頁。

13)　離婚慰謝料を、個々の原因行為と相当因果関係が肯定される範囲の損害と捉える考え方に立つと、原因行為時に慰謝料請求権が発生し、以後遅滞に陥ると考える可能性も生じ得る（村田大樹「判批」法学教室501号127頁）。もっとも、相当因果関係の有無の判断に困難をきたす可能性も否定できない。

14)　山崎・前掲注2)530頁、松本哲泓「本判決評批」判例秘書ジャーナル（文献番号HJ100140）6頁。

15)　北居功「法定利率改正と不法行為責任」ジュリスト1574号（2022年）102頁は、最三判令4・1・18民集76巻1号1頁が、不法行為に基づく損害賠償債務の遅延利息について、運用益としての利息と遅延賠償としての利息を区別しているとの解釈を示しているとの理解を前提に、「離婚原因となった不法行為時から運用益として法定重利の適用を受ける利息の進行が開始し、賠償請求時から遅延賠償としての遅延利息の進行が開始することになると考える余地もあるように思われる。」という。

16)　北居・前掲注15)98頁、河津博史「本判決判批」銀行法務21・890号（2022年）66頁。本判決前の見解として、前掲注9)記載の文献のほか、東京家裁人事訴訟研究会編『書式人事訴訟の実務』46頁（民事法研究会、2013年）参照。

17)　離婚原因慰謝料の請求は、①あえて不貞行為や暴力行為そのものによって生じた慰謝料を請求する場合や、②離婚原因となった不貞行為又は暴力行為の存在が明らかであり、その主張立証が容易である場合などの事案に限られているようである（丹羽・前掲45頁）。例えば、夫の暴行により、妻が重度の傷害を負って入通院をした上、後遺障害が残ったような場合には、その賠償の慰謝料を個別に請求する意義があり得る（加藤＝松本・前掲注1)81頁）。

不法行為 2

不法行為に基づく損害賠償債務につき、遅延損害金を民法405条に基づき、損害賠償債務の元本に組み入れることができるかが争われた事例（消極）

最三判令4・1・18
令2(受)1518号、損害賠償請求事件
民集76巻1号1頁、判タ1496号84頁、金判1649号29頁
第一審：東京地判平30・3・22判タ1472号234頁
控訴審：東京高判令2・5・20金判1648号9頁

前田太朗　中央大学教授
現代民事判例研究会財産法部会不法行為パート

●——事案の概要

　Xは、設立に携わりかつて取締役でもあった株式会社Y₁の株式を保有していた。XをY₁の経営から排除するため、Y₁の代表取締役Y₂が主導し、同人宛てに既存の株式の約9倍に当たる株式が新規に発行された。Xは、Y₁及びY₂（以下Y₁ら）に対し、この新株発行によりXの所有するY₁株の価値が違法に毀損されたとして、Y₁らに対し、会社法350条及び民法709条に基づく損害賠償債務の支払を求め、合わせて、Xは不法行為時からこの請求時点まで発生した遅延損害金を損害賠償債務の元本に組み入れる意思を表示した（一審から本判決までY₁らの不法行為責任は認められており、遅延損害金の損害賠償債務への組入れの肯否に焦点を絞る。以下、これを本件検討課題とする）。

　第一審（東京地判平30・3・22民集76巻1号8頁）は、理由を明示せず、民法405条の（類推）適用を認めた。これに対し、原審（東京高判令2・5・20民集76巻1号49頁）は、民法405条の趣旨に付き本判決とほぼ同旨の理解を示し、本件検討課題につき、消極的に解して、同条の（類推）適用を否定した。

　Xは、本件検討課題につき、民法405条の（類推）適用を否定すれば、損害賠償債務を履行しない怠慢な債務者の保護になるなどとして、上告受理申立て。

●——判旨

　上告棄却
　①民法405条の趣旨と適用範囲
「民法405条は、いわゆる重利の特約がされていない場合においても、一定の要件の下に、債権者の一方的な意思表示により利息を元本に組み入れることができるものとしている。これは、債務者において著しく利息の支払を延滞しているにもかかわらず、その延滞利息に対して利息を付すことができないと

すれば、債権者は、利息を使用することができないため少なからぬ損害を受けることになることから、利息の支払の延滞に対して特に債権者の保護を図る趣旨に出たものと解される。そして、遅延損害金であっても、貸金債務の履行遅滞により生ずるものについては、その性質等に照らし、上記の趣旨が当てはまるということができる」。

　②民法405条の不法行為に基づく損害賠償債務との整合性
「不法行為に基づく損害賠償債務は、貸金債務とは異なり、債務者にとって履行すべき債務の額が定かではないことが少なくないから、債務者がその履行遅滞により生ずる遅延損害金を支払わなかったからといって、一概に債務者を責めることはできない。また、不法行為に基づく損害賠償債務については、何らの催告を要することなく不法行為の時から遅延損害金が発生すると解されており…、上記遅延損害金の元本への組入れを認めてまで債権者の保護を図る必要性も乏しい。そうすると、不法行為に基づく損害賠償債務の遅延損害金については、民法405条の上記趣旨は妥当しないというべきである。」以上を踏まえ、本件検討課題について、民法405条の（類推）適用を否定し、Xの上告を棄却した。

●——研究

　本判決は、本件検討課題に対し、①において、民法405条の趣旨を明らかにし（以下、判旨①）、これに基づき②において、同条の趣旨に適合しないことから、これを否定した（以下、判旨②）。

　本件検討課題について、一方で、交通事故に関する下級審裁判例でその肯否が分かれており[1]、他方で、そもそも学説上の議論は乏しい状況にあった[2]。本判決が本件検討課題について最高裁として初めて判断を下したこと[3]は、上記下級審の状況に対し判断を統一する実務上の意義を有するとともに[4]、そ

の根拠として民法405条の趣旨を明確にしたことは、理論上の意義も大きい。

(1) 判旨①の検討

民法において、利息は元本の使用の対価とされ、これに対し、遅延損害金は債務を履行しないことに対する損害賠償と説明される。このように両者は異なる機能・性質を持つ[5]。その一方で、民法典で規律される利息は多義的に解されており、遅延損害金を含むと解されるものもある[6]。したがって、本件検討課題について、その肯否を判断するために、民法405条の趣旨[7]の解釈が肝要である[8]。

本判決は、民法405条の趣旨を、支払を遅滞する債務者により少なからぬ損害を被る債権者をとくに保護した規定として説示する[9]。しかし、単に債権者の保護を重視するのでなく、この説示の冒頭からも明らかなように、ア 債務者の遅滞への非難を前提として、イ 債権者保護を図ることを、最高裁は同条の趣旨と捉えたと理解できる。そして、ア及びイの要素は並列的とも理解できるが[10]、判旨②の二つの論拠（後述(2)参照）との関係から、民法405条の趣旨として債務者の支払遅滞への非難に重点があると考えられる[11]。こうした理解は、民法の起草過程において示されたものと親和的である[12]。

そして、判旨①で上記民法405条の趣旨を踏まえて、貸金債務における遅延損害金について法定重利を認めた大判昭17・2・4民集21巻107号を引用して、「その性質等に照らし」民法405条の趣旨が当てはまると解する。ここで「その性質等」と、民法405条の趣旨との関係付けは明示されていない。同判決の説示を踏まえると、「その性質等」とは、借主は支払うべき債務額を認識でき、遅延損害金を1年以上支払わないことが債務者の著しい不履行に当たること、この不履行により遅延損害金の使用ができずに、債権者は少なからぬ損害を受けることをさすと考えられる。このことは本判決の示す民法405条の趣旨に適合する。そして本判決は、判旨①で昭和17年判決を挙げることで、本判決の理解する民法405条の趣旨が従来の判例と矛盾しないことを確認したといえよう。

まとめると、本判決は判旨①を、民法405条の趣旨を明らかにし、さらに昭和17年判決を挙げることで、同条について元本の使用の対価である利息のみならず、貸金債務における遅延損害金をもその射程に含むことをあらためて確認している。

(2) 判旨②の検討

本判決は、判旨①で明らかにした民法405条の趣旨に対し、α 履行遅滞時（不法行為時）に不法行為債務の履行すべき額が定かでないことが少なくないことから、その不履行を以て一概に債務者を責められないこと（以下、αの論拠）、β 不法行為に基づく損害賠償債務の履行遅滞時は不法行為時とされ、この時点から損害賠償債務は履行遅滞となるため、重利を認めて債権者を保護する必要性に乏しいことを挙げて、本件検討課題に付き民法405条の（類推）適用を否定する（以下、βの論拠）。

上記判断アプローチと同旨のものは原審及び一部下級審で採用されていた[13]が、最上級審がこれを採用した意義は大きい。

(a) αの論拠について。この論拠が、不法行為による損害賠償債務一般に妥当するか、それともその例外を認める余地があるかが問題となる。一方で、本判決は、履行すべき債務の額が定かでないことが少なくないと述べることから、逆に、債務の額が定かであればαの論拠があてはまらず、法定重利を認める可能性が出てくる[14]。他方で、本判決はαの論拠で、不法行為の損害賠償債務と貸金債務等の契約上の金銭債務とを区別しており、不法行為の損害賠償債務では一般的に履行すべき債務の額が定かではないと読むこともできる[15]。本判決の民集掲載の、判決要旨が「不法行為に基づく損害賠償債務の遅延損害金は、民法405条の適用または類推適用により元本に組み入れることはできない。」と一般的なものとなっていることも、後者の読み方を裏付けようか（後述3も参照）。

(b) βの論拠について。不法行為に基づく損害賠償債務の履行遅滞時について、本判決は従来の判例の立場に基づき、履行遅滞を早期に認めることで債権者の保護が図られるため、法定重利による保護の必要性を否定する。判例[16]が不法行為時を損害賠償債務の履行遅滞時とする立場——学説上の批判は強い[17]が——を、本判決も堅持した[18]。学説はこの理由を公平の趣旨や原状回復を挙げ、抽象的な理由付けにとどまっていた[19]。本判決は、最高裁として初めて不法行為に基づく損害賠償債務につき不法行為時を履行遅滞時とすることにつき、被害者救済を理由とすることを示唆し[20]、従前の判例の立場をより強固にしたと考えられよう。

(c) 両論拠の関係性について。βの論拠で、不法行為時から遅延損害金が発生するとしながら、αの論拠で、債務者の履行すべき債務額が上記時点で明らかでないということから、債務者は損害額がわからないのに履行遅滞に陥ることになり、両論拠で矛盾があるとの批判も考えられる[21]。しかし、この批判に対し、不法行為損害賠償債務では、観念的・

抽象的に損害の発生を捉え、その時点を以て履行遅滞に陥ると捉えても、このことは支払うべき債務がいくらかという損害賠償の内容画定の問題と、「論理的には別」[22]であって、両論拠の関係性は矛盾しない[23]。またこうした抽象的に不法行為時に全損害が発生し、その後に金額を具体的に考慮するという考えは、実務家からも支持されている[24]。したがって、両論拠の関係性は、理論的に矛盾せず、また実務的にも支持されうるものである。

そのうえで、本判決の射程ともかかわることから、$\alpha \cdot \beta$の両論拠のバランスをみたい。βの論拠では、利息を得られない不利益を早くに認められる遅延損害金によりカバーされるとすることで、法定重利を消極的に解する結論を支える。こうした理由付けは、不法行為一般に当てはまり、これのみでも法定重利を否定する理由となろう。しかし、利息と遅延損害金という機能性の異なるもので一方の不利益を他方の利益でカバーすることで被害者が救済されているとすれば[25]、βの論拠は実際上のものと考えられ、本件検討課題について消極的に解する結論を実際上の観点から補充的に支えるものといえよう[26]。αの論拠は、(1)でみたように理由付けが明確なものであることから、αの論拠が、本判決で本件検討課題に対し消極的結論を導出した主たる論拠と考えられる[27]。

(3) 本判決の射程

本判決は、一方で、判旨①で民法405条の趣旨を示しており、他方で、判旨②で本件検討課題において民法405条の（類推）適用を否定する理由付けが示されており、それぞれの射程を考えるべきである。

(a) 判旨①について。例えば、債務不履行に基づく損害賠償債務において、特定物債務の不履行により生じる売主の損害賠償債務は、履行遅滞時にその額が見通せないことから、売主の履行の怠慢への非難があると評価することは難しく、民法405条の（類推）適用は否定されよう[28]。また安全配慮義務について、不法行為と同様の人身損害における損害算定のプロセスから、民法405条の（類推）適用が否定されよう[29]。

(b) 判旨②について、本判決ではXの請求において民法709条のみならず会社法350条も根拠に挙げられたことから、後者についても同様の判断が当てはまる[30]。次に、下級審で問題となってきた人身事故による損害について、重症・死亡を問わず、不法行為時に損害額は具体的に明らかといえず[31]、債務者の不法行為損害賠償債務の履行遅滞は非難に値しない。また不法行為時から履行遅滞に陥るから、

被害者への支払遅滞による損害はカバーされる。このように人身損害においては、$\alpha \cdot \beta$いずれの論拠も当てはまり、法定重利は否定されよう。

これに対し、支払うべき債務が定かと考えられる金銭騙取・奪取の場合には、αの論拠の例外を認めないならば、この場合でも405条の（類推）適用は否定される[32]が、その例外を認めるならば、この場合に405条（類推）適用の可能性がある[33]（上述（2）(a)も参照）。

(4) おわりに——波及的な影響の可能性

本判決は、判旨①で民法405条の趣旨を明らかにしたうえで、さらに判旨②で不法行為時を以て損害賠償債務の履行遅滞に陥る理由を被害者保護のためであることを示唆しており、その理論上の意義が大きい。さらにこうした理解に基づいて、本件検討課題において民法405条の（類推）適用を否定することで、従前立場が相違していた交通事故における下級審実務に対しその方向付けを明確にした点で実務上の意義も認められる。

そのうえで、本判決が波及的な影響を及ぼすのが、一時金賠償方式における中間利息控除の問題である。とくに、中間利息控除は一般的に複利（複式ライプニッツ式）で控除されること[34]から、遅延損害金が単利で計算されることとのアンバランスさが指摘されてきた[35]。本判決では、一方で、Y_1らの新株発行による既存株の価値既存による損害填補が問題となったため、重利の肯否にポイントが置かれたが、他方で、複利で控除される中間利息控除とのバランスが正面から問われなかった。しかし本判決の判旨②における$\alpha \cdot \beta$の論拠から、人身損害の場合に遅延損害金が単利で算定されることが確定的といえる状況となった。一時金賠償方式における中間利息控除を複利計算でおこなうことの当否が今後より活発に議論されることが予測される[36]。

（まえだ・たろう）

1) 下級審の状況に付き、益井公司「不法行為に基づく損害賠償遅延利息に遅延利息は付くことになるか」日本法学 84 巻 3 号 325 頁以下、川角由和「判批」判評 696 号 162-163 頁、白石友行「判批」『速報判例解説　vol.31　新・判例 Watch』100 頁、大久保邦彦「判批」判例秘書ジャーナル（HJ100136）6 頁注 12 及び注 13 で挙げられるもの参照。

2) 大久保・前掲注 1) 7 頁は、不法行為損害賠償債務に関して民法 405 条を明言する学説はわずかとする。なお、遅延損害金を遅滞した場合に、民法 419 条の適用可否も問題となりうる（柚木馨＝高木多喜男『判例債権法総論〔補訂版〕』（有斐閣、1971 年）144-145 頁参照）が、本件検討課題との関係で、本評釈の対象外とする。

3) 山岡航「判批」法セ 814 号 131 頁。

4) 加藤新太郎「判批」NBL1223 号 91 頁は、本判決の自保ジャーナルの掲載を以て、人身事故における本判決の実務上の大きさを象徴すると評する一方で、実際上の影響の大きさについて、肯定する裁判例の少なさから、消極的に解する（同 94 頁）。

5) 潮見佳男『新債権総論 I』（信山社、2017 年）234 頁及び磯村保〔編〕『新注釈民法 (8)』154 頁（有斐閣、2022 年）〔北居功〕。

6) 中田裕康『債権総論』（岩波書店、2021 年）62-63 頁。本判決におけるコメント・評釈においても、民法 405 条の「利息」の文言解釈では、遅延損害金がここに含まれるか不明確なことが指摘される。匿名コメント・判タ 1496 号 85 頁及び、加藤（新）・前掲注 4)93 頁参照。

7) 我妻榮『新訂　債権総論』（岩波書店、1972 年）139 頁。

8) 民法 405 条の起草過程から学説の展開に付き、益井・前掲注 1)316 頁以下及び川角・前掲注 1)160 頁以下に負うところが大きい。

9) 本判決は引用しないが、大判大 6・3・5 民録 23 輯 411 頁も、民法 405 条の趣旨として同旨を述べていた。なお、同判決は、債権者を救済するために同条をとくに設けた旨を説き、「とくに」という副詞の使われ方が本判決と異なることに留意されるべきである。

10) 大久保・前掲注 1) 7 頁。

11) 白石・前掲注 1)101 頁及び原田昌和「判批」ジュリ 1574 号 93 頁参照。本判決以前にも、平井宜雄『債権総論〔第 2 版〕』（弘文堂、1994 年）32 頁が、同旨を説いていた。

12) 広中俊雄『民法修正案（前三編）の理由書』（有斐閣、1987 年）336 頁及び富井政章『民法原論第三巻債権総論上』（有斐閣、1929 年）172-173 頁参照。学説状況に付き、白石・前掲注 1)101 頁及びそこでの注 11 に挙げられる諸見解参照。

13) 東京高判令 2・5・20 民集 76 巻 1 号 49 頁（本判決原審。なお、民集 76 巻 1 号 76 頁では、「相応の債務者保護が図られている」とされているが、「相応の債権者保護」が適切であろうか）。他に東京高判平 27・5・27 時判 2295 号 65 頁。

14) 東京高判平 27・5・27 判時 2295 号 65 頁は、債務者の非難に値する懈怠の基準として債権者が催告した時点の額と客観的な額の差が小さい場合を挙げる。こうした例外を認めるアプローチに付き白石・前掲注 1)101 頁も参照。

15) 匿名コメント・前掲注 6)87 頁。大久保・前掲注 1) 8 頁もこうした読み方の可能性示す。

16) 本判決の引用する最三判昭 37・9・4 民集 16 巻 9 号 1834 頁（道路管理の瑕疵による死亡事故）以外にも、最三判昭 58・9・6 民集 37 巻 7 号 901 頁（自動車事故による運行供用者責任に基づいた損害賠償請求において弁護士費用についても「1 個の損害賠償債務の一部になる」として、不法行為時が遅延損害金の起算点になるとした）など。

17) 若林三奈「不法行為による損害賠償債務が遅滞に陥る時期・試論」立命 363 = 364 号 1022 頁、とくに 1040-1043 頁以下。

18) 日弁連交通事故相談センター東京支部『民事交通事故訴訟　損害賠償算定基準』（日弁連交通事故相談センター、2022 年）285 頁。

19) 前者につき、我妻榮『事務管理・不当利得・不法行為』（日本評論社、1937 年）208 頁、後者につき四宮和夫『不法行為法』（青林書院、1987 年）571-572 頁。窪田充見〔編〕『新注釈民法 (15)』（有斐閣 2017 年）486-487 頁〔前田陽一〕も参照。

20) 磯村〔編〕・前掲書 (5)215 頁〔潮見佳男〕。潮見は、従前判例の立場を批判していたが、本判決の示した理由付けに対し理解を示す。この理由付けは、遅延損害金が不法行為時から生じ、その翌日からではないこと（潮見・前掲注 5)471 頁）も、正当化しようか。

21) 本判決以前であるが、益井・前掲注 1)330 頁。

22) 磯村〔編〕・前掲注 5)689 頁〔荻野奈緒〕。窪田充見『不法行為法〔第 2 版〕』（有斐閣、2018 年）389 頁も参照。

23) こうした考え方は、損害事実説に親和的な損害理解を前提としており、実務において人身侵害でこうした理解が取られているとされるが窪田・前掲注 19)401-402、404-405 頁参照本評釈の射程を超える。

24) 遠山信一郎＝横山弘「交通事故による損害賠償請求についての遅延損害金の起算日」東京三弁護士会交通事故処理委員会〔編〕『交通事故訴訟の理論と展望——創立 30 周年記念論文集』（ぎょうせい、1993 年）414-415 頁。

25) 大久保・前掲注 1) 9 頁は、催告不要で遅延損害金が認められることで、債権者の保護は尽くされているとする。

26) 従前の学説及び一部下級審では、本件検討課題につき消極に解する論拠として、利息と不法行為に基づく損害賠償債務の遅延損害金の性質の相違が解かれていた（潮見・前掲書 (5)234 頁。大阪地判平 25・7・4 交民集 46 巻 4 号 872 頁（川角・前掲注 1)162-163 頁は、同判決につき利息と不法行為損害賠償債務の遅延損害金との機能性の違いが考慮されたとする））が、本判決は、判旨②でこの理由付けを明示しない。本判決の評釈では、この理由付けを欠くために説得力を欠くという消極的評価（大久保・前掲注 1) 9 頁）と、この理由付けを用いないことで、問題となる遅延損害金ごとに事態適合的な解決が可能であるという積極的評価（白石・前掲注 1)101 頁）とに分かれる。この理由付けを重視すると、硬直的な判断となることが懸念される。後者の理解を支持したい。

27) 加藤（新）・前掲注 4)93-94 頁及び原田・前掲注 11)93-94 頁。β の論拠の弱さについて、白石・前掲注 1)101-102 頁参照。これに対し田中洋「判批」法教 500 号 103 頁は二つの論拠の軽重を可動的に捉える。

28) 田中（洋）・前掲注 27)103 頁はこの場合に、β の理由付けを重視すると、重利の可能性があるが、α と β の論拠、いずれにポイントを置くかで結論が変わるものとして留保する。原田・前掲注 11)94 頁は、β の論拠を従たるものと理解し、この場合に遅延損害金について重利を認めない。

29) 加藤（新）・前掲注 4)94 頁及び匿名コメント・前掲注 6)87 頁は、安全配慮義務はそもそも本判決の射程外とする。

30) 加藤（新）・前掲注 4)94 頁。

31) 本判決以前であるが、大久保邦彦「判批」リマークス 55 号 20-21 頁。被害者が重症の場合には、不法行為後に、後遺障害の症状固定、被害者の別原因での死亡、事故時以降の並行給付等の事象があり、また過失相殺事由や素因減額事由なども明らかになって賠償額が算定されると考えられる。死亡の場合にも、上述の重症の場合と同様の事情（最初の事象を除く）があてはまろう。

32) 同様の問題は交通事故における物損についてもあてはまろう。

33) 原田・前掲注 11)94 頁、大久保・前掲注 1) 9 頁（但し、同 8 頁及び 12 頁では、α の論拠に関する説示から、債務額が定かな例外的な場合も、重利を否定する可能性を示す）。仮に α の論拠の例外を認めるとしても、β の論拠から、債務者の支払遅滞による損害について不法行為時からの遅延損害金が認められることで債権者は保護されていると考えられるならば、民法 405 条の（類推）適用は消極的に解されよう（この理解に立つと、α の論拠の例外を認めない立場との差は相対的である）。

34) 日弁連交通事故相談センター東京支部・前掲注 18)107-108 頁。

35) 窪田充見「人身損害論の体系」伊藤文夫〔編・代〕『人身損害賠償法の理論と実際』（保険毎日新聞社、2018 年）15 頁。定期金賠償方式を認めた最一判令 2・7・9 民集 74 巻 4 号 1204 頁の射程ともリンクする問題である。原田・前掲注 11)96 頁参照。

36) 原田・前掲注 11)95 頁参照。

家族 1 特別養子適格確認事件において実父の同意が不要とされた事例

名古屋家審令 3 ・ 2 ・ 26
令 2 (家ロ) 36 号、特別養子適格の確認申立事件
家判 39 号 68 頁

山口亮子 関西学院大学教授

現代民事判例研究会家族法部会

●──事実の概要

実母は、実父と離婚した翌日の平成 29 年×月○日、未成年者を出産した。実母は、出産前からF児童相談所に赴き、実父が刑事被疑事件で逮捕されて勾留中であること、実父から、妊娠中の腹部を足蹴にするなどの DV 被害に遭っており、出生後の未成年者の親権者を実母として離婚を希望していること等を述べて、出生後の未成年者の施設入所について相談していた。未成年者は実母の同意の下、出生後すぐに児童養護施設（乳児院）に入所した。児童相談所は、実母の意向の下、未成年者につき里親委託の準備を進めた。

児童相談所に里親登録していた申立人らは、令和△年×月○日、児相相談所から未成年者の里親委託を受け、現在に至るまで未成年者を養育しており、未成年者は、申立人らの情愛を一身に受けながら、順調に生育している。

実母は、当裁判所宛の令和 2 年×月○日付け特別養子縁組同意書により、特別養子縁組の効果を承知しつつ、未成年者と申立人らが特別養子縁組をすることにつき同意した。

実父は、窃盗などの罪により、平成 29 年×月○日から○○刑務所において懲役刑に服しており、本件特別養子縁組には一貫して反対し、自らが出所後に未成年者を引き取り、その祖父母の協力を得て養育していく旨を述べている。

●──審判要旨

認容

「実父は未成年者の出生時には既に実母と離婚しており、未成年者の親権者であったことは一度もな

く、未成年者の養育には何らの関与もしていないばかりか、実母が未成年者を妊娠中、実母の腹部を足蹴するなどの暴力を振るっていたというのであり、その上、現在刑務所において受刑中であり、刑の終了予定日が令和 5 年×月○日であることから、今後約 2 年近く自ら未成年者を養育することは現実にできない状況にあるということができる（早期の満期前出所が可能であると認められるべき事情もうかがわれない。）」また、実父は 2 度の離婚歴があり、1 度目の妻との間にもうけた一子の養育には 1 か月程度しか関与しておらず、夜泣きした子に怒声を浴びせかけ、近隣住民から虐待通告を受けたこともある。「これらからすると、実父は、そもそも自ら子どもを適切に養育する能力に著しく欠けているものといわざるを得ない」。

実父は、祖父母の協力を得て自らが未成年者を養育していくなどと述べるが、協力の内容は具体性に乏しく、実父と祖父母との関係は元来良好であるといえず、これまでも協力は得られておらず、実父は児童相談所が祖父母に調査を行うことすら拒否しており、自らの出所後の生活も不透明であり、未成年者を適切に養育していくことに対する真摯性も認められない。「結局のところ、実父は、自らが未成年者を養育することにつき根拠のない自信を示すのみで、およそ現実性に乏しい言い分であるといわざるを得ない。

したがって、実父が本件特別養子縁組の成立に同意しないとはいえ、本件においては、民法 817 条の 6 ただし書にいう「養子となる者（未成年者）の利益を著しく害する事由」があるということができる。

そして、以上の認定説示によると、実母及び父母による未成年者の監護が著しく困難又は不適当であると認められるから（民法 817 条の 7）、主文のとおり審判する」。

●——研究

1 特別養子縁組手続

特別養子縁組の手続は、2019（令和元）年民法等改正（令和元年法律第 34 号）により改正され、本審判例は、改正後初めて公表されたものである。この改正の目的は、家庭に恵まれない子に新たな家庭を提供する特別養子制度の利用を促進することであり[1]、改正の主な内容は、民法上養子となる者の年齢の上限を原則として 15 歳未満に引き上げ、家事事件手続法上で 2 段階の手続に分けたことである。

手続の第 1 段階は、子と実親との関係に着目する「特別養子適格の確認の審判」といわれ、①実父母に監護が著しく困難または不適当であること（民 817 条の 7 前段）という特別の事情要件と、②実父母の同意があるか、なければ同意不要の例外事由があるか（民 817 条の 6）という父母の同意要件を審理する。①で審理される 817 条の 7 は従来、要保護要件といわれていたものであるが、法改正により、第 1 段階でその前段を審理し、同条後段の「子の利益のために特に必要がある」ことは、子と養親となるべき者との関係に着目する「特別養子縁組の成立の審判」といわれる第 2 段階において審理することにした[2]。このように 2 段階に分けたのは、実親と養親との監護能力を比較して、縁組の成否を決めるという相対的な判断がされるべきではないという理由からによる[3]。本件は、その第 1 段階の手続に関する審判である。

また本件は、養親となるべき者が申し立てたものであるが、改正法では、児童相談所長（以下、児相長という）も申立てができることになった。養親となるべき者が申立人となる場合は、第 1 段階でその者と子との間の縁組について、特別養子適格が確認され、同時に申し立てる第 2 段階において、自らの特別養子縁組の成立の審判を得ることになる（家事 164 条の 2 第 3 項）。児相長による申立ては、特定の養親候補者が確定していないときにも行うことができ、その審判の効力は、特定の者に及ぶものではない。ただし、第 1 段階の審判の確定後、6 か月以内に第 2 段階の審判を申し立てなければならない（家事 164 条 2 項）ため、養親候補者のめどが全く立っていない状況で児相長が第 1 段階の審判を申し立てることは考えられないとされている[4]。

2 実父母の同意不要要件——特別養子縁組と親権喪失の接合是非

第 1 段階において、②実親の同意不要要件として、(i) 父母が意思表示できないか否か、(ii) 父母による虐待、悪意の遺棄があるか否か、(iii) その他養子となる者の利益を著しく害するか否か（民 817 条の 6）が審理されることは、改正法においても変更はない。ただしこれは、親権喪失の要件（民 834 条）と近似しているため、改正の議論において、実親が親権喪失の審判を受けている場合には、特別養子縁組を成立させるに当たり、その実親の同意を要しないとする案も出されていた[5]。また、実務的には 817 条の 7 前段の程度は概ね親権喪失レベルとする説もある[6]。

しかし、改正法においては、特別養子縁組の同意不要と親権喪失を接合することは避けられた。妥当であろう。まず、この 2 つの効果には大きな違いがある。特別養子縁組は法的親子関係が終了するのに対し、親権喪失は親権が停止するのみであり、親子関係はなくならない。親子関係が終了することは、親子でなくなるということである。親権喪失は強制的に審判されることに違いがあるものの、あくまでも効果の点では、離婚によって一方の親が親権を失うことと同一であり、このことから比較しても、親子関係終了とは大きな隔たりがある。

次に、特別養子縁組により法的親子関係を終了させる目的は、子に新たな父母を与えることであるのに対し、親権喪失の目的は、法律上子を親から引き離すことである[7]。現状では親権喪失を申し立てずに、一時保護または施設入所により子を保護し、そこにおいて児童福祉法 33 条の 2 第 2 項または 47 条 3 項に基づき、児相長または施設長が親権の内容である監護を行っている。親権者以外の者が親権を行使するためには、本来なら民法上の親権喪失の審判により親権が制限される必要がある[8]が、親権喪失は重大な結果を伴うと考えられているため、容易に用いられていない[9]。確かに、これまでの親権喪失事件は、親権者の重大な虐待行為を原因とするものが多い[10]ため、親権喪失は親から子を引き離す最終手段と捉えられており、親権喪失のハードルは高くなっている。子が保護されていれば、親権喪失や停止審判の目的は施設入所等で代替されているという現状では、理論面と現実の双方において、親権喪失の意義と評価は定まっているとはいえない。

3　これまでの裁判例——実親と養親の比較

　改正前の実父母の同意がない場合の特別養子縁組事件では、上記(iii)その他養子となる者の利益を著しく害するという点について、および、民法817条の7後段の子の利益のために特に必要があるときという点について、裁判所は、子が実親と生活する場合と養親となる者と生活する場合とを比較衡量して、子の利益を判断してきた。

　福岡高決平3・12・27家月45巻6号62頁は、実母は子を引き取る環境を整えておらず、裁判所の呼び出しにも無断で不出頭を繰り返しており、子は現在、相手方を実の親のように親しみ馴染んで生活しているという事案で、裁判所は、子を相手方から引き離すことは子に混乱と打撃を与えるだけであるとして、実母の不同意は子の利益を著しく害する事由があるとした。東京高決平14・12・16家月55巻6号112頁は、実母が安定した監護環境を用意せず、かつ明確な将来計画を示せないまま、将来の子の引取りを求めている事案で、裁判所は、これは父母の存在が子の利益を著しく害する状況にはあたらないとして原審に差し戻した。しかし差戻審は、現在の安定した生活環境から子を離脱させることは子の幸福の観点から著しく不当であるとして同意不要を認め、特別養子縁組を成立させた[11]。青森家五所川原支平21・5・21家月62巻2号137頁は、実母は特別養子縁組に同意していたが、実父は何らの手続もしないのみならず、調査や審判期日にも出頭せず、反対していた事案で、裁判所は、申立人夫婦は子を5年以上も安定的に養育しており、申立人夫婦らの家庭から子を引き離すことは、子に混乱と打撃を与えるだけでその福祉に沿わず、子の利益を著しく害する事由がある場合に該当すると判示した。

　いずれにおいても、子がすでに里親に育てられ安定した生活を送っており、特別養子縁組をしなければ、子の利益を害する事由があるかどうかが検討されている。

4　本件の検討

　本件の実母は、子の出生前に離婚したため子の単独親権者となり、子の出生前から児童相談所に相談し、子の出生後は子が乳児院へ入所することに同意し、里親委託後には、特別養子縁組にも同意していた。実父は、子の親権者ではないが、法的親子関係があるため、817条の6の同意をする権利を有しており、特別養子縁組に同意していない。そこで本件

では、第1段階の手続として、実親の同意を得ることが子の利益を害すること、および特別養子縁組をする特別の事情があることの検討が行われた。これらの主張立証は、申立人に求められる[12]が、民法改正に伴う児童福祉法改正により、児相長が手続に関与することができることになった（児福33条の6の3）ため、本件では児相長は参加人として、実父の第一子に対する養育状況や虐待通告を受けていたこと、祖父母がその子の育児の協力を断っていたこと等の調査報告書を提出した。また、家庭裁判所調査官が、実父が別件で受けている懲役刑、刑期、実父の特別養子縁組に対する反対意思、出所後に子を養育する意思等を調査し、報告書を提出した。

　これらの報告書を踏まえ、裁判官は、実父が刑に服していることにより、以後2年間は子を養育できないこと、実父は子を適切に養育する能力に著しく欠けていること、またそれに対する真摯性が認められないことを認め、例外要件(iii)「養子となる者の利益を著しく害する事由」があると判断した。特別の事情要件については、以上の説示によるとして、最後に一言認定した。

　特別養子縁組が未成年養子縁組の理念型であるとすれば、817条の7の前段である特別の事情要件の必要性は弱まるないしは不要となるとする説[13]もあり、本件判断は、特別養子縁組を促進する今日的傾向に合致しているといえるであろう。また、改正法により、817条の7後段の要件は、第2段階で審理されることとなったため、従来行われてきた実親と養親の監護状態の比較衡量は行われなかった。ただし本件は、里親と子との関係性が形成されているところで養親となるべき里親が申し立てたものであり、このことが、第1段階の審理の認容につながったことは否めない。なぜなら、養親となるべき親が第1段階を申し立てたときは、その者を前提とした特別養子適格の確認が行われるからである[14]。しかし、そのような前提がありながら、制度としては、第1段階はあくまで実親と子に関する審理であり、里親と子との関係は審理されないため、子の利益の実態が見えづらくなっている。

　家庭環境上養護を必要とする子に里親等の家庭養護を優先する社会的養護の改革は、平成28年児童福祉法改正において進められ、令和2年の施設入所等の家庭的養護のうち里親委託率は、22.8%と過去10年で2倍となった。本件の申立人は、里親類型（養育里親、専門里親、親族里親）のうち、養子縁組を前提とした養子縁組里親と思われるが、この数も

平成 24 年の 298 人から令和 4 年には 384 人に増えている[15]。特別養子縁組成立件数も、平成 24 年の 339 件から令和 2 年には 693 件に伸びており、厚労省は 1000 件を目指すとしている[16]。しかし、実親は一般に里親委託に消極的である。それは、里親に預けると面会交流もできない、子を取られてしまうという思いを抱いているからであり、そこに実親を置き去りにしている問題点が指摘されている[17]。養子縁組里親の同意の問題やその位置づけの問題[18]を含め、実親に対する説明、同意、および支援の検討は、今後も必要である。

　最後に、実親の手続上の地位について確認しておきたい。実父母が審査される第 1 段階の審判において、実親には、手続上陳述を聴かれる権利がある（家事 164 条の 2 第 6 項 2 号）。本件では、実父は在監中であったため、家裁調査官が実父の意思を調査し、報告書として提出した。実親は第 2 段階には関与できず（家事 164 条 4 項）、第 1 段階の手続において、理論上は法的親子関係が終了させられる[19]。しかし

そこに、代理人をつける権利は立法上保障されていない。虐待・ネグレクト等により年間約 5000 件の強制的親権終了が裁判され、養子縁組手続へ移行するアメリカでは、親子関係の終了は親の死刑宣告といわれており、厳格な審査が行われる。そのため、親は弁護士により代理される権利を持っている[20]。わが国では、立法上の手当は用意されなかったが、今後運用において、実親の適正手続の確保が図られるべきではなかろうか。

（やまぐち・りょうこ）

1) 山口敦士＝倉重龍輔編著『一問一答令和元年民法等改正——特別養子制度の見直し』（商事法務、2020 年）2-3 頁。
2) 同上 62 頁。
3) 同上 39 頁。
4) 磯谷文明「特別養子縁組制度の課題——実務の視点から」論ジュリ 32 号（2020 年）29 頁。
5) 山口敦士「特別養子縁組制度の改正」論ジュリ 32 号（2020 年）22 頁、床谷文雄「提言（報告のまとめをかねて）」家族〈社会と法〉25 号（2009 年）112 頁。
6) 磯谷・前掲注 4)29 頁。
7) 田中智子「親権喪失宣告等事件の実情に関する考察」家月 62 巻 8 号（2010 年）7 頁。
8) 許末恵「児童福祉法 28 条による施設入所等の措置」吉田恒雄編『児童虐待への介入——その制度と法』（尚学社、1998 年）65 頁。
9) 吉田恒雄「児童虐待に関する法制度」同上書 32 頁、田中・前掲注 7) 7 頁（ただし、平成 24 年の認容は 17 件であったが、令和 3 年は 48 件となっている。最高裁「親権制限事件及び児童福祉法に規定する事件の概況」（2021 年））。なお、親権喪失が親子間に及ぼす効果が重大であるとの理由で、親権停止が創設され、実務においてはこれが活用されている（細矢郁「児童福祉法 28 条事件及び親権喪失等事件の合理的な審理の在り方に関する考察」家月 64 巻 6 号（2012 年）38 頁）が、親権が停止している期間は、親権全部の行使が停止するものであり、親権喪失と違いはない（許末恵「児童虐待防止のための民法等の改正についての一考察」法曹時報 65 巻 2 号（2013 年）30 頁）。親権停止中の効果の違いは、15 歳未満の子の養子縁組同意権（民 767 条 2 項）があるだけであり、親権停止も喪失も戸籍に記載される（家事 116 条）。
10) 名古屋高決平 17・3・25 家月 57 巻 12 号 87 頁、長崎家佐世保支審平 12・2・23 家月 52 巻 8 号 55 頁、熊本家審平 10・12・18 家月 51 巻 6 号 67 頁はいずれも、殴る蹴る叩く等の酷い身体的虐待や性的虐待のある事例である。これに対し、大阪高決令元・5・27 家判 24 号 86 頁は、実父に重大な身体的虐待はないが、児童養護施設に入所中の子の引取りを要求していた過去があり、現在は受刑中で、将来出所後に子と同居して暴力を振るう恐れがあるとして親権喪失を認めた。評釈として、稲垣朋子・本誌 21 号（2020 年）114 頁参照。
11) 高橋聖明「特別養子縁組における実父母の同意について：東京高裁平成 14 年 12 月 16 日決定（家裁月報 55 巻 6 号 112 頁）を担当して」信州大学法学論集 4 号（2004 年）217 頁。
12) 山口＝倉重・前掲注 1)73 頁。
13) 田中通裕「民法 817 条の 7 について：特別養子縁組の成立要件としての「要保護性」と「特別の必要性」」法と政治 68 巻 2 号（2017 年）371 頁。
14) 家事 164 条の 2 第 1 項、山口＝倉重・前掲注 1)52 頁。
15) 厚労省「社会的養護の推進に向けて」https://www.mhlw.go.jp/content/000833294.pdf. 2 頁、24 頁。
16) 同上 16 頁、215 頁。そのため厚労省は、「ひろげよう里親の輪」とする広報活動を行い、特別養子縁組についても啓発活動を行っている。https://www.mhlw.go.jp/stf/seisakunitsuite/bunya/0000098650.html; https://www.mhlw.go.jp/stf/seisakunitsuite/bunya/0000169158.html.
17) 宮島清「社会的養護・里親制度の観点から」法律のひろば 72 巻 10 号（2019 年）37 頁。
18) 横田光平「行政法から見た養子法——もしくは子どもの権利条約からみた養子法」家族〈社会と法〉36 号（2020 年）56 頁。
19) 厳密にいうと、法的孤児を生じさせないために、第 1 段階の審判で実親子の法的親子関係は終了するのではなく、親権は実体的な効力をもたない手続上の制限を伴うにすぎない状況となる。床谷文雄「特別養子制度の転換についての覚書」家族〈社会と法〉36 号（2020 年）18 頁。しかし、義親が第 1 段階と同時に第 2 段階を申し立て、それが認められる場合においては、法の間隙は避けられよう。
20) 拙稿「児童虐待に関するアメリカの法手続き——フロリダ州を例にして」社会安全・警察学 3 号（2017 年）10-11 頁。

家族 2

相続人が被相続人の預金口座から相続開始前と後に無断で出金した場合における相続での扱い

東京地判令3・9・28
令2(ワ)27265号、不当利得返還請求事件
判時 2528 号 72 頁

渡邉泰彦　京都産業大学教授
現代民事判例研究会家族法部会

●——事実の概要

　被相続人Aが、平成 26 年 10 月 11 日に死亡した。相続人は、子Xと子Yである。

　Aの生前に、Yは、Aの預金口座から無断で金銭を引き出し、Aの保険契約の保険人受取人を変更していた。別件の訴訟において、この無断出金が被相続人Aに対する不法行為に当たるとして、この損害賠償請求権のうち、法定相続分2分の1に相当する金額の支払を求める別件訴訟をXはYに対して提起していた。別件訴訟の控訴審では、無断出金の一部を認めて、その2分の1に相当する 4716 万 7657 円の支払を被告Yに命じた。

　本件では、Yの無断出金がAに対する不当利得にも当たり、Xは、不当利得請求権を相続したとして、Yに訴えを提起した。そして、Yには特別受益があり、Xの具体的相続分は法定相続分2分の1を超える 6852 万 5445 円であり、このうち 2132 万円 9639 円が未払であるとして、最終出金日の翌日である平成 26 年 10 月 10 日以降の民法所定の年 5 分の割合による利息の支払とともに請求した。

　また、YがA死後にもAの預金口座から金員を出金しているところ、Yの具体的相続分は 0 円であり、Yは同出金に係る金銭の受領について悪意の受益者であるとして、Xは、Yに対して不当利得返還請求権に基づき、259 万 6432 円と最終出金日の翌日である平成 26 年 11 月 3 日以降の民法所定の年 5 分の利息の支払を請求した。

●——判旨

　一部認容、一部棄却
　①　A生前の無断出金分について
　「本件請求は、原告の法定相続分2分の1と原告

主張の具体的相続分との差額の支払を求めるものであるから、本件生前出金に係る上記不当利得返還請求権が、法定相続分ではなく、原告主張の具体的相続分の割合で、原告に相続されたといえるかどうかが問題となる」。

　「具体的相続分とは、遺産分割手続における分配の前提となるべき計算上の価額又はその価額の遺産の総額に対する割合を意味するものであって、それ自体が実体法上の権利関係に当たるものではない（最高裁判所平成 12 年 2 月 24 日第一小法廷判決・民集 54 巻 2 号 523 頁参照）。

　イ　具体的相続分を算出するには、特別受益や寄与分の算出が必要となるところ、特に、寄与分に関しては、寄与の時期、方法及び程度、相続財産の額その他一切の事情を考慮して家庭裁判所において定められるべきもので、これを離れて家庭裁判所の手続外でこれを定めることはほとんど不可能である。……

　以上によれば、相続開始の時点で具体的相続分を具体的に、かつ正確に把握することはほとんど不可能に近いというほかない」。

　「原告の主張するような解釈を採ると、相続開始と同時に分割されたはずの金銭債権の相続割合は、結局のところ、遺産分割時点まで明確に定まらないこととなり、被相続人の有していた可分債権に当たる金銭債権の行使は、遺産分割が終了するまでの間、事実上困難なものとなりかねないし、当然に分割されたことで遺産分割の対象とはならないはずの可分債権が、実質的には遺産分割の対象とされる結果になりかねず（当然分割された可分債権は原則として遺産分割の対象とはならず、共同相続人間の合意がある場合に限り遺産分割の対象として取り扱われるとするのが、当時の遺産分割手続における実務の一般的運用である）、このような事態は、昭和 29 年小法廷判決が、可分債権を当然に分割されるものとしたことと

整合しない結果になることは明らかである」。

「以上によれば、本件生前出金に係る不当利得返還請求権は、相続開始と同時に、法定相続分により、当然に分割されたものであり、この法定相続分に相当する金銭については、既に被告から原告に支払がなされているから、本件生前出金について、既払額を超える額の支払を求める原告の請求には理由がない」。

② A死亡後の無断出金分について

「具体的相続分とは、遺産分割手続における分配の前提となるべき計算上の価額又はその価額の遺産の総額に対する割合を意味するものであって、それ自体が実体法上の権利関係に当たるものではない。したがって、本件死後出金がなされた時点で、原告が本件口座に関し、具体的相続分に相当する実体法上の権利を有していたとはいえないし、被告に法定相続分に相当する実体法上の権利がなかったともいえない。そうすると、被告による、本件死後出金は、被告の法定相続分の範囲にとどまる限り、法律上の原因のない利得ということはできないし、原告にそれに対応した損失があるともいえず、本件死後出金の全額について、被告の不当利得が成立するとはいえない。本件死後出金の額合計 259 万 6432 円の 2 分の 1 に相当する額 129 万 8216 円を超えた部分の限度で不当利得の成否が問題となるにすぎないというべきである」。

「本件死後出金に係る本件口座は、最高裁平成 28 年大法廷決定のとおり、本件死後出金時点で、被相続人の遺産であったのであるから、結局、本件口座は、原告と被告において、各 2 分の 1 の潜在的な持分割合による準共有状態にあったものと解されるのであり、本件口座の預金残高を数量的に 2 分の 1 に分けた金額それぞれを原告と被告が有しているというものではない（原告と被告は、預金残高の全体について 2 分の 1 の割合の準共有持分権を有しているものである）。したがって、本件口座の最終残高に関わらず、本件死後出金の額である 259 万 6432 円の全額について、原告と被告の準共有状態にあった財産の逸出となるから、その 2 分の 1 に相当する金額については、原告に対する準共有持分権の侵害となり、不当利得を構成し得るものである」。

●──研究

1 本判決の問題点

相続人の 1 人（Y）が相続開始前と後に被相続人の預金口座から無断で出金していたのに対して、他

の相続人（X）が自らの相続分に相当する額の支払を請求した事案である。相続開始前の無断出金分については別件訴訟でXからYに対する不法行為に基づく損害賠償請求としてXの法定相続分 2 分の 1 に相当する額の支払が認められていた。本件訴訟では、Yに特別受益があるとして、Xの具体的相続分から算出された額と別件判決で認められた額の差額を請求している。また、相続開始後の無断出金分についてもXからYに不当利得の返還として具体的相続分をもとに算定した額を請求した。

本判決では、A生前の無断出金分については、被相続人AからYに対する損害賠償請求権または不当利得返還請求権という一般債権として、相続開始時に相続分に応じて当然に分割されると判断した。

相続開始後の無断出金分については遺産分割時に遺産から逸出しており、準共有持分の侵害として不当利得返還請求権を認めた（本件相続開始が平成 26 年であり民法 906 条の 2 は適用されない）。

本件では、無断出金の有無により預金債権の性質が変わり、相続人Xが得る額に大きな違いが生じた。本評釈では、時系列とは逆に、相続法改正によって対処されている相続開始後の無断出金に関して改正前後の違いをみたうえで、相続開始前の無断出金への対応について検討していく。

2 相続開始後の無断出金分

(1) 相続開始時の預金債権など

相続財産となる預金債権は、被相続人の生前に無断出金された後に相続開始時に存在する残額である。

遺産分割における預金債権の扱いについて、最大決平 28・12・19 民集 70 巻 8 号 2121 頁は、「共同相続された普通預金債権、通常貯金債権及び定期貯金債権は、いずれも、相続開始と同時に当然に相続分に応じて分割されることはなく、遺産分割の対象となる」と判示し、それまでの判例を変更した。共同相続された普通預金債権などについて、遺産分割協議で共同相続人間の合意が形成できず審判分割となる場合は、家庭裁判所において具体的相続分に応じて共同相続人に分割される。

本件は、死後出金がされた時期が平成 26 年 10 月から 11 月であり、最大決平 28・12・19 より前であるが、「同決定は、預金債権は、可分債権に当たらない旨の解釈を示したものである以上、同決定前に出金がなされた預金口座に係る預金債権にも同様の解釈が及ぶことが否定される理由はない」とする。

(2) 本判決・旧法の考え方

もっとも、本件では、相続開始から遺産分割までに預金の全額がYによって払い戻されており、預金債権それ自体が遺産分割の対象ではなかった。相続開始が平成26年であり、民法906条の2は適用されず、相続法改正以前の考え方に従って判断している。

まず、Yが無断出金した預金について、相続財産から逸出し、遺産分割の対象とはならない。XからYへの請求について、本判決は、XとYが相続人として遺産分割前に準共有していた預金債権について、法定相続分2分の1について準共有持分侵害として、不当利得返還請求を認めた。

もし、無断出金がなく、Xが主張するようにYが特別受益を得ており具体的相続分が0であるとすれば、相続開始時に残っていた預金債権全額をYは遺産分割によって取得することができた。

このような違いは、相続法改正の際に法制審議会の民法（相続関係）部会においても問題とされ、中間試案後の追加試案において「第2遺産分割に関する見直し等」の「4相続開始後の共同相続人による財産処分」では、「預貯金債権が遺産分割の対象とされ、これを含めて公平かつ公正な遺産分割をするのが法の要請であるといえることからすると、共同相続人の一人が、遺産分割前に預貯金を処分したことにより、処分がなかった場合と比べて利得をするということを正当化することは相当に困難であるものと考えられる。」と述べられていた[1]。

(3) 民法906条の2による解決

令和元年7月1日に施行された相続改正による906条の2により、相続開始後の無断出金の事案に対しては対応がなされている。

遺産分割前に遺産に属する財産が処分された場合に、共同相続人全員の同意により、処分された財産が遺産分割時に遺産として、存在するものとみなされる（906条の2第1項）。ただし、本件では、預金債権を処分した共同相続人Yの同意を得ることは要しないため（同条2項）、相続人Xのみの判断で遺産分割時に遺産として存在するとみなすことができる[2]。そして、Yの特別受益を考慮したうえでXの主張のとおりYの具体的相続分が0とすると、無断出金分の預金はYが取得したうえで、Xは残余金をすべて取得し、さらにYに対して259万余の代償金の支払を請求できる。

3 相続開始前の無断出金分

(1) 相続開始前の無断出金の法律構成

被相続人の生前に払い戻された預金債権は、相続財産ではない。相続人の一人が被相続人の預金を払い戻し、この相続人が払い戻した金銭を所持している、または費消した場合には、何が相続財産となるのかを考えなければならない。

まず、本件とは異なり、被相続人が相続人の一人に預金の管理を委ねていた場合には、払戻は預金者（被相続人）の委託によりこの相続人が行ったことになる。払い戻した金銭を委ねられた財産管理の範囲内でこの相続人が利用した場合であれば、相続開始後に他の相続人が不当利得や不法行為を理由として争うことはできない。

次に、被相続人の承諾の下で相続人によって払い戻された預金の一部がこの相続人の預金口座に入金され、相続開始時に残っている場合がある。例えば、東京高判令4・4・28金判1650号16頁は、被相続人と相続人の1人Aとの間の寄託契約に基づき、払い戻した金員を預かって、相続人A名義口座に入金し、保管していた場合に、被相続人の死亡によって、共同相続人は、被相続人の相続人Aに対する寄託物返還請求権を相続したと判断した。そして、相続人Aに対し、寄託金返還請求権に基づき、その他の相続人がその法定相続分等に従って支払を請求できるとした。

これに対して本件は、被相続人による払戻の承諾も寄託契約の存在も認められない、相続人の1人による無断出金の事案である。この場合には、被相続人が不当利得返還請求権または不法行為に基づく損害賠償請求権を相続人の1人に対して有しており、その請求権を相続人が相続する。

預金債権が寄託金返還請求や不当利得返還請求に基づく債権となった場合には、「法律上当然分割され各共同相続人がその相続分に応じて権利を承継する」（最一判昭29・4・8民集8巻4号819頁）という原則に本判決は基づいている。

(2) 相続開始「後」の無断出金分との違い

本件では、無断出金について相続開始前の分については損害賠償請求権の相続として、相続開始後の分については預金債権の準共有持分権の侵害として、法定相続分である2分の1に相当する金額のみを請求できるという同じ結果となった[3]。しかし、相続開始後の無断出金の場合に906条の2が適用される現在では、特別受益を得ている推定相続人が相続開始「前」に被相続人の預金から無断出金すると

得をするという不公平が生じる。

このような不公平に対処するために無断出金分の清算を遺産分割において具体的相続分にしたがって行うとすれば、相続財産に属さない財産を遺産分割の対象とすることが難点となる。

家庭裁判所の遺産分割審判以外で具体的相続分に基づく請求が可能であるのか、訴訟において具体的相続分を算定することができるのかが問題となる。

(3) 法定相続分（指定相続分）か具体的相続分か

本判決も引用するように、最一判平12・2・24民集54巻2号523頁は、「具体的相続分は、このように遺産分割手続における分配の前提となるべき計算上の価額又はその価額の遺産の総額に対する割合を意味するものであって、それ自体を実体法上の権利関係であるということはできず」と述べる。もっとも、この事案は具体的相続分の価額又は割合の確認を求める訴えであり、「遺産分割審判事件における遺産の分割や遺留分減殺請求に関する訴訟事件における遺留分の確定等のための前提問題として審理判断される事項であり」、これらの事件を離れて、「これのみを別個独立に判決によって確認することが紛争の直接かつ抜本的解決のため適切かつ必要であるということはできない。」とも述べている[4]。

具体的相続分を定めるための個別の要素に関して、特別受益であるかの確認について、最三判平7・3・7民集49巻3号893頁は、別個独立に判決によって確認することを認めていない。寄与分について、本判決は、特に寄与分の算定が家庭裁判所の手続外で定めることがほとんど不可能であることなどから、「相続開始の時点で具体的相続分を具体的に、かつ正確に把握することはほとんど不可能に近い」としている。

これに対して、学説では、「具体的相続分は、各相続人が遺産上に有する実体的権利であると同時に、遺産分割の基準となる」とする見解がある[5]。この見解では、前記の判例の考え方は、①「訴訟で具体的相続分や特別受益性の確認をしても、遺産分割自体は家裁で審理を進めざるを得ず……手続を2

つに分離するよりも、家裁で一挙に判断して解決した方が望ましいこと」、②遺産分割後に訴訟で争えるとなる「紛争の蒸し返しになることなど、実務的配慮による」と評価する。

本件では寄与分は問題とならず、具体的相続分の価額・割合のみではなく訴訟裁判所で不当利得の返還を請求しており、それが直接的・抜本的解決であることから、具体的相続分をもとにした算定を認める余地はあった。

4 おわりに

特別受益を得ている推定法定相続人が、被相続人の生前にその預金を無断出金すれば、特別受益の持戻しを一部でも免れることができるのは不公平である。被相続人が生存している間ですらその財産を推定法定相続人間の奪い合いから守れないという現状も本件は示している。

遺産分割において超過した特別受益の返還までは求められない。本件において相続分が0になるほどYの特別受益が超過したのは、特別受益が多額であったからではなく、Yの無断出金によって相続財産が減少したからである。このような場合には、特別受益を得ていても、他の相続人よりも有利にならないという仕組み（利得の吐き出し）が求められる。Yの無断出金によるXの相続額の減少が明らかであった本件においては、他の共同相続人の期待権を故意に侵害する不法行為として、相続人独自の損害賠償請求権を認めることも考えられる。

このような方向とは別に、無断出金した相続人が被相続人から自らに対する債権を他の相続人と同様に相続分に従って相続することに、信義則の観点からも問題はないだろうか。

（わたなべ・やすひこ）

---

1) 「中間試案後に追加された民法（相続関係）等の改正に関する試案（追加試案）の補足説明」32頁。
2) 法務省が「民法及び家事事件手続法の一部を改正する法律について（相続法の改正）」（法務省ウェブサイト [URL] https://www.moj.go.jp/MINJI/minji07_00222.html（2023年2月21日閲覧））の「2遺産分割に関する見直し等」(3)遺産の分割前に遺産に属する財産が処分された場合の遺産の範囲」で示している典型事例に類似する。
3) 本判決では、生前の無断出金分についてXの請求は認められていないが、別件判決ですでにAからYへの不法行為に基づく損害賠償請求を相続しているとして、無断出金の2分の1にあたる額がYからXに支払われていた。
4) 最判平成12年の事案は、第一審岡山地判平10・3・30民集54巻2号530頁によると、当事者が家裁による遺産分割審判に抗告したが棄却され、遺産分割審判における特別受益の評価などについて独立して訴えを提起した事案である。
5) 二宮周平『家族法〔第5版〕』新世社（2019年）376頁。その他、学説の分類については、下村眞美「具体的相続確認の訴え」民事訴訟法判例百選〔第5版〕（2015年）57頁を参照。

環境

エネファームを発生源とする低周波音による健康被害に関する差止請求及び損害賠償請求が棄却された事例

横浜地判令3・2・19
令元(ワ)2599号、損害賠償等請求事件
判時2520号59頁

桑原勇進 上智大学教授

環境判例研究会

●——事実の概要

本件は、Xらが、Xら宅に隣接するY₁宅敷地に設置された家庭用コージェネレーション設備（以下「本件エネファーム」という）から発生する低周波音により健康被害を受け、同被害が継続していると主張して、Y₁に対し本件エネファームの稼働差止と損害賠償を、本件エネファームの設置工事を施工したY₂株式会社に対し損害賠償を請求した事案である。

本件エネファームが稼働を開始したのは平成25年11月26日で、X₁は平成27年10月に受診したクリニックで心室期外収縮を認められ、片頭痛治療を開始し、さらに、眩暈、急性胃腸炎、ふらつきにより受診している。X₂は、平成31年3月、別のクリニックで、睡眠障害、不安障害により通院加療が必要であるとの診断を受けている。なお、Xらは、専門業者に依頼して低周波音の測定を行っており、その報告書（以下「本件報告書」という）によると、平成30年10月29日午後6時から同月30日午前7時40分にかけて、室外（敷地境界線付近）では100Hzで45ないし50dB、室内（Xら宅1階居室）では100Hzで30ないし35dBだった。なお、Y₂に関する判示部分の紹介・検討は割愛する。

●——判旨

請求棄却（将来の損害の賠償請求については却下）

1 「これらの値（本件報告書の値のこと——評者注）はいずれも3分の1オクターブバンド分析の結果を前提とするものであるのに対し（前提事実）、本件報告書に記載された測定結果は、FFT分析の結果を示すものであって、3分の1オクターブバンド分析の結果を示すものではないから、そもそも比較の対象とすることができないものというべきである［る］」。

2 「本件報告書の測定は、本件エネファームを稼働させた状態と停止させた状態とを比較対照しておらず、本件エネファームの稼働の有無と原告らの体感との対応関係も示されていないことはもとより、本件エネファーム以外に音源となり得るもの（エアコンの室外機や冷蔵庫など）が一切存在しない状態で行われたといえるのか、風の影響が排除されているといえるのかなど、測定条件の妥当性が確保されているかも明らかでないから、室外における測定結果をもって、直ちに本件エネファームの運転音をとらえたものと断定することができるか疑問なしとしないし、原告ら宅内の各室における低周波音の状況が全て均等であるとは考え難いところ、1か所しかない室内の測定場所は寝室ではないから、原告らの訴える被害の原因を調査するための測定場所としての妥当性に疑問がある。夜6時から翌朝8時までの14時間の測定を1回実施したのみで、本件エネファームの稼働開始から現在に至るまで、低周波音の状況が同一のまま継続しているとみることにも疑問がある」。

3 「原告らの健康状態についても、診断書に記載されている範囲についてはともかく、診療録等は提出されておらず、現在に至るまで同一のまま継続しているとみることには疑問があるし、原告らの主張する健康被害の原因が本件エネファームを発生源とする低周波音以外にはあり得ないと認めるに足りる証拠もない」。

●──研究

1　はじめに

　近年、地球温暖化、家庭からの温室効果ガス排出削減とかかわって、家庭用ヒートポンプとともに家庭用コージェネレーションシステム（エネファーム）の導入が進んでいる（累計販売台数は 2022 年末で 46 万台を超える）[1]が、エネファームから発生する低周波音により健康被害や生活妨害の苦情が寄せられるようになっており、騒音に関する新たな問題を生じさせている。本件も、そのようなケースの一つである。訴訟において特に問題となるのは、家庭用コージェネの運転音と被害を訴える人の症状との関係に解明されていない点があり、当該症状が本当に家庭用コージェネの運転によるのかどうかという因果関係である。本件の主要論点も同様である。

　ところで、低周波音とは、定義によって異なるが、本判決の認定するところによれば、可聴音のうち 100Hz 以下の音波をいう[2]。低周波音に対する感受性は人によって異なるが、環境省環境管理局大気生活環境室が平成 16 年に公表した手引書[3]（以下「手引書」という）は、低周波音を原因とした苦情の可能性となるかどうかの参照値を提示しているが、表 1 がそれである。参照値を下回っている場合は、地盤振動等他の調査を行い総合的に判断することとされている（参照値を下回っている場合であっても、低周波音の影響の可能性がないわけではないとされている）[4]。低周波音を不快と感ずるかどうかも個人差があり、表 2 に示されている評価値は、各周波数において 50% の人が気になる音圧レベルである（中村俊一ほか昭和 55 年度文部省科学研究費「環境科学」特別研究では、このような研究結果が示されているとのことである）。参照値、評価値は、対策目標値や環境影響評価における環境保全目標値等の法政策的意味を持たないが、「裁判や裁定の重要な指標となっている」との評もある[5]。

表1　低周波音による心身に係る苦情に関する参照値

1/3オクターブバンド中心周波数（Hz）	10	12.5	16	20	25	31.5	40	50	63	80
1/3オクターブバンド音圧レベル（dB）	92	88	83	76	70	64	57	52	47	41

平成16年6月環境省環境管理局大気生活環境室「低周波音問題対応の手引書」より引用

表2　「気になる一気にならない曲線」の評価値

1/3オクターブバンド中心周波数（Hz）	10	12.5	16	20	25	31.5	40	50	63	80
1/3オクターブバンド音圧レベル（dB）	100	95	90	85	77	71.5	65	59.5	53.5	48

2　これまでの裁判例等

　参照値や評価値は、人に聞こえる音であるが、人の聴覚では捉えられない音圧レベル（最小可聴値）による心身への影響の可能性が問題となった事例がある。そもそも感知できないのなら影響がないのではないかということであるが、公調委平 15・3・31 裁定判時 1821 号 3 頁は、低周波音は発生しているがその音圧レベル（10Hz で 62.9dB）では音を感知できない場合について、感覚閾値以下の低周波音による健康影響を強い根拠をもって肯認するに足りる知見がないという理由で、低周波音が健康影響の原因であることを否定した。公調委平 25・5・28 裁定も同様で、（測定結果が参照値を相当下回っているだけでなく）申請人宅内では低周波音域全体がほぼ最小可聴値以下なので、申請人宅に伝搬したときに心身への影響を生じうるようなレベルであるとは認められないと判断している。

　これに対して、可聴域を下回る低周波音による心身への影響を肯定したものとして、京都地判平 4・11・27 判時 1466 号 126 頁がある。この判決は、（本件で発生源とされる乾燥機からの低周波音の発生を裏付ける測定結果があることを前提に）原告の症状の内容・推移と乾燥機操業開始時期との前後関係、低周波音のばく露期間の長さからすると本件低周波音程度でも健康被害が発生するとして矛盾はないこと、原告の症状を裏付ける他の病気もないことを総合して、因果関係を認定した。但し、ばく露場所での最大音圧（20Hz で 57dB）は最小可聴値（20Hz で 62dB）を下回っていることについて、実際にワーンワーンという唸り音が聞こえていること、長期間にわたるばく露の下で慣れが生じ最小可聴値ないし閾値が低下することがあること等を挙げて、因果関係が否定されないものとしており、実際に感知されていることを重視している可能性がある。安眠妨害だけでなく、頭痛等の健康被害との因果関係も認めている。

　最小可聴値を上回っても、感知できているというだけで、損害（症状）を引き起こすとは限らないが、甲府地都留支判昭 63・2・26 判時 1285 号 119 頁のように、夜間や朝方に低周波音が聞こえ、しかもそれが継続する場合には、因果関係が認められやすい。この判決は、問題の低周波音につき、夜間就寝しようとする頃から翌朝まで継続していてかなりの心理的影響を与えているとの認定（これに加え、朝早くリフトを動かす場合には朝方の睡眠を妨害する可能性が大きいことにも言及している）から、安眠妨害の被害を受けていると判断している（本件では、あ

る調査では午後22時30分から午前1時30分の間に63Hzで56dB、別の調査では午前0時から午前9時までの間に50Hzで55dB、100Hzで60dBという測定結果がある。本判決当時は参照値の提示はまだされていなかったが、参照値を超えていたから、心身への影響があったとしてもおかしくはない）。ただし、安眠妨害が認められたのであって、不眠からくる胃痛や胃腸障害といった健康被害については、可能性を認めたに過ぎない（損害額も、睡眠をとるために旅館に宿泊した際の宿泊代を認めただけである）。

本件に直接関係はないが、手引書は固定発生源に参照値の適用範囲を限定することとしている（評価値も固定発生源を前提とする）ところ、軍用機からの低周波音による被害につき、福岡高那覇支判平22・7・29判時2091号162頁は、低周波音の心身に対する影響の有無・程度は発生源が固定されたものか移動するものかによって本質的な差異が生ずるとは考え難いとして、原告らが等しく精神的苦痛を増大させられているとした。これに対して那覇地沖縄支判令4・3・10判時2534号5頁は、低周波音がさまざまな条件で音圧レベルが変わること、参照値は固定発生源を想定していること、評価値を超えたからと言って直ちに心身に悪影響を生じるものとは認められないこと等から、原告全員が等しく被っている共通被害としては認めることができない、と逆の判断をしている。前掲福岡高判よりも科学的確実性を要求するものとは言えるが、個別の原告宅において評価値を超えた場合にまで、低周波音と精神的苦痛の因果関係を直ちには認めないという趣旨か否かは不明である。

3　本件の検討

(1)　低周波音発生の有無

特定の発生源からの低周波音が特定の人の損害（症状）の原因であると言えるためには、まず、当該特定発生源から低周波音が発生していなければならない。前掲公調委平15・3・31裁定ではこの点が問題となった。問題となったのは地下鉄通過時の低周波音発生の有無であるが、同裁定は、地下鉄の列車通過時に申立人宅において暗低周波音を上回る低周波音の値が測定されたことなどから、低周波音の発生を肯定した（到達の有無の問題も同時に含んでいる）。エネファームから低周波音が発生することは争われていないので、本件ではこの点は問題にはならないであろう。

(2)　低周波音の被害者宅への到達

次に、因果関係が認められるためには、Y_1のエネファームから発生した低周波音がXらの居宅に到達していなければならない。ところが、到達したかどうかが本件では不明である。本件報告書によれば、X居宅室内で100Hz30ないし35dBの低周波音が測定されたことになっているが、これだけでは、本件エネファームが発生源となった低周波音がX居宅室内に到達したことの証明にはならない。第一に、X宅居室で測定された低周波音が他の発生源に由来する可能性を排除できない。低周波音の発生源はいたるところにあるからである[6]。X宅居室に到達したと言えるためには、本件エネファームを稼働しているときと稼働停止したときとの比較をして、前者が後者よりも低周波音測定値が大きいという結果が得られなければならないだろうけれども、そのような比較測定はされていない（[判旨1]は、本件報告書の参照値の前提となる測定法が適切でないという趣旨であろうが、この点に関してコメントしうるだけの見識を筆者は持たない）。

(3)　被害者の損害（被害）の有無

そもそもXらに損害がなければ差止請求も損害賠償請求も認められようがないが、本件ではそれもはっきりしない（[判旨3]）。Xらがかつて心室期外収縮等の診断を医師から受けたことは確かだとしても、現在もそのような症状があるのかどうかは分からない、と本判決は言うのである。もっとも、この問題は、診療録提出等をすれば済むことではある。

(4)　損害が発生源からの低周波音によるものであるか否か

過去の裁判例等を見る限り、仮にX宅居室に到達したとしてもXらがそれを体感しなければ心身への影響はないと判断されやすい[7]。本件エネファームの稼働停止状態から稼働状態に変えたときに、Xらがそれに気づけば、Xらが本件エネファームの低周波音を知覚している可能性が高くなるが、そのような体感調査がされていない。また、仮にXらに本件エネファームからの低周波音が知覚できたとしても、それがXらの心身に影響を与えるようなものなのかも不明確なので、やはり本件報告書だけでは因果関係を肯定するには十分でない。

4 終わりに

　低周波音の心身への影響については、不明なところがあり、個別のケースにおいて証明することが困難なことが推察され、この点が法学的には課題になりうる。これまでの裁判例等では、一部を除き、最小可聴音のレベルに達していない場合には因果関係が認められない傾向が看取されるが、参照値を超えれば（評価値を超えればなおのこと）因果関係が認められる可能性が出てくるので、証明の問題はだいぶ緩和されるかもしれない（参照値以下の音圧レベルの場合はなお証明困難の問題は残る）。本件は、それ以前のところで請求が認められなかった。これまでの裁判例等では、測定の仕方や測定結果自体は疑問視されず、測定された低周波音が心身へ影響を与えるようなものかが（曝露時間帯や曝露期間、曝露と症状発現との時間的前後関係、他の原因の可能性等を併せて評価することもあるが）検討されてきた。しかし、本件では、測定法や測定値自体が問題視された（症状の有無等も）。一般住民が専門業者を相手に裁判を起こしているような場合には、原告が因果関係について一応の立証をすれば被告の方で因果関係のないことを立証すべきものすること（本件に即して言えば、①本件エネファームの低周波音がX宅に到達していないこと、②健康被害の原因が本件エネファームの低周波音以外のものであること、③Yのエネファームからの低周波音では被害が発生しえないこと等のうち②③をY側に立証させること）も考えられるが、Y_1は専門業者ではなく一般の住民のようなので、難しいかもしれない。本判決が［判旨］1～3で指摘するような諸点は、Xらの方で対応すべきものもあるし、それが困難とも言えないものもあるが（1/3オクターブ分析、寝室での測定等）、体感調査やエネファームの稼働時と停止時の比較調査等は

Y_1らの協力がなければできない[8]。裁判所の鑑定の活用の必要性等、本判決の判断は、これまでの裁判例等で問題となったのとは異なる局面での問題を提起したと言えるのではないか。エネファーム低周波音問題の核心は立証困難・科学的不確実性なので、温暖化対策の一環としてエネファームの導入を進めようとするのであれば、併せて、被害に関する因果関係の調査・研究を進めていくことも必要であろう。

表3　裁判例等の整理

	被告	可聴値	参照値	評価値	被害内容	発生源	結果
甲府地都留支判昭63.2.26	スーパー	○	○	○	安眠妨害	コンプレッサー	○
京都地判平4.11.27	工場	×	×	×	頭痛、いらいら、不眠等	乾燥機	○
公調委平15.3.31	横浜市	×			眩暈、自律神経失調症等	地下鉄	○
東京地判平17.12.14	店舗経営者等		○		営業損害	ライブ	○
福岡高那覇支判平22.7.29	国	○	○	○		軍用機	○
公調委平25.5.28	工場	×			頭痛、耳鳴り等	コンプレッサー等	×
那覇地沖縄支判令4.3.10	国					軍用機	×

可聴値、参照値、評価値の○はこれらを超えていること、×は超えていないことを、結果の○は、因果関係が認められたことを示す。

（くわはら・ゆうしん）

---

1)　https://www.ace.or.jp/web/works/works_0090.html
2)　環境庁大気保全局「低周波音の測定方法に関するマニュアル」平成12年10月では、1～80Hzの範囲を低周波音としている。20Hz以下の音波を超低周波音という場合もある。超低周波音は人間には聞こえないとのことである。
3)　平成16年6月環境省環境管理局大気生活環境室「低周波音問題対応の手引書」
4)　平成29年12月21日消費者安全調査委員会「消費者安全法第23条第1項の規定に基づく事故等原因調査報告書　家庭用コージェネレーションシステムから生じる運転音により不眠等の症状が発生したとされる事案」
5)　須加憲子・公調委裁定批評・新・判例解説Watch14号319頁。
6)　手引書に参考資料として添付されている「平成15年低周波音対策検討調査」1.2に主な発生源の例が列挙されている。
7)　河村浩・森田淳「騒音・低周波音被害をめぐる受忍限度・因果関係に関する一考察（上）」判例時報1991号15頁は、感知されているかどうかを到達の問題としているが、本稿は、到達しているかどうかとそれを感知しているかどうかを分けた。
8)　令和2年3月環境省水・大気環境局大気生活環境室「地方公共団体担当者のための省エネ型温水器等から発生する騒音対応に関するガイドブック」では、オン・オフ調査は「可能であれば実施」とされている。

医事

病院で自家がんワクチン療法を受けたが死亡した患者に対し、医師が検査義務及び説明義務を怠った等として、患者の相続人が損害賠償を求めたのに対し、治療代相当額の損害及び検査義務違反・説明義務違反による慰謝料を認めた事例

東京高判令 4・7・6

令 3 (ネ)5471 号損害賠償請求控訴事件・令 4 (ネ)381 号損害賠償請求附帯控訴事件
LEX／DB 25593003 LLI/DB L07720387 登載
第一審：宇都宮地判令 3・11・25
判タ 1502 号 211 頁

櫛橋明香　東北大学教授

医事判例研究会

●──事案の概要

　X（原告、控訴人、附帯被控訴人）は、A（昭和 19 年生まれ）の妻である。Y_1（被告、被控訴人、附帯控訴人）は、C 総合病院（以下「本件病院」という）を開設する医療法人であり、B 医師は、Y_1 の被用者であり医師として本件病院に勤務している。Y_2（被告、被控訴人、附帯控訴人）は、がんの免疫的な治療法に関連する製品の研究開発・製造・輸入・販売・技術指導・検査等を目的とする株式会社であり、手術で摘出された患者本人のがん組織と Y_2 が作製した免疫刺激剤を混合して作製されるワクチンを患者本人に投与する治療法（以下「本件自家がんワクチン療法」という）を研究開発している。

　Aは、平成 26 年 5 月 14 日、D 病院において、遠位胆管がんと診断され、幽門輪温存膵頭十二指腸切除の手術を受け、術後に放射線照射の治療を受けた。その後、Aにおいて転移が出現し、平成 28 年 5 月 31 日、D 病院において化学療法を受けたが奏効しなかった。その後、Aは、D 病院において積極的な治療は行わず、症状を和らげる療法であるベストサポーティブケア（BSC）を受けていた。

　Aは、平成 29 年 4 月 24 日、D 病院に対し、本件自家がんワクチン療法を受けるために、D 病院の手術により摘出されたがん組織が必要であるとして、A 又は本件病院にこれを提出するよう書面で求めた。D 病院の医師は、B 医師に対し、BSC の方針になっていることを伝え、がん組織の提供は行わない旨回答したが、再度Aの依頼を受け、同年 5 月 22 日ころこれに応じた。

　Aは、同月 29 日、Y_1 と診療契約を締結し（以下「本件診療契約」という）、治療代 145 万 4760 円を支払った。B 医師は、Aに対し、A4 判 4 枚の「C 総合病院・自家がんワクチン療法・説明書」を交付し、同

書面に沿って説明を行った。同書面には、本件自家がんワクチン療法は臨床研究段階のものであり必ず有効である保証はない旨の記載があり、B 医師もその記載に沿って同旨を説明し、自由診療であることも説明した。他方、同書面には、B 型肝炎ウイルスに感染したことのある肝がんの患者で自家がんワクチンを投与した患者の方が投与しなかった患者よりも延命効果があることが統計学的に証明されている旨、副作用は軽いものはあるものの 1900 例以上の事例の中で問題となる重篤な有害事象は 1 例もない旨の各記載がある。遠位胆管がんについては、本件自家がんワクチン療法が有効であったという症例がこれまで存在せず、またB 医師自身も本件自家がんワクチン療法が胆管がんに対して有効であった症例に接したことはなかったが、B 医師は、このいずれの事実についてもAに説明を行わず、他方で、Aに対し、自分の経験上、本件自家がんワクチン療法には標準治療が終わった患者の中でも効果があったがんの症例があり、数年生き延びた人がいる旨を説明した。

　また、同書面には、「当院にて患者様の現在の状態を把握するために、ワクチン療法実施に関する諸検査（血液検査、レントゲン検査）を実施し…（中略）…、こうした諸検査の結果、主治医が適切と判断した場合に自家がんワクチン投与可能な患者様として登録いたします」、「ワクチンができましたら連絡しますので、来院していただき、以下必要に応じて、最初に血清腫瘍マーカー検査、…（中略）…採血することがあります。また…（中略）…画像診断を行います」、「フォローアップ検査として、血液検査、…（中略）…画像診断を行います」との記載がある。ところが、B 医師は、自ら客観的な検査を行わず、また他の病院等における検査を指示することもせず、検査時点が約 11 か月前の D 病院からの情報提供及びAの自己申告によるカルノフスキーパ

フォーマンスステータス（KPS、患者の健康の度合いを測定する指標）の状態や顔色等の外見から、Aに本件自家がんワクチン療法の適応があると判断した。

Aは、同年5月から6月にかけて、本件自家がんワクチンの接種を3回受け、本件自家がんワクチン療法を受けたが、同年8月11日、胆管がん、肝転移により死亡した。

Xは、B医師がAに対して必要な説明を怠った、B医師がAに対して必要な検査を怠ったなどと主張して、Y₁に対しては715条1項に基づき、Y₂に対しては709条に基づき、治療費及び慰謝料等の損害賠償を請求した。

原審（宇都宮地判令3・11・25判夕1502号211頁）は、本件自家がんワクチン療法に関するB医師の説明義務違反を認め、これによりAが被った精神的損害に対する慰謝料及び弁護士費用として、民法715条1項に基づき、Y₁に対する110万円及びこれに対する遅延損害金の請求の限度で認容し、Y₂に対する請求を棄却した。これに対し、Xが控訴、Yらが附帯控訴し、Xは控訴審で暴利行為の主張を追加した。

● ——判旨

原判決変更、一部認容

1　説明義務違反

「医師は、患者の疾患の治療のために特定の療法を実施するに当たっては、特別の事情のない限り、患者に対し、当該疾患の診断（病名及び病状）、実施予定の療法の内容、これに付随する危険性、当該療法を受けた場合と受けない場合の利害得失、予後等について説明する義務があり、特に、当該療法の安全性や有効性が未確立であり自由診療として実施される場合には、患者が、当該療法を受けるか否かにつき熟慮の上判断し得るように、当該療法に付随する危険性、これを受けた場合と受けない場合の利害得失、予後等について正確に分かりやすく説明する義務を負うというべきである。

…B医師の説明内容を全体としてみると、本件自家がんワクチン療法が有効である保証がないことについて一応の説明をしているものの、他方において、遠位胆管がんとは種類の異なるがんについて本件自家がんワクチン療法が効果を上げている旨の記載のある書面を示し、自分の担当した標準治療を終えた患者の中にも本件自家がんワクチン療法によって数年生き延びた人がいると説明するなど、事前に

本件病院がAに対して送付した小冊子の内容も相まって、遠位胆管がんに罹患し標準治療を終えていたAにも、本件自家がんワクチン療法が有効であることを示す実績があるかのような印象を与える説明もしているものといえる。これに加えて、B医師は、遠位胆管がんについて本件自家がんワクチン療法が有効であったという症例がこれまで存在しなかったこと、B医師自身がこれまで本件自家がんワクチン療法が胆管がんに対して有効であった症例に接したことはなかったことのいずれについてもAに対して説明したことはなかったこと、現在のAの状態については何ら客観的な検査を行わず外見と問診及び約11か月前の他病院からの情報提供程度で判断しており、Aの現在の状況を正確に説明することができるとは考え難いこと、本件自家がんワクチン療法を受けることと受けないこと（すなわち、本件自家がんワクチン療法を受ける代わりに現状の緩和療法を受け続けること）との利害得失を説明したともうかがわれないことを併せ考えると、B医師の前記説明は、Aに対して、同人の病状がいかなるものであるかを正確に説明することなく、本件自家がんワクチン療法について、前記説明の時点においてほぼ唯一の選択肢であるかのような誤った印象を与えたものと評価せざるを得ない。したがって、B医師には、Aの病状及び本件自家がんワクチン療法について正確に伝えなかったという説明義務違反が認められるというべきである」。

2　検査義務違反

「B医師は、Aが標準治療を終えたいわゆる末期がんの患者であること、最末期のがんについては本件自家がんワクチン治療も対抗しきれないことがあることを知りながら、Aに対し、何らの客観的な検査を行うことも、他の病院等における検査を指示することもなく、検査時点が約11か月前と考えられる他病院からの情報提供（しかもA4判1枚の簡略なもの）及びAのKPSの状態や顔色等の外見のみから本件自家がんワクチン療法の適応であると判断し、事前の免疫反応テストを行うこともせず、本件自家がんワクチン療法を行ったものである」。免疫療法のような副作用の少ない治療をする場合であってもがんの治療中に腫瘍の増大や縮小などを評価することは医療上必須であり、治療前、治療中、治療後の採血や画像検査を全く行わなかったとすれば、医療上必要な行為を行わなかったといえること、また、死亡の1か月程度前の末期がん患者であっても元気に過ごしている者も多く、死亡の1、2か月前から内臓機能等の全身状態が急激に悪化し死亡に至

ることを考えると、「B医師には、Aに対して本件自家がんワクチン療法を行う前に、血液検査や画像検査などを自ら行い又は他の医療機関への受診を指示するなどしてその結果を把握し、Aに本件自家がんワクチン療法の適応があるか否かを判断すべき注意義務があったのにこれを怠った過失（検査義務違反）があるといわざるを得ない」。

　３　損害
　所定の検査が行われていれば、Aに本件自家がんワクチン療法の適応がないと判明した高度の蓋然性が認められるので、AがY₁に本件診療契約に基づいて支払った145万4760円はAが被った損害であり、またAは適応のない本件自家がんワクチン療法を受けることによって自己の症状の改善の可能性があると信じたが、その可能性すらなかったことによりAに精神的損害が発生したため、慰謝料として30万円を認めるのが相当である。さらに、B医師の説明義務違反により、Aは本件自家がんワクチン療法を受けるか否かを判断する機会を奪われて精神的損害を被ったが、A自身が本件自家がんワクチン療法を受けることを強く望んでいたことを考慮するとAは検査を受けたであろうことから、Aが被った精神的損害に関する慰謝料として70万円を認めるのが相当である。本件と相当因果関係のある弁護士費用は、25万円と認めるのが相当である。

●──研究

　１　本判決の意義
　本判決は、自家がんワクチンという未だ有効性や安全性が確立していない療法を標準的治療終了後の患者に実施するに当たり、同種のがんに関する客観的な有効性を説明する義務及び適応の有無を判断するために随時所定の検査を行う義務を医師に認めたものであり、安全性や有効性が未確立な医療が問題となる同種事案の参考になるものである。

　２　説明義務違反
　(1)　未確立の療法（術式）について医師が負う説明義務に関しては、最三判平13・11・27民集55巻6号1154頁が、「少なくとも、当該療法（術式）が少なからぬ医療機関において実施されており、相当数の実施例があり、これを実施した医師の間で積極的な評価もされているものについては、患者が当該療法（術式）の適応である可能性があり、かつ、患者が当該療法（術式）の自己への適応の有無、実施可能性について強い関心を有していることを医師

が知った場合などにおいては、たとえ医師自身が当該療法（術式）について消極的な評価をしており、自らはそれを実施する意思を有していないときであっても、なお、患者に対して、医師の知っている範囲で、当該療法（術式）の内容、適応可能性やそれを受けた場合の利害得失、当該療法（術式）を実施している医療機関の名称や所在などを説明すべき義務があるというべきである」としている。ただし、上記最判の事案は、医療水準として確立した手術を行おうとする医師の負う未確立の療法の説明義務に関するものであり、本件のように医師が未確立の療法を行った場合はその射程外といえよう。
　(2)　本判決は、一般論として、「特に、当該療法の安全性や有効性が未確立であり自由診療として実施される場合には、患者が、当該療法を受けるか否かにつき熟慮の上判断し得るように」、危険性、利害得失、予後等を正確に分かりやすく説明する義務を医師に認めており、上記のような場合にはより高度な説明義務を課すべきであるとの立場を採るようにみえる。
　学説においても、医師に高度な説明義務が課される場合として、例えば、「必要とされた医療行為に必ずしも緊急性がなく、治療を実施せず経過を見ることも当面の治療法として選択肢に挙げられる場合には、説明はより詳細に行うことが求められる。…そこでは必要性に縛られない、患者本人の自由な意思決定が重要であるためである」との説明がされているところである[1]。本件のAは、D病院においては標準治療を終えBSCの方針にてケアを受けていたところであるから、本件病院のB医師には本件自家がんワクチン療法のAの現在の病状に対する効果について、正確に説明をすべきであった。しかし、B医師は、Aに対し、遠位胆管がんに効果があった例が存在しない事実を説明せず、ほかの症例を挙げて遠位胆管がんにも効果があるかのような印象を与える情報を提供したばかりか、Aの正確な病状を説明せず、本件自家がんワクチン療法を唯一の選択肢と認識させたのであるから、説明義務を怠り、本件自家がんワクチン療法を受けるかどうか決定するAの自己決定権を侵害したといえ、本判決の判断は支持されるべきものである。

　３　検査義務違反
　原審と異なり、本判決はB医師の検査義務違反も認め、検査が行われていれば、Aに本件自家がんワクチン療法の適応がないと判明した高度の蓋然性があるとして、本件診療契約に基づいてAが支払った

治療費についてもこれを損害と認めており、この点は本判決の特徴の1つといえる[2]。もちろん、説明義務違反と治療費相当額その他の損害の間に相当因果関係が一般的に認められないとはいえないが[3]、本事案においては、B医師による説明義務が果たされても、標準治療を終えBSCを受けている状態のAが、まさに藁にもすがる思いで本件自家がんワクチン療法を受けた可能性も相当程度存在する。そうすると、本判決のように、本件自家がんワクチン療法の適応に関する検査義務違反を認めた方が、治療費相当額の損害への相当因果関係を客観的に認めやすくなるように思われる。ここに、本判決が敢えて説明義務違反とは別に検査義務違反を認めた意味を見出すことができるのではないだろうか。

4 損害

本判決は、説明義務違反の慰謝料30万円と検査義務違反の慰謝料70万円を認め、前者については、本件自家がんワクチン療法を受けるのか否かを判断する機会を奪われたことによる精神的損害とし、後者については、適応のない本件自家がんワクチン療法を受けることによって自己の症状の改善の可能性があると信じたが、その可能性すらなかったことによる精神的損害としている。そのため、両者の関係が問題となる。

すなわち、本判決は、検査が行われていれば、Aに本件自家がんワクチン療法の適応がないと判明した高度の蓋然性があるが、Aの強い希望により、いずれにせよAは検査を受けたであろうと判示している。Aが検査を受けていれば、Aに適応がないことが判明するため、本件自家がんワクチン療法を受けないという選択しかあり得なくなるから、本件自家がんワクチン療法を受けるか否かを判断する機会を奪われたことによる損害はないはずであり、検査をしなかったことによる損害とは別に判断する機会を奪われたことによる損害を認める必要はないのではないかという疑問が生じるのである。

しかし、説明義務違反は、本件診療契約の締結時の問題とされているのに対し、検査義務違反は、本件診療契約の締結後の問題とされている。そうすると、本判決の時系列の下では、本件診療契約の締結時までに、検査を行うことは前提とはされておらず、検査が行われていれば、判断する機会を奪われたことによる損害がないとまではいえないのではないだろうか。

これに対し、診療契約締結の前に検査義務が認められる事案では、検査が行われていれば、本件自家がんワクチン療法を受けるかどうかの選択に迷う機会はないから、検査義務違反による損害さえ認めれば足り、これに加えて説明義務違反による損害を認める必要はないようにも思われる。

5 おわりに

本判決は、安全性や有効性が未確立な医療について医師の説明義務違反及び検査義務違反の双方を認めたものであるが、説明義務の内容（主に本件自家がんワクチン療法に関する説明とみるかどうか）や検査義務の肯否（各種検査が本件診療契約におけるY_1の債務であり、本件自家がんワクチン療法の実施に不可欠かどうか）に関する原審の判断との相違からうかがわれるように、その背後には、医療契約においては契約の内容にかかわらず、およそ医療であれば行われるべきことがらがあるとの考え方があるように思われる。先端的医療については適応の有無の判断基準、説明義務の内容、両者の関係等に従前から議論があるが、これらの問題を検討するに当たり、本判決は示唆に富むものである。

（くしはし・さやか）

---

1) 手嶋豊「4 医療過誤」『事件類型別不法行為法』（2021年、弘文堂）213-214頁。試行的医療又は医療水準上治療方法が確立されていない場合の治療方法を実施する場合の説明義務について、中村哲「5 医師の説明義務とその範囲」太田幸夫編『新・裁判実務大系1 医療過誤訴訟法』（青林書院、2000年）75-92頁、浦上薫史「25 試行的医療をめぐる諸問題」福田剛久ほか編『最新裁判実務大系2 医療訴訟』（青林書院、2014年）535-541頁、大島眞一「医療訴訟の現状と将来——最高裁判例の到達点」判タ1401号（2014年）79-81頁。

2) 例えば、東京地判平12・3・27判タ1058号204頁は、乳がんで死亡した患者の母である原告が、食事療法を中心とする自然医学療法を実践する医師を被告として、①適切な診療、検査、治療を行う義務違反、②説明義務違反、③患者を騙して故意に死に至らしめた故意行為を主張して、債務不履行又は不法行為に基づき、逸失利益や慰謝料等を請求した事案であるが、裁判所は②の主張のみを認め、患者自身の精神的損害に対する慰謝料として600万円の損害の発生を認定している。
その他、先端的治療法を採ることについて説明義務違反を認定し、これと相当因果関係のある損害として精神的損害についての慰謝料を認めたものとして、東京高判平11・9・16判時1710号105頁、大阪地判平20・2・13判タ1270号344頁がある。

3) 例えば、新潟地判平6・2・10判タ835号275頁は、脳動静脈の奇形に対するAVM塞栓術の実施により、原告である患者に左同側性半盲等の後遺症が生じた事例において、「本件手術を行う必要があったかは相当に微妙であって、医師の間でコンセンサスが得られていたとも認め難い」とした上で、担当医らが原告に十分な説明を行い、その同意を得たうえでAVM塞栓術を実施することが不可欠であったとして、説明義務違反を認め、逸失利益及び慰謝料等合計8554万4943円及びこれに対する遅延損害金の請求を認容している。

労働

休職理由に含まれない事由を理由として、休職期間満了による自然退職を認めることは、いわゆる解雇権濫用法理の適用を受けることなく、休職期間満了による雇用契約の終了という法的効果を生じさせるに等しく、許されないというべきであるとされた事例
——シャープNECディスプレイソリューションズ事件

横浜地判令3・12・23
平31(ワ)292号、メンタル疾患労働者強制排除
地位確認等請求事件
労経速2483号3頁

山中健児 弁護士
労働判例研究会

●──事案の概要

本件は、平成26年4月1日から株式会社である被告会社（Y₁）と雇用契約を締結して労務に従事したが、適応障害を発症して平成28年3月26日に私傷病休職を命じられ、休職期間の満了により平成30年10月31日に自然退職とされた原告（X）が、①Xの休職理由は遅くとも平成28年5月には消滅したから、Y₁は同月の時点でXを復職させなければならなかったと主張して、Y₁に対し、雇用契約上従業員としての地位を有することの確認等を求めるとともに、②Y₁が従業員4名掛かりでXの四肢を抱えてXの自席からY₁の正面玄関まで運んだことは、Xの身体の自由及び人格権を侵害する不法行為に該当し、これによりXは精神的苦痛を受けたと主張して、Y₁に対し、不法行為に基づく損害賠償（100万円）等を求め、③精神科医である被告（Y₂）は、必要な検査等を経ることなく、Y₁の意を汲んで、Xが発達障害であるかのように誤導させる内容の診断をし、これによりXは精神的苦痛を受けたと主張して、Y₂に対し、Xとの診療契約上の債務不履行又は不法行為に基づく損害賠償（300万円）等を求めた事案である。

●──本判決の要旨

XのY₁に対する雇用契約上従業員としての地位確認を認め、平成29年9月（同年8月分の賃金の支払日の属する月）から本判決確定の日までの毎月の支払期日限りでの賃金の支払等を命じ、本判決確定日の翌日以降に支払期日の到来する賃金及び賞与

の支払を求める部分を不適法却下し、その余の請求はいずれも棄却した。

1　「(1)Y₁の従業員就業規則に定める私傷病休職及び自然退職の制度は、業務外の傷病によって長期の療養を要するときは休職を命じ、休職中に休職の理由が消滅した者は復職させるが、これが消滅しないまま休職期間が満了した者は自然退職とするというものであるから、私傷病による休職命令は、解雇の猶予が目的であり、復職の要件とされている「休職の理由が消滅した」とは、原告と被告会社との労働契約における債務の本旨に従った履行の提供がある場合をいい、原則として、従前の職務を通常の程度に行える健康状態になった場合をいうものと解するのが相当である」。

2　「Xは、平成27年12月19日、甲メンタルクリニックの精神科を受診して、A医師に対し、歓迎会等で酒を勧められ仕事の話をされたこと、上司が他人の悪口を言うこと、終業のタイムカードを押した後に仕事を覚えるために残業していたところ上司から怒られたことなどについて、不満や辛さを感じ、勤務中にトイレに行き泣いていたなどと訴えたところ、A医師は、Xのストレス適応性の低さ、人格構造の問題が前提にある旨の意見を有してはいたものの、主たる症状は職場ストレスに起因する情緒の障害である旨の認識の下、「適応障害（情緒の障害を主とするもの）」の症状のため現時点では労務の継続は困難な状態であると判断するとの診断書を作成した（略）。また、Xが平成28年5月12日に受診した乙メンタルクリニックのB医師も、Xについて、内省に乏しく、ベースに人格的又は発達的な問題があり、発達障害及び自己愛性パーソナリティ障害（NPD）との鑑別を要する旨の意見を有してはい

たものの、診断名としては適応障害であるとの診断をした（略）。そして、同年8月から原告を継続的に診察していたY_2も、背景に発達障害ないし自閉症スペクトラム障害（ASD）があるとの疑いを有しつつも、平成29年4月24日付けの診断書における病名を適応障害としている（略）。そうすると、Xが平成27年12月19日以降に療養を要することとなった直接の原因は、適応障害の症状であったものと認められる」。

3　「これに対し、Y_1は、原告は何らかの精神疾患による健康状態の悪化のため、業務の遂行に必要とされるコミュニケーション能力、社会性等を欠く状態となり、これを根本的な原因として上司の指示及び指導に従わない等業務に支障を来す状態になったものであり、適応障害という医学上の病名ではなく、この症状を休職理由としていた旨主張する」。

4　「適応障害は、主観的な苦悩と情緒障害の状態であり、通常社会的な機能と行為を妨げ、重大な生活の変化に対して、あるいはストレス性の生活上の出来事の結果に対して順応が生ずる時期に発生するものであるところ（略）、Y_2が主張する「業務の遂行に必要とされるコミュニケーション能力、社会性等を欠く状態」は、いずれも適応障害から生じる症状として説明可能なものである。一方、――中略――、A医師、B医師及びY_2は、Xのコミュニケーション能力や社会性等の問題も指摘しており、この問題は、Xが本来的にもつ人格構造や発達段階での特性や傾向に起因するものと認識したことが認められるが、Xの休職理由に含まれる「業務の遂行に必要とされるコミュニケーション能力、社会性等を欠く状態」は、Xが本来的にもつ人格構造や発達段階での特性や傾向に起因するコミュニケーション能力や社会性等の問題とは区別されなければならない。

以上によると、Xの休職は、あくまで適応障害により発症した各症状（泣いて応答ができない、業務指示をきちんと理解できない、会話が成り立たない）を療養するためのものであり、Xが入社当初から有していた特性、すなわち―中略―、職場内で馴染まず一人で行動することが多いことや上司の指示に従わず無届残業を繰り返す等の行動については、休職理由の直接の対象ではないと考えるべきである」。

5　「本件において、Xの休職理由はあくまで適応障害の症状、すなわち、Y_1における出来事に起因する主観的な苦悩と情緒障害の状態であり、人格構造や発達段階での特性に起因するコミュニケーション能力、社会性等の問題は、後者の特性の存在が前者の症状の発症に影響を与えることがあり得る（略）としても、相互に区別されるべき問題である。そうすると、Y_1の従業員就業規則79条の規定に基づき原告の復職が認められるための要件（休職の理由の消滅）としては、適応障害の症状のために生じていた従前の職務を通常の程度に行うことのできないような健康状態の悪化が解消したことで足りるものと解するのが相当である」。

6　「これに対し、Y_1は、同年4月28日付けで、XのY_1内での復職について不可と判断した理由として、自身の能力発達の特性を受容できていないこと、意図することが伝わらず、双方向コミュニケーションが成立しない場面が多いこと、一般的な社会常識及び暗黙の了解に対する理解が乏しく、被害者意識が強く誤解が生じやすいことなどを挙げている（略）。また、Y_1は、本件休職命令の延長期間満了までの間、Xが自己の障害ないし特性についての認識を欠いており、コミュニケーション能力、社会性の会得に真摯に取り組んでいないことなどを主張する。しかし、これには、Xの休職理由である適応障害から生じる症状とは区別されるべき本来的な人格構造又は発達段階での特性が含まれており、休職理由に含まれない事由を理由として、いわゆる解雇権濫用法理の適用を受けることなく、休職期間満了による雇用契約の終了という法的効果を生じさせるに等しく、許されないというべきである」。

●――研究

1　本判決の特徴

本判決で注目すべきなのは、Y_1の私傷病休職制度におけるXの休職理由について、適応障害の症状（Y_1における出来事に起因する主観的な苦悩と情緒障害の状態）と人格構造や発達段階での特性に起因するコミュニケーション能力、社会性等の問題を区別し、後者の特性の存在が前者の症状の発症に影響を与えることがあり得るとしつつも、休職理由としては、前者の適応障害の症状を療養するためのものに限定している点である。

2 私傷病休職制度のおける「業務外の傷病」の範囲

　私傷病休職制度とは、業務外の傷病により長期の療養を要することになった労働者に対して、使用者が定めた休職期間において治療ないし健康回復の機会を付与するとともに、労務への従事を免除しながら雇用関係を維持しつつ解雇を猶予する制度であると考えられており、本判決でも、Y₁の私傷病休職制度について、同様な理解に立っている。

　「解雇の猶予」という私傷病休職制度の法的理解を踏まえると、同制度が対象とする「業務外の傷病」は、使用者が定めた休職期間において治療ないし健康回復の機会を付与することによって治癒ないしは寛解する可能性のある傷病を対象にしているものと解される。というのも、そもそも、休職期間において治療ないし健康回復の機会を付与したとしも、治癒ないしは寛解する可能性のない傷病については、労務への従事を免除しながら雇用関係を維持しつつ解雇を猶予する前提を欠くことになるからである。

3 本判決が休職理由を限定した理由

　本判決では、適応障害と発達障害について、それぞれ次のとおり説示している。

　「適応障害とは、主観的な苦悩と情緒障害の状態であり、通常社会的な機能と行為を妨げ、重大な生活の変化に対して、あるいはストレス性の生活上の出来事（重篤な身体疾患の存在あるいはその可能性を含む）の結果に対して順応が生じる時期に発生するものであり、通常、生活の変化やストレス性の出来事が生じて1か月以内に発症し、ストレスが終結してから6か月以上症状が持続することはない。症状は多彩であり、抑うつ気分、不安、心配（あるいはこれらの混合）、現状の中で対処し、計画したり続けることができないという感じ、日課の遂行が少なからず障害されることが含まれるとされている」。

　「発達障害とは、発達障害者支援法においては、自閉症、アスペルガー症候群その他の広汎性発達障害、学習障害、注意欠陥多動性障害その他これに類する脳機能の障害であって、その症状が通常低年齢において発現するものとして政令で定めるものとされ、ＤＳＭ－５においては、発達期に特性が明らかになり、対人交流や学習、職業などの場面で何らかの障壁になる障害を総称したものであるとされている。発達障害の原因は、生来性の遺伝要因と環境要因が組み合わさり生じるとされたり、脳の特性によるとされたりするが、基本的な特性は、幼児期から社会人になっても続くものであり、その特性は、対人関係が苦手、落ち着きがない、こだわりが強い、うっかりミスが多いなどが挙げられている。発達障害の中のＡＳＤ（自閉症スペクトラム）は、社会的交流、社会的コミュニケーション、社会的イマジネーションの領域における発達的隔たりと言われている」。

　「もっとも、発達障害はスペクトラムで、特性の濃い人から薄い人までグラデュエーションとなっており、どんな人でも発達障害的要素は持っており、その特性が環境に合わず、対人関係、業務遂行、修学また二次障害によるうつ病など健康の問題をおこして支障を来たせば、「障害」、なければ「個性」と呼ばれることになる（略）。しかし、上記のような「障害」であっても、直ちに発達障害と診断できるわけではなく、「障害」にも高度なものから日常生活にほとんど影響のない障害もあるとされている」。

　このような理解を前提として、Ｘの適応障害の各症状として、「泣いて応答ができない、業務指示をきちんと理解できない、会話が成り立たない」という点とともに、Ｘが有する「本来的な人格構造又は発達段階での特性」に起因すると考えられる行動として、「職場内で馴染まず一人で行動することが多いことや上司の指示に従わず無届残業を繰り返す等の行動」という点が摘示されている。本判決も述べるとおり、前者の適応障害の各症状に対して、後者のＸの特性が影響を与えることがあり得るとしても、本判決は、Ｘが有する「本来的な人格構造又は発達段階での特性」は、労務への従事を免除しながら治療ないしは健康回復の機会を付与したとしても、治癒ないしは寛解するものではないため、かかる特性については、休職理由とすべきではなく、休職理由は、あくまで前者の適応障害の療養のためであるとし、その範囲を限定的に捉えたものと理解できる。

　なお、労働者個人の「特性」とその特性が影響を与えることがあり得る何らかの疾病や障害（本判決では「適応障害」）の関係について、後者は治癒や寛解が期待できるものであるが、前者については治癒や寛解が期待できるものではないと明確に割り切れるものであるのかどうかについては、引き続き医学的知見を参考にした議論が必要であり、両者の関係

性について、そのメカニズムの解明次第では、このような就業規則上の規定の解釈も変容する可能性があるといえる。

4　休職理由の消滅とその後の実務上の留意点

本判決のように、休職理由を適応障害の療養のためであると限定的に捉えた場合には、復職が認められるための「休職理由の消滅」は、適応障害の症状のために生じていた従前の職務を通常の程度に行うことのできないような健康状態の悪化が解消したことで足りるということになる。

しかし、このように考えると、一般論としては、以下のようなケースが想定されることになる。すわなち、適応障害の症状そのものが治癒ないしは寛解して、職場に復帰したとしても、労働者の「本来的な人格構造又は発達段階での特性」に起因して、継続的に職場内で様々な不適合を引き起こし、そのような行動（例えば、上司の指示命令違反等）によって、債務の本旨に従った履行の提供がなされていないと評価されるケースである。

このようなケースでは、使用者としても、一定の配慮や改善・指導の機会の付与などの対応を継続的に行う必要があるが、それでもなお、雇用関係を継続し難いレベルに達したと判断できる場合には、解雇を選択する可能性があることも否定できない。

本判決でも、「Xの本来的な人格構造又は発達段階での特性」という休職理由に含まれない事由を理由として、いわゆる解雇権濫用法理の適用を受けることなく、休職期間満了による雇用契約の終了という法的効果を生じさせることは許されないとしているが、このことは、換言すれば、労働者の「本来的な人格構造又は発達段階での特性」に起因した職場内での問題行動については、私傷病休職措置とその後の自然退職で対応するのではなく、雇用関係を継続し難いレベルに達したと判断できる場合には、解雇権濫用法理の適用の下で、解雇をもって臨むべきであるということを示唆しているといえる。

5　その他（「従前の職務を通常の程度に行える健康状態」であるかの判断）

本判決では、「ある傷病について発令された私傷病休職命令に係る休職期間が満了する時点で、当該傷病の症状は、私傷病発症前の職務遂行のレベルの労働を提供することに支障がない程度にまで軽快したものの、当該傷病とは別の事情により、他の通常の従業員を想定して設定した「従前の職務を通常の程度に行える健康状態」に至っていないようなときに、労働契約の債務の本旨に従った履行の提供ができないとして、上記休職期間の満了により自然退職とすることはできないと解される。」と述べられている。

本件で、Y₁は、「復職の可否の判断に当たり、Xが発達障害にり患しているかどうかを直接の問題としたものではない。復職の要件としての休職理由の消滅（傷病の治癒）は、休職開始時に診断された特定の傷病が医学的に平癒したことではなく、従前の担当職務を基準として、労働者において労働契約の債務の本旨に従った履行の提供ができない状態が解消されたことをいうものである」と主張していたため、裁判所は、そこでいう「従前の担当職務を基準とする」「労働者」を、X以外の他の通常の従業員を想定して設定するものではないということを、念のため、判決文で触れたものと考えられるが、「従前の職務を通常の程度に行える健康状態」といえるかどうかは、使用者と労働者が個別に締結している労働契約の解釈問題であるため、その判断も、あくまで当該労働者を基準に考えるべきであることに異論はなかろう。

（やまなか・けんじ）

知財　パブリシティ権の譲渡と芸名使用制限条項の有効性[1]

東京地判令4・12・8
令3（ワ）13043号、芸名使用差止請求事件
裁判所HP

長谷川　遼　立教大学准教授

知財判例研究会

●——事実の概要

アーティストYは会社Aとの間で専属契約（以下、「本件契約」といい、その契約書を「本件契約書」という）を締結した。同契約書8条は、「Yの出演業務により発生する……パブリシティ権」がAに原始帰属するとし、同10条は、契約の存続期間中もその終了後も、Aの指定した芸名α（以下、「本件芸名」という）の無許諾使用をYに禁じていた。その後、Y、A、X（Aと同じ企業グループに属する会社）の3者は、移籍契約書（以下、「本件移籍契約書」という）を締結し、XはAの本件契約上の地位を承継した。本件移籍契約書3条各項は、「Yの出演業務によって発生した」、または「発生する」パブリシティ権等の、Xへの譲渡または原始的帰属を規定していた。Yは平成22年12月31日に本件芸名を用いた芸能活動を停止したが、後にXの承諾なく本件芸名で芸能活動を行うことを公表した。そこで、Xは本件契約書10条に基づき、Yに対して、芸能活動における本件芸名の使用の差止めを請求した。

●——判旨

請求棄却。

裁判所は、まず、本件契約は黙示の合意により平成22年12月31日に終了したと認定し、「Yの芸能活動の結果として、需要者にYを想起・識別させるものとして、本件芸名には相応の顧客吸引力が生じている」から、「本来、Yに、本件芸名に係るパブリシティ権が認められる」とした。

次に、本件契約書8条について、「パブリシティ権が人格権に由来する権利であることを重視して、人格権の一身専属性がパブリシティ権についてもそ

のまま当てはまると考えれば、芸能人等の芸能活動等によって発生したパブリシティ権が（譲渡等により）その芸能人等以外の者に帰属することは認められないから、本件契約書8条のうちパブリシティ権の帰属を定める部分は当然に無効になるという結論になる。しかし、パブリシティ権が人格的利益とは区別された財産的利益に着目して認められている権利であることからすれば、現段階で、一律に、パブリシティ権が譲渡等により第三者に帰属することを否定することは困難であるといわざるを得ない」としつつ、「仮に、パブリシティ権の譲渡性を否定しないとしても、本件契約書8条のパブリシティ権に係る部分が、①それによってXの利益を保護する必要性の程度、②それによってもたらされるYの不利益の程度及び③代償措置の有無といった事情を考慮して、合理的な範囲を超えて、Yの利益を制約するものであると認められる場合には、上記部分は、社会的相当性を欠き、公序良俗に反するものとして無効になる」とした。

そして、①については、本件契約の存続中の「Yの芸能活動は、Xのマネージメント業務により支えられてきた側面があり、そのためにXにおいて一定の営業上の努力や経済的負担をしており〔証拠略〕、本件契約書8条のパブリシティ権に係る部分は、そのようなXが投下した資本の回収の一手段として位置づけることができる。しかし、Xによる投下資本の回収は、基本的に、XとYとの間で適切に協議した上で、（専属契約について）合理的な契約期間を設定して、その期間内に行われるべきものであるから、本件契約書8条のパブリシティ権に係る部分によってXの利益を保護する必要性の程度は必ずしも高いとはいえない」とし、②については、「本件芸名の

顧客吸引力は、飽くまでもYの芸能活動の結果生じたものであり、需要者が本件芸名によって想起・識別するのも実際に芸能活動等を行ったYであって、Xではない。それにもかかわらず、本件契約書8条のパブリシティ権に係る部分は、Yが、Xの所属から離れた場合に、自らの活動の成果が化体した本件芸名を（Xの許諾なしに）芸能活動に使用できなくするものであり、実質的に、Xの所属から離れて芸能活動をすることを制約する効果を有し、……本件契約の契約期間終了後の自由な移籍や独立を萎縮させる効果をも有する……。Xは、Yが本件芸名を用いないで芸能活動をすることは制約していないと主張するが、本件芸名に相応の顧客誘引力が認められる以上……、本件芸名の使用を認めないことは、Yの芸能活動を制約することと変わらない……。……Y本人は、本件芸名を用いることができるか否かで、芸能活動の機会の多寡や出演料等の条件に差が生じている旨供述するところ、……本件芸名に相応の顧客吸引力があることからすれば、当然の結果であるといえ、Yは、本件契約書8条のパブリシティ権に係る部分の存在により、現実的にも不利益を被っている……。……本件契約書8条のパブリシティ権に係る部分によってもたらされるYの不利益の程度は大きい」とし、さらに③については代償措置の存在を否定して、「本件契約書8条のパブリシティ権に係る部分は、Xによる投下資本の回収という目的があることを考慮しても、適切な代償措置もなく、合理的な範囲を超えて、Yの利益を制約するものである」から「社会的相当性を欠き、公序良俗に反するものとして無効になる」と判示し、同様に、本件移籍契約書3条の一部も無効とした。

また、同様の理由から、本件契約書8条の上記部分を独占的利用許諾と解しうるとしても、少なくとも契約終了後に係る部分は無効と解すべきとし、同様に、本件契約書10条についても、少なくとも契約終了後も「Xに本件芸名の使用の諾否の権限を認めている部分」は無効と判示した。

●──研究

1 本判決の意義

本判決は、争いのあるパブリシティ権の譲渡可能性について、傍論ながらもそれを一律には否定しない立場を採った点、一方で、契約条項のパブリシティ権の譲渡に係る部分を本件の事情の下で公序良俗違

反ゆえに無効と判断し、その社会的相当性の有無を判断する際の枠組みを示した点に、意義がある。

2 パブリシティ権の内容

人のパブリシティ権については明文規定が存在しないが、平成24年の最高裁判決[2]によってその存在・性質・内容が確認されている。すなわち、同判決は、「人の氏名、肖像等……は、個人の人格の象徴であるから、当該個人は、人格権に由来するものとして、これをみだりに利用されない権利を有する」としたうえで、「肖像等は、商品の販売等を促進する顧客吸引力を有する場合があり、このような顧客吸引力を排他的に利用する権利……は、肖像等それ自体の商業的価値に基づくものであるから、上記の人格権に由来する権利の一内容を構成する」とし、肖像等の無断使用のうち「専ら肖像等の有する顧客吸引力の利用を目的とする」場合は、同権利の侵害となる旨判示した。

3 譲渡の可能性

パブリシティ権は人格権に由来する権利とされることから、その譲渡の可否については争いがある[3]。この論点は、パブリシティ権の性質という理論的な問題に関わるが、その譲渡を認めることによって当事者にどのような利害得失が生じるかを考えることも重要であろう。そこで、譲渡を認めることのパブリシティの主体にとっての不都合を考えると、パブリシティの主体が他者による自己の氏名・肖像等の利用を阻止できなくなる点[4]と、パブリシティの主体自身が自己の氏名・肖像等を利用できなくなる点[5]が挙げられる。本件では後者が問題となった。

本判決は、「現段階で、一律に」譲渡可能性を否定しない立場を採りつつ[6]、本件契約書8条の一部を無効とすることでYの芸名使用の利益を保護した。本判決は、「仮に、パブリシティ権の譲渡性を否定しないとしても」とも述べて、具体的事情の下での条項の有効性の判断に進んでいるため、譲渡可能性に係る判示は傍論といえる。譲渡可能性をおよそ否定するという波及効果の大きな判断によって対処するのではなく、その点は保留にしつつ、他の事情から公序良俗違反か否か判断することで、当事者間の利害調整を図ったといえよう。ただ、一応とはいえ譲渡可能性を一律に否定しなかった根拠は、パブリシティ権が財産的利益に着目した権利であるこ

とに求められている。人格的利益のみを保護法益とする純粋な人格権とは異なるとの理解が窺われる。

一方で、本判決の直後に現れた、バンドグループ名のパブリシティ権のマネージメント会社への帰属が争われた事案に係る知財高裁判決[7]は、（これも傍論ながら）「パブリシティ権は人格権に基づく権利であって……譲渡できるとは考え難い」として、権利の性質を根拠に譲渡可能性をおよそ否定した[8]。このように、パブリシティ権の譲渡可能性については下級審の判断が分かれる事態となっており、今後の裁判例の動向が注目される。

4　譲渡の社会的相当性

(1)　譲受人の要保護性

本判決は、投下資本の回収は契約期間内に行うべきことを、Xの要保護性の低さを基礎づける事情としている。これは一般化するとマネージメント企業に酷な判示にも思われるが、あくまで全面的なパブリシティ権の譲渡ないし独占的利用許諾による場合について述べたものと解される。契約期間中に生じた個々の著作物・実演・肖像・音声といった成果物についてまで、それらに係る権利の譲渡や独占的利用許諾に基づく契約終了後の利用がおよそ認められない、ということにはならないであろう。

(2)　パブリシティの主体の要保護性

本判決はパブリシティの主体が被る不利益として経済的不利益に触れている。ただ、パブリシティの主体の不利益には人格的なものもありうる。（職業選択の自由は別として）本判決が後者に触れていないのは、単に当事者が具体的に主張していなかったためであろう。なお、本判決も示す通り、Yの不利益は（特に無期限の）独占的利用許諾や、芸名等の使用制限条項でも生じる[9]。

(3)　代償措置の有無

本判決は代償措置の欠如を指摘している。ただ、①②に係る判示を踏まえると、本件において譲渡を正当化する実務的に現実的な代償措置がありうるのかはわからない。もちろん、芸名の性質や顧客吸引力等に係る事情により、譲受人の要保護性がより高い場合や、パブリシティの主体の要保護性がより低い場合には、③の要素が機能しうるであろう。

5　パブリシティの主体の保護の手法

氏名・肖像のような人格の表出たる情報としては、他に著作物がある。著作権法は、著作者にその著作物について著作（財産）権と著作者人格権という二種類の別個の権利を認める二元論を採用しているが、このうち譲渡可能な著作権が譲渡されると、著作者はそれ以降、自己の著作物であっても著作権者の許諾なくしてはそれを利用できなくなる。著作者は、著作権者等による著作物の利用等に際して、著作者人格権に基づいて、第一公表の時期、著作者表示の有無・内容、表現・題号の維持をコントロールできるにすぎない。その意味で、著作権の譲渡は、著作者にとって、著作物を通じて社会に積極的に自己呈示を行う人格的な利益の処分を意味している。そこでは、著作権者等による著作物の利用と、財としての著作権の流動性を確保し、ひいては、著作権の譲渡によって得られる著作者の経済的利益を担保することが、その人格的利益よりも優先されている。[10]対象の著作物に係る著作者の経済的利益も、譲渡以降はなんら保護されない。こうした著作物の扱いに倣えば、パブリシティ権についても著作権同様に譲渡を認めて[11]、その譲渡によってパブリシティの主体による氏名・肖像等を積極的に利用する人格的・経済的利益は処分されると考える余地もある。

しかし、特定の著作物に係る権利と、本件のような氏名や肖像全般に係る権利とでは、その譲渡が権利の原始的帰属主体の人格的・経済的利益に与える影響の大きさがまったく異なる。著作者は、自己の特定の著作物が利用できなくなっても、別の著作物を創作して自己表現を行い、経済的利益を得ることができる[12]。一方で、パブリシティの主体は、肖像全般が利用できなければ、視覚的な媒体への商業的露出が一切できなくなる（常識的に考えてそうした事態を意図する契約は考えにくいが）[13]。氏名が利用できない場合も、改名した上での活動継続は可能とはいえ、従前使用してきた氏名と紐づいた、それまでに形成した社会における自己のイメージや顧客吸引力を十分に活用できなくなり、人格的・経済的に甚大な不利益を被る。

ただ、これはパブリシティ権の譲渡に際して必ず生じる問題ではない。同じパブリシティ権でも、その客体が特定の写真のように個別具体的な肖像等である場合と、氏名や肖像等全般である場合とでは、譲渡の影響の大きさが異なる[14]。権利の対象となる

氏名・肖像等の利用が、方法・地域・期間等によって限定されているか、どの程度限定されているかによっても、影響は大きく異なる[15]。そして、パブリシティ権の客体となる氏名・肖像等や同権利の対象となる利用の切り分け方は無限に存在し、影響の大きさは様々である。

そうすると、本判決のように、パブリシティ権の譲渡や（特に無期限の）独占的利用許諾、氏名・肖像等の使用制限の可能性を認めつつ、事案に応じて契約の限定解釈や（一部）無効によって利益衡量を図る態度は、パブリシティ権の処分等を扱う上で穏当なものと評価できるのではないだろうか[16][17]。

（はせがわ・りょう）

1) 本稿では、引用文・出典表記中の「，」を「、」に、鉤括弧を二重鉤括弧に改めている。引用文中の「……」は筆者による省略を意味する。判例評釈類は「判批」、調査官解説は「判解」として出典表記する。
2) 最一判平24・2・2民集66巻2号89頁。
3) 中島基至「判解」『最高裁判所判例解説民事篇平成24年度（上）（1月～2月分）』（法曹会、2015年）59頁は、上記最高裁判決が人格権説を採用したとして、同判決はパブリシティ権の譲渡・相続不可能性を含意している旨論じる（ただし、将来的な同権利の財産権としての「独り立ち」の可能性も論じている）。一方で、本山雅弘「パブリシティ権の権利構成の展開とその意味に関する覚書」國士舘法学45号（2012年）82-86頁は、同判決の下でも譲渡・相続を肯定しうるとする。
4) 渡辺修「人格メルクマールの利用権——人格権の一元的構成に関する覚書き——」法学60巻6号（1997年）306-307頁、花本広志「人格権の財産権的側面——パブリシティ価値の保護に関する総論的考察」獨協法学45号（1997年）246頁。
5) 花本・前掲注4）246頁。
6) 譲渡の可否が論点となった事案ではないが、パブリシティ権の譲受人による損害賠償請求を認めた裁判例として、東京地判平17・3・31判タ1189号267頁がある。
7) 知財高判令4・12・26裁判所HP（令4（ネ）10059号）。
8) 同判決は、バンドグループに関する知的財産権等の一切の権利のマネージメント会社への帰属を定めた契約条項について、「人格権に由来するパブリシティ権の帰属を」当該マネージメント会社「に定めたなどということはできない」とも判示している。大阪高判平29・11・16判時2409号99頁も、まったき傍論ながら「パブリシティ権は、人格権に由来する権利の一内容を構成するもので、一身に専属し、譲渡や相続の対象とならない」としていた。
9) 隈元利佳「フランス法における取引対象としての肖像権——人格権を対象とする契約の有効性をめぐる議論から——」法学政治学論究113号（2017年）128頁は、パブリシティの主体の保護の観点から利用許諾が無効となる余地を論じる。また、野球選手の氏名・肖像の一定目的下での使用の球団に対する独占的許諾を認めた、東京地判平18・8・1判時1957号116頁は、「選手が所属球団の承諾なしに公衆の面前に出演すること等をしない不作為義務」を規定する契約条項について、「氏名及び肖像が有する顧客吸引力などの経済的価値を独占的に支配する財産的権利が元来選手の人格権に根ざすものであることにかんがみれば、球団において合理的な理由なく承諾しないことがあってはならない」と判示している。
10) 中山信弘『著作権法〔第3版〕』（有斐閣、2020年）582-583頁は、著作者人格権の放棄の承認が著作物の「利用・流通」を促し、著作者の経済的利益に資する旨論じる。同旨、田村善之『著作権法概説〔第2版〕』（有斐閣、2001年）410-412頁。
11) 谷口知平＝甲斐道太郎編『新版 注釈民法（18）債権（9）』（有斐閣、1991年）578頁〔阿部浩二執筆〕は、著作財産権に準じてパブリシティ権の移転を肯定する。
12) 筆者は、著作権に係る契約についても、著作者の人格的・経済的利益の観点から限定解釈等を行う余地はあると考えている。
13) 特殊なメイクを伴う場合の使用は芸名の場合に類する状況になろう。
14) 小泉直樹「パブリシティ権保護の近況」法曹時報72巻3号（2020年）489頁は、「少なくとも、写真、フィルム等に具体化された肖像等についての商業的利用、氏名に関する商標的・装飾的利用に関する権限といった形に限定された人格権たるパブリシティ権の一部譲渡・相続については、許容される余地が十分にあろう」と述べる。後掲注17）の隈元の議論も参照。
15) 前掲注14）で引用した小泉の議論、および、利用許諾につき小泉・前掲注14）493頁参照。後掲注17）の隈元の議論も参照。
16) パブリシティの主体の活動（ラーメン店の経営）に弊害が出ないように、専属実演家契約における権利の帰属に係る条項の対象を限定的に解釈した裁判例として、東京地判平22・4・28裁判所HP（平21（ワ）12902号）、東京地判平22・4・28裁判所HP（平21（ワ）25633号）（ただし、いずれも対世的な権利の帰属すら否定しているため、限定的なパブリシティ権の譲渡も認定していないように読める（隈元利佳「判批」関西大学法學論集70巻5号（2021年）369頁も参照）。小泉・前掲注14）490頁は、前者の判決を「契約の解釈によって許諾の対象に限定を加えた裁判例」として紹介する。
17) 米村滋人「人格権の権利構造と『一身専属性』（五・完）」法学協会雑誌134巻3号（2017年）458-461頁は、人格権の「財産権的部分」につき、「人格的生存を困難にする危険性が定型的に認められる場合」でなければ、「原則として譲渡性・相続性は肯定され、ただし、当事者間の関係性や契約目的、取引経緯等の総合考慮によって、譲渡契約や遺贈等が公序良俗違反により無効とされる可能性があると整理すべき」と論じ、パブリシティ権の譲渡・相続を肯定する。隈元利佳は、「『人格権に由来する』権利」であることから「パブリシティ権を対象とする契約の有効性が否定されることはない」としつつ、「あらゆる肖像を、あらゆる態様で、永久的に利用できるとする契約」のような「肖像本人の人格の保護を全面的・永続的に奪う契約」は無効であるとし（隈元・前掲注9）128頁）、また、有効な肖像の商用利用契約における契約規制のあり方（下）」法律時報94巻10号（2022年）78-79頁）。柴野相雄＝稲垣勝之「タレントをめぐる契約」内田貴＝門口正人編集代表『講座 現代の契約法 各論3』（青林書院、2019年）283-284頁は、マネージメント契約終了後の芸名使用制限につき、パブリシティ権の性質や職業選択の自由等の観点から長期の制限の無効可能性を指摘しつつ、有効性判断は総合考慮によるべきとする。阿部浩二「パブリシティの権利とその展開」斎藤秀夫編集代表『打田畯一先生古稀記念 現代社会と民事法』（第一法規出版、1981年）299頁は、契約上の使用範囲の限定解釈の必要性を論じる。

今期の裁判例索引

地方裁判所

民事判例 26——2022年後期

2023 年 4 月 30 日　第 1 版第 1 刷発行

編　者——現代民事判例研究会（代表・田髙寛貴）
発行所——株式会社日本評論社
　　　　　〒 170-8474　東京都豊島区南大塚 3-12-4
　　　　　電話 03-3987-8621　FAX 03-3987-8590　振替 00100-3-16
印　刷——精文堂印刷
製　本——難波製本

Printed in Japan ⓒ 現代民事判例研究会（代表・田髙寛貴) 2023　本文組版／中田　聡　装幀／林　健造
ISBN 978-4-535-00254-8

民事判例 25
2022年前期

現代民事判例研究会編

日本評論社

好評発売中 定価 3,080円（税込）